SAP Web Dynpro for ABAP 开发技术详解——基础应用

孙东文 郭 娟 郭 欢 张 岩 编著

机械工业出版社

本书主要介绍 SAP 异于 ABAP 传统编程的 Web 编程技术：Web Dynpro for ABAP。全书共 5 章，以 Web Dynpro for ABAP 的概述、开发环境、开发基础、跨组件编程和动态编程作为主要介绍内容。详细讲解 Web Dynpro for ABAP 这门技术中各元素之间的关联及制约关系、如何设置 Web Dynpro for ABAP 的运行环境、如何创建及编辑 Web Dynpro for ABAP 的基本元素、如何引用其他的组件、在未知用户交互时如何动态编辑 Web Dynpro for ABAP 应用等内容。

本书提供了大量配置细节及实例源码，深入剖析 Web Dynpro for ABAP 架构关键技术。技术架构部分可作为 Web Dynpro for Java 开发人员深入 SAP 系统的必备指南。

本书可供 EP 和 CRM 平台下 Web Dynpro 和 Web UI 程序开发人员阅读。

图书在版编目（CIP）数据

SAP Web Dynpro for ABAP 开发技术详解：基础应用/孙东文等编著．—北京：机械工业出版社，2021.8
ISBN 978-7-111-68744-3

Ⅰ. ①S… Ⅱ. ①孙… Ⅲ. ①企业管理-应用软件-软件开发
Ⅳ. ①F270.7

中国版本图书馆 CIP 数据核字（2021）第 142834 号

机械工业出版社（北京市百万庄大街 22 号　邮政编码 100037）
策划编辑：李晓波　　责任编辑：李晓波
责任校对：张艳霞　　责任印制：常天培
北京铭成印刷有限公司印刷

2021 年 8 月第 1 版·第 1 次印刷
184mm×260mm·17.75 印张·438 千字
标准书号：ISBN 978-7-111-68744-3
定价：119.00 元

电话服务　　　　　　　　　　网络服务
客服电话：010-88361066　　　机　工　官　网：www.cmpbook.com
　　　　　010-88379833　　　机　工　官　博：weibo.com/cmp1952
　　　　　010-68326294　　　金　书　网：www.golden-book.com
封底无防伪标均为盗版　　　　机工教育服务网：www.cmpedu.com

前　　言

随着 SAP 软件在我国企业的广泛应用，SAP Web Dynpro for ABAP 也越来越受关注。Web Dynpro 是传统 Dynpro 编程方法在互联网时代的扩展；SAP 为 Web Dynpro 提供了两种开发语言：ABAP 和 Java。于是就有了 Web Dynpro for ABAP 和 Web Dynpro for Java。

Web Dynpro 采用了一种高级的 MVC/Data Binding 架构模式，并且提供了非常友好的编程接口。Web 接口可以使用拖曳的方式进行开发。由于 Web Dynpro 运行于 SAP NetWeaver 平台，该平台在传统 Dynpro 开发上的优势也表现得淋漓尽致。

编者根据 SAP 官方教材和 SAP 项目开发经验，对 ABAP 开发技术做了一下分类，将 Web Dynpro for ABAP 作为一门单独的 SAP Web 编程高级开发技术纳入本书。

以往的书籍仅对 ABAP Web 编程做一下概念上的剖析，涉及原理、架构及实现的则是少之又少。本书特点在于对其技术原理、实施前提、实施步骤、实施结果做了详尽的介绍。内容包括 SAP Web Dynpro for ABAP 开发的一般步骤、约定俗成的命名规则，以及常用的 UI 组件说明，以帮助那些从事技术提升的 SAP 开发人员。

对开发者而言，学习 SAP Web 开发技术，不仅需要提高自身的水平（例如：从面向过程编程到面向对象编程的转变、从面向对象的语言开发到基于 MVC 的理论的 Web 开发的转变及在 MVC 理论下对数据关系映射的了解等），还需要熟悉 SAP 的相关操作（例如：窗体和视图的创建和调试等），更需要开发者对各种技术实施后最终体现的结果的认同（例如：如何使用创建的导航链接、Web 开发技术实施以后有什么样的效果、是否和需求相吻合等）。

本书中很多技术名词在以往的资料中鲜有记录，有的术语也是首次翻译成中文，为了便于读者理解，易于应用，很多术语使用中文+英文的方式；有的为使其不失本意，如 Context，直接使用英文，而没有译成中文（上下文）。

参与本书编写的有孙东文（笔名：东方先生）、郭娟、郭欢、张岩，由于编者水平有限，书中难免有疏漏和不足之处，请广大读者斧正。

编　者

目 录

前言
第1章　Web Dynpro for ABAP 概述 ·· 1
　1.1　简介 ··· 1
　　1.1.1　NetWeaver 技术 ··· 1
　　1.1.2　Web Dynpro 技术 ··· 2
　1.2　Web Dynpro 构架 ··· 3
　　1.2.1　MetaModel 的概念 ·· 4
　　1.2.2　平台独立性 ··· 4
　　1.2.3　Web Dynpro 客户端 ·· 4
　　1.2.4　图形化开发工具 ··· 4
　　1.2.5　业务逻辑与显示逻辑分离 ·· 5
　　1.2.6　MVC 模型的转换 ··· 5
　1.3　Web Dynpro 组件 ··· 6
　　1.3.1　Web Dynpro 组件特性 ··· 6
　　1.3.2　视图 ··· 7
　　1.3.3　窗体 ··· 9
　　1.3.4　Web Dynpro 控制器 ··· 12
　1.4　Web Dynpro 组件接口 ·· 20
　1.5　Web Dynpro 应用 ··· 22
　1.6　Web Dynpro 模型 ··· 23
第2章　Web Dynpro for ABAP 开发环境 ··· 24
　2.1　初始化配置设定 ·· 24
　2.2　根据要求配置设置 ··· 24
　2.3　操作系统配置 ··· 26
　2.4　设置全称域名 ··· 26
　2.5　激活 ICF 服务 ·· 27
　　2.5.1　安装时激活 ICF 服务 ·· 27
　　2.5.2　安装后手动激活 ICF 服务 ·· 27
　2.6　确认 ICM ··· 29
　2.7　环境测试 ·· 29
第3章　Web Dynpro for ABAP 开发基础 ·· 31
　3.1　组件 ·· 31
　3.2　视图 ·· 34
　　3.2.1　创建视图 ·· 34

3.2.2	插入 UI 元素		37
3.2.3	视图的 UI 元素		37
3.2.4	视图 Context 的结构		43
3.2.5	视图 UI 元素的动作		54

3.3 组件控制器 ··· 66
    3.3.1 为组件添加自定义控制器 ·· 66
    3.3.2 Context 映射 ··· 67
    3.3.3 定义 Context 映射 ··· 68
    3.3.4 编辑视图并绑定 Context ·· 72

3.4 编辑控制器方法 ·· 74
    3.4.1 WD_CONTEXT ··· 76
    3.4.2 WD_THIS ··· 77

3.5 本地控制器接口的方法 ·· 86
    3.5.1 钩子方法：在相应时间点调用 ·· 86
    3.5.2 预定义本地控制器接口的方法 ·· 93
    3.5.3 事件和事件处理程序 ·· 100
    3.5.4 供给函数 ··· 102
    3.5.5 自定义方法 ··· 108
    3.5.6 跨控制器方法调用 ··· 110
    3.5.7 Web Dynpro 运行时 API ·· 112
    3.5.8 为 Context 赋值 ··· 114

3.6 阶段模型 ·· 115
3.7 客户端实现 ·· 118
3.8 Web Dynpro 窗体 ·· 118
    3.8.1 两个视图间的导航 ··· 119
    3.8.2 启动和退出窗体插头 ··· 125

3.9 Web Dynpro 应用程序 ··· 126
3.10 Web Dynpro 应用程序的网址 ··· 128
    3.10.1 完全合格域名 ··· 131
    3.10.2 地址和命名空间 ··· 134

3.11 使用参数调用 Web Dynpro 应用 ·· 138

第 4 章 Web Dynpro for ABAP 跨组件编程 ···················· 142

4.1 Web Dynpro 组件的控制器 ··· 142
4.2 组件使用 ·· 144
    4.2.1 无控制器访问的组件使用 ·· 146
    4.2.2 有控制器访问的组件使用 ·· 156
    4.2.3 通过窗体插头导航 ··· 167

4.3 跨组件 Context 映射 ··· 177
4.4 Web Dynpro 组件接口的使用 ··· 180

  4.4.1　创建 Web Dynpro 组件接口 ·· *182*
  4.4.2　实例化 Web Dynpro 接口定义 ·· *185*
  4.4.3　接口实例化的实例 ·· *201*
 4.5　无接口视图组件使用 ·· *204*

第 5 章　Web Dynpro for ABAP 动态编程 ·· *205*
 5.1　动态布局处理 ··· *205*
 5.2　动态布局编程 ··· *205*
 5.3　动态参数映射 ··· *206*
 5.4　动态 Context 编程 ··· *208*
 5.5　动态组件使用 ··· *229*
  5.5.1　动态创建组件使用 ·· *229*
  5.5.2　动态绑定接口视图 ·· *231*
  5.5.3　动态组件中的方法调用 ·· *233*
  5.5.4　动态注册事件的处理程序 ·· *233*

附录 ··· *235*
 附录 A　Web Dynpro for ABAP 编程规范 ··· *235*
 附录 B　Web Dynpro for ABAP 程序编程指南 ······································· *239*
 附录 C　Web Dynpro for ABAP 用户接口元素 ······································· *256*

第 1 章　Web Dynpro for ABAP 概述

1.1　简介

　　Web Dynpro 是传统 Dynpro 编程方法在互联网时代的扩展；SAP 为 Web Dynpro 提供了两种开发语言：ABAP 和 Java。于是就有了 Web Dynpro for ABAP 和 Web Dynpro for Java。

　　Web Dynpro 采用了一种高级的架构模式（MVC/Data Binding），并且提供了非常友好的编程接口，使得 Web 接口可以使用拖曳的方式进行开发。由于 Web Dynpro 运行于 SAP NetWeaver 平台，在该平台上传统 Dynpro 开发的优势也被展现得淋漓尽致。使用 Web Dynpro 可以非常迅速地开发出企业级的应用程序，开发者只需要关注其业务流程，而版本管理、质量控制、发布、性能等内容由 NetWeaver 平台帮助完成。

1.1.1　NetWeaver 技术

1. 什么是 SAP NetWeaver

　　SAP NetWeaver 是基于专业标准的集成化应用平台，能够大幅度降低系统整合的复杂性。其组件包括门户、应用服务器、商务智能解决方案以及系统整合和数据整合技术。

　　SAP NetWeaver 及其独特的组织架构，实现了人员、信息和业务流程的集成。此外，SAP NetWeaver 的设计实现了与 Microsoft .NET 和 IBM WebSphere（J2EE）的全面互操作，可以管理不同基础设施从而降低复杂程度，也为客户削减总体成本提供了灵活性。

2. SAP NetWeaver：全面的集成和应用平台

　　SAP NetWeaver 是全面的集成和应用平台，主要体现在以下几个方面。

　　1）人员集成：将现有的各种管理系统、办公系统、文档系统等集中到企业的信息门户内，实现企业 IT 系统的单一入口。

　　2）信息集成：将各种存放在数据库当中的管理信息以及分散在企业内部不同地方的非结构化信息（市场信息、报告等文档信息）集中起来，实现支持经营决策的信息仓库（BI）和知识管理系统。

　　3）流程集成：SAP 的 NetWeaver 平台能够将分散在不同系统的业务处理连接起来，形成一个自动化的流程。对于使用者来说，就好像是在同一套系统上操作。

　　4）平台集成：SAP 提供的是支持开放标准（如 XML）的底层架构，可以实现灵活的相互连接。

3. 11 大功能应用

　　SAP NetWeaver 的 11 大功能应用概括如下。

　　1）门户架构：提供给员工统一的、人格化的、基于各自角色的、进入不同 IT 环境的接入口；提高客户、供应商、合作伙伴和雇员的商业处理流程的效率。

　　2）协同：促进团队、集群之间和之内的动态的、有效的交流；包括虚拟的协作空间以及实时协作工具，如新闻、聊天、团队日历、应用软件共享以及文件保存等。

3）多渠道通路：允许使用移动设备和声音系统进入企业系统，使得企业可以将其业务处理流程扩展到任何商业到达的范围。

4）知识管理：管理以及发布非结构化的信息，如：文本文件，幻灯片和音频文件等。为它们提供了包括综合搜索、内容管理、出版、分类等功能，以及针对第三方数据存储的一个开放的体系结构。

5）商业智能：帮助企业集成、分析并发布重要的商业信息；包括一系列用于创建、出版客户定制的对话报表和申请的工具等，这些在很多时候对企业做出决策都有很大的帮助。

6）主数据管理：保证不同 IT 环境的商业网络中的各项信息的完整性；提供应用服务以整合、协调以及集中管理各种主数据，包括客户信息、产品主数据和技术资产信息等。

7）集成代理：促进来自不同源头的应用软件组件以 XML 和 SOAP 的方式进行交流；它定义了软件组件、接口、转换表和基于开放标准及内容的路由规则。

8）业务流程管理：允许在多变的 IT 环境中对其业务流程进行建模和操纵；允许将下层的各应用软件组合成高适应性的、端到端的、横跨整个价值链的新业务流程。

9）应用软件平台：提供一个支持 J2EE 和 ABAP 编程语言的统一程序环境；从现有的数据库和操作系统中独立出来，并完全支持独立于平台的网络服务和业务应用软件；提供一个标准的、开放的开发环境。

10）生命周期管理：为管理软件生命周期的所有阶段提供广泛的技术支持——从设计、开发、应用、实施到版本变换和测试等，覆盖所有阶段。

11）复合应用软件框架：为建立跨应用（xAPP）的复合应用软件提供开发环境；包含能帮助程序员和客户有效开发跨应用的复合应用软件的工具、方法论、规则和模板。

1.1.2 Web Dynpro 技术

Web Dynpro 是 SAP 提供的一种编程模型。Java 和 ABAP 都可以使用这种编程模型（Web Dynpro for Java/ABAP），适用于通过声明的方式生成标准的用户界面，能够极大地提高开发 Web 应用程序的效率。

从技术角度来讲，Web Dynpro for Java/ABAP 是 SAP 开发基于 Web 界面的一次革命。它完全不同于以前的开发模式，是 ERP 应用 Web 界面开发的一次飞跃。

Web Dynpro 基于 MVC 规范，使用了声明性的编程技术。也就是说需指定在网页上要显示什么样的 UI 元素，设定好这些 UI 元素怎样取得数据，并在应用中声明可能的浏览路径。所有创建界面元素所需要的代码会自动生成，以便让程序员从重复的编码中解脱出来。

Web Dynpro for ABAP 在 NetWeaver 7.0 之后开始应用。为了开发 Web Dynpro 的相关对象，SAP 增强了 Object Navigator（SE80）开发平台。

Web Dynpro 支持结构化开发。Web Dynpro Component 通过模块化把这些模块组合起来形成复杂的 Web 应用。

Web Dynpro 是以声明的方式进行开发的。ABAP 开发平台提供了一些工具并以其独特的方式来抽象地表示相应的应用，所有需要的代码便会被自动创建并符合 Web Dynpro 框架的标准。Web Dynpro 框架允许程序员将自己的源代码放在自动生成的代码的指定位置。

所有的 Web Dynpro 应用都基于相同的逻辑单元。然后通过加入自己的编码，程序员就可以扩展这个框架来满足其他的业务需求。

不是在设计的时候就要决定所有的实施细节，可以在运行的时候动态决定界面的显示。这样就使程序员的应用变得非常灵活而不需要编写 HTML 或 JavaScript 代码。

Web Dynpro 可以访问不同的数据源。所有可复用的部件都可以被调用（如 Function 或 Methods），甚至通过 Open SQL 直接从数据库中取得数据。然而这样会导致程序逻辑和业务混淆，所以应当避免。

通过创建 Web Service Client Object 可以访问 Web Service。

SAP Java Connector（JCo）可以调用 Java Engine 上的 Enterprise Java Beans。Model Object 在 Web Dynpro for ABAP 中还不被支持，最好的方式是通过封装业务逻辑的可复用的实体来创建包含源代码的类。也可以开发无窗体的 Web Dynpro Components，其目的只是为了复用。这些 Components 可以以 Component Usage 的方式访问。

Web Dynpro 的主要目的是在结构化设计的方式下，使开发人员以最少的代码能够开发功能强大的 web 应用。Web Dynpro 的另一个目的是尽量减少手动输入代码。Web Dynpro 通过下面两种方式来实现这一目标。

1）Web Dynpro 使用声明性的中性语言元模型来定义用户界面。通过这种抽象的定义，开发环境自动生成所需的源代码。也可以手工输入代码用来操作数据，而不是定义用户界面。

2）Web Dynpro 使用了 MVC 设计模式，具有支持国际化、弹性的、逻辑层和 UI 元素分离的技术特点。

由于去除了烦琐的 UI 编码，开发人员可以把精力集中到业务逻辑层面。Web Dynpro 可以运行在不同的设备和网络环境中，这就很好地支持了场景间的协同。

注：如果读者对 Java Web 编程比较熟悉的话，就知道一个 Web 响应会有一个 Request 和 Response 的处理。Web Dynpro 对这个处理又加了一些特有的内容，采用了类似 Windows 基于消息编程的一些方式，甚至引入了钩子函数。

Web Dynpro 技术细分出一个新的概念：单一 Request/Response 循环或者称之为在不同阶段客户端触发的服务端循环（Server Round Trip）。这个技术也称作阶段模型（Phase Model），意思就是一个请求来的数据经过了若干处理阶段，用户可以在这些阶段编程，也比较类似于基于消息的编程。整个阶段模型是无状态的，也就是说所有在一个 Request/Response 循环被处理的对象，在这个循环完了以后不会被重复使用而是被释放的。这也符合在 Servlet 组件中 Request/Response 的处理原则，所有对象的生命周期与 Request 和 Response 是一致的，Web 请求一旦完成，从属于这两个对象的数据都要被释放。

Web Dynpro 在运行时，对于一个 Web 应用的新请求，总是要创建一套新的对象，这些对象的实例，在不同的阶段只被处理一次。如果出现错误，可以跳过单个阶段。无论在 Request/Response 循环过程中是否发生错误，即使程序员通过自己的应用来处理，方法 WdDoPostProcessing( ) 最后都会被调用。

1.2　Web Dynpro 构架

Web Dynpro 是 SAP NetWeaver 的用户界面（UI）编程模型，基于 MVC（Model View

Controller）模型，有以下特点。

1) 业务逻辑与显示逻辑分离。
2) 所有用户界面类型遵循统一的 MetaModel 管理。
3) 可以运行在多种客户端平台。
4) 具有广泛的平台独立性。

1.2.1 MetaModel 的概念

元模型（MetaModel）是关于模型的模型。这是特定领域的模型，定义概念并提供用于创建该领域中模型的构建元素。它解决了产品数据一致性与企业信息共享问题。

Web Dynpro 对开发 Web 应用程序给予支持，程序员可以使用特定的工具在元数据中描述 Web Dynpro 应用的属性，系统将自动生成所需代码并在运行期执行。除了系统框架提供的事件外，还可以为 Web Dynpro 应用程序定义自己的事件。事件处理程序被写在单独的源代码区域，当事件在运行时被触发，事件处理程序将被执行。

在 Web Dynpro 中，每个用户界面都是由相同的基本元素组成的。这些元素的元数据模型 MetaModel 可以用 Web Dynpro 的工具静态地声明。也可以在运行时实现应用程序元素的元数据模型，并且可以更改或者重新设置它们的值。利用这些特性，程序员可以通过在运行期生成新的界面结构来更改或增强一个用户界面。

1.2.2 平台独立性

从理论上讲，Web Dynpro 应用程序的元数据是与平台无关的。这意味着，如果应用程序执行在与创建它的平台不同的平台时，元数据可以转换为当前平台特定的环境。这将生成一个平台所需的新的源文件。只有程序员自己编写的源代码（比如事件处理中的源代码）需要匹配新的平台。此外，还有一些特定的环境限制，这也意味着需要一些额外的改变（比如在 ABAP 程序中对名字长度的限制）。这样的元数据转换工具现在还没有。

1.2.3 Web Dynpro 客户端

客户端框架（Client Side Framework，CSF），即一个以 JavaScript 为基础的客户端应用程序，它运行在用户的浏览器中。这意味着一个用户界面的抽象定义可以通过 HTTP 传送到用户的浏览器，而应用程序的数据是单独传送的。CSF 由两个独立的部分构成：用户界面的定义和应用程序的数据。它具有以下优点。

1) 快速生成屏幕——只更新屏幕上数据发生改变的区域。
2) 全键盘支持和无限制的用户操作。
3) 通过合理使用缓存减少对服务器的请求次数。
4) 减少服务器与客户端之间的带宽需求。

1.2.4 图形化开发工具

为了支持前文的概念，SAP NetWeaver Developer Studio（SAP NetWeaver 开发者工作室）和 ABAP Workbench（ABAP 工作台）都包括了一系列的 Web Dynpro 工具。程序员可以用这些工具生成大部分 Web Dynpro 应用程序的代码，而无须编写源代码。这些工具应用在应用程序的以下几个方面。

1) 前端与后端之间的数据流。
2) 用户界面布局。
3) 用户界面元素的属性定义。

Web Dynpro 工具允许程序员在系统自动生成的源代码中，手动添加自己的源代码。当系统重新生成源代码时，用户所写的源代码的区域不会发生改变。

1.2.5 业务逻辑与显示逻辑分离

Web Dynpro 允许程序员将业务逻辑与显示逻辑清楚地分开。一个运行在前端的 Web Dynpro 应用通过一个服务访问本地或远程的后端系统。这意味着显示逻辑被包含在 Web Dynpro 应用中，业务逻辑和持久化的业务对象运行在后端系统。下面是当前可用于连接 Web Dynpro 应用和后端系统的方法。

1) 通过 SAP 系统的 BAPI 可以调用的、适用 RFC 生成的接口。
2) 调用 Web Services 的接口。
3) 自生成的接口。

连接 Web Dynpro 应用所需的源代码可以由 Web Dynpro 接口的 UML 定义图生成。UML 定义图可以作为一个 XML 文件导入到 Web Dynpro 工具中。

1.2.6 MVC 模型的转换

SAP 的 Web Dynpro 是基于模型视图控制器（MVC）设计范例构建的。MVC 最初是由挪威的程序员 Trygve Reenskaug 于 20 世纪 70 年代末在 Xerox PARC 工作时提出的。Smalltalk-80 编程语言在发布时首次采用了这一设计范例。

MVC 是革命性的设计范例，因为它率先按照以下项目来描述软件组件。

1) 每个组件应具备的功能性责任。
2) 每个组件应该响应的消息协议。

SAP 修改并扩展了原始的 MVC 规范，并以此创建了 Web Dynpro 工具集。每一个 Web Dynpro 应用程序都是依照 MVC 模型建模的，如图 1-1 所示。

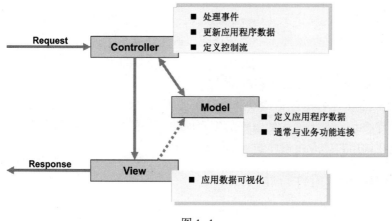

图 1-1

1) Model（模型）：构建后端系统的接口，允许 Web Dynpro 应用程序访问数据。
2) View（视图）：负责数据在浏览器中的表现。
3) Controller（控制器）：介于视图和模型之间。控制器格式化显示在视图中的数据，处理用户的操作，并返回给模型。

1.3 Web Dynpro 组件

一个 Web Dynpro 组件（Component）是一个可重复使用的实体。它可以把所有 Web Dynpro 组件结合在一起，但需要可执行组件（如 Web Dynpro Application）作为程序的一部分，这样程序才能运行。

用 Web Dynpro 组件开发有以下优点。
1) 结构化编程。
2) 易于创建管理应用程序模块。
3) 组件是可复用的。
4) 易于软件整合。

在 Web Dynpro 组件中包含任意数量的窗体（Window）和视图（View）以及相应的控制器（Controller）。其他 Web Dynpro 组件也可以被引用，如图 1-2 所示。

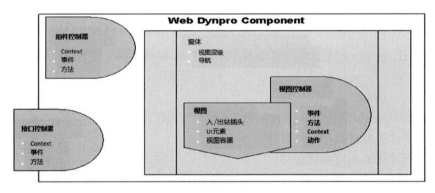

图 1-2

窗体和视图主要和用户界面（User Interface，UI）元素有关。窗体只是一种容器，在一个组件内可以包含任意多个窗体，一个窗体可以嵌入任意多个视图，一个视图可以包含任意多个 UI 元素（UI Element），而组件控制器（Component Controller）只有一个。如果一个组件不需要视图，那么窗体也就无须存在了。

一个 Web Dynpro 组件的生命周期从第一次被调用开始，终止于调用和实例化它的 Web Dynpro 应用程序终止。对于嵌入的组件的生命周期而言，直到需要的时候它才会被实例化，它的生命周期在调用它的应用程序结束的同时结束。

1.3.1 Web Dynpro 组件特性

一个 Web Dynpro 组件始终是强制性地创建了窗体、视图和其控制器，这是关系到自身存在的组成部分。Web Dynpro 组件之间的通信是借助组件接口（Component Interface）实现的，因此它不考虑自身的部分组成。一个 Web Dynpro 组件可嵌入其他 Web Dynpro 组件中。

总之，Web Dynpro 组件的特性包括以下几个方面。

1）可以包含任意数量的窗体、视图以及与之对应的控制器。
2）可以嵌套其他的组件。
3）每个 Web Dynpro 应用程序必须有组件控制器。
4）每个组件包含一个接口，每个接口包含两个部分。
　① 接口视图：用来连接 Web Dynpro Application 和 Web Dynpro 窗体。
　② 接口控制器：进行数据交换控制。

1.3.2 视图

视图（View）描述了一个矩形区域的布局（Layout）和用户接口的行为动作（Action）。

1. 布局

每个 Web Dynpro 应用程序都至少有一个视图。每个视图的布局都由不同的用户界面 UI 元素组成，这些 UI 元素可以相互嵌套，如图 1-3 所示。每一个 UI 元素的位置是由布局变式决定的。

2. Context 和视图控制器（View Controller）

除了布局这一有形的部分以外，视图也包含一个视图控制器和一个 Context。视图中的 UI 元素可以绑定 Context 中的数据，这些数据被 Context 存储和管理，使它们能够在屏幕上表示或使用。视图控制器包含很多方法，这些方法用来查询数据或处理用户输入，如图 1-4 所示。

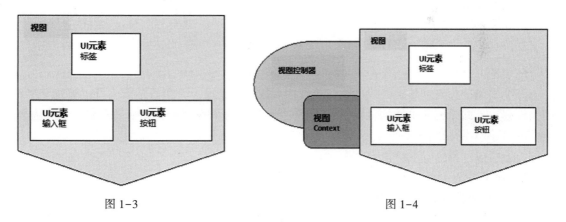

图 1-3　　　　　　　　　　　　　图 1-4

3. 入/出站插头（Inbound/Outbound Plug）

视图还包含入站插头（Inbound Plug）和出站插头（Outbound Plug），使视图可以彼此相连或者一个视图可以和一个接口视图联系在一起。这些插头可使用导航链接（Navigation Link）互相连接在一起。

4. 空视图

空视图是一种特殊类型的视图。在没有手动嵌入视图的情况下，它总是在一个窗体中或视图集（View Sets）区域中自动生成。也可以手动将其嵌入在一个非空的窗体中，就像一个普通视图一样。空视图在运行时占用一个窗体的大小，可以使用特定的空视图隐藏其他的视图。

注：视图集（View Sets）是 Web Dynpro for Java 中的概念，这里不进行详细介绍。

当创建一个空视图时，一个命名为 ShowEmptyView 的入站插头会被默认自动创建。

5. 视图设置

不同视图之间的导航是通过插头实现的。如前所述，这些插头分为入站插头和出站插头。入站插头定义了视图被调用的入口，出站插头用于调用接下来要显示的视图。插头是视图控制器的一部分，存在于所在的视图中。

由于接口视图导航方面的性能完全与视图相同，插头和导航链接也适用于接口视图。

若干视图通常嵌入在一个 Web Dynpro 窗体中。因此，有必要限定一个作为首先显示的视图（初始视图）。这种视图被分配默认属性（Set as default），随后的导航结构是依附于这一视图创建的。

视图的入口，也就是入站插头，总是调用一个事件处理方法。这就是为什么会为每个入站插头自动生成一个事件处理方法（它的使用是可选的）。在这种情况下，入站插头本身代表了事件处理。如果视图是窗体标记为默认的视图，则不使用入站插头。要从一个视图转到另一个视图，第一个视图的出站插头必须通过一个导航链接连接到第二个视图的入站插头，如图 1-5 所示。

图 1-5

一个出站插头通过导航链接可以连接到很多视图。相反，一个入站插头可以被几个出站插头控制。入站插头和出站插头的关联信息不包含在每个视图中，此信息是储存在导航连接中。

综上所述，得出以下结论。

1）每个 Web Dynpro 应用程序至少有一个视图。
2）每个视图里面可以放置不同的 UI 元素。
3）视图包含两个很重要的组件：视图控制器和 Context。
　① Context 用来存储、管理数据以及进行 UI 元素的绑定。
　② 视图控制器用来查询数据以及处理用户输入等。
4）每个视图都有入站插头和出站插头。入站插头用来调用这个视图，而出站插头用来调用下一个视图。
5）连接关系：几个视图之间的连接通过导航链接来实现。

注：每个窗体可能有多个视图，所以必须指定初始视图，而且这个视图没有入站插头。

1.3.3 窗体

窗体（Window）用来结合若干个视图和视图集。一个视图只有被嵌入在窗体中才能由浏览器显示。一个窗体包含由导航链接关联的一个或多个视图，其中一个视图或视图集会被指定为默认用于首次显示在窗体中，如图1-6所示。

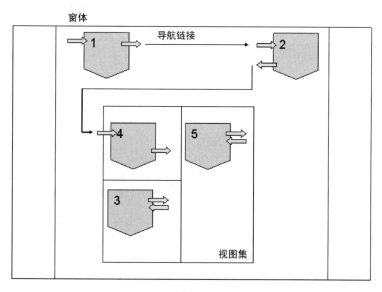

图 1-6

窗体定义了在哪个组合中显示哪些视图以及执行出站插头时会如何改变视图组合，所以，创建一个窗体时，需要定义3个元素。

1) 组件的可视界面中的所有视图必须嵌入到窗体中。

2) 如果需要并排显示多个视图，则需要使用布局中包含视图容器UI元素（View Container UI element）的特殊UI元素来定义这些视图的布局和位置。此视图容器嵌入在窗体中，并且，在视图容器UI元素中定义的每个区域内，所有可能的视图均被嵌入到窗体中。每个视图容器UI元素在启动时只有一个缺省视图。

3) 不同视图之间的导航链接必须进行定义。

视图显示区域一次只能显示一个视图，必须定义视图之间的导航链接，才能替换视图显示区域的内容。通过创建空视图可以清空视图显示区域，相应的导航事件会调用空视图的入站插头。

注：视图容器UI元素可参见附录C。

1. 插头（Plug）和窗体控制器（Window Controller）

和视图一样，窗体也有入站插头和出站插头。每个Web Dynpro窗体都有一个窗体控制器。这个窗体控制器是一个全局控制器。组件在所有其他控制器中是可见的，这一点区别于视图控制器。

注：入站插头、出站插头和窗体控制器在SAP NetWeaver平台7.0的Web Dynpro for Java中并未涉及。

2. 接口视图（Interface View）

每个窗体可以指定一个接口视图。此接口视图用于显示整个窗体。在组件中接口视图和 Web Dynpro 应用相关联，这使得窗体和 URL 有一种对应关系，如图 1-7 所示。

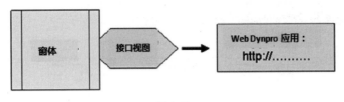

图 1-7

此外，该接口视图使窗体能够参与多个组件重用（详见 1.4 节）。这意味着除了所有组件的具体视图，在一个窗体中可嵌入其他组件的接口视图（前提：组件重用被创建）。就像视图一样，该接口视图和窗体的入站插头、出站插头集成在了一起，可以在其他组件的视图中被调用，如图 1-8 所示（前提：这些组件窗体的插头被明确标记为接口插头（Interface Plug））。

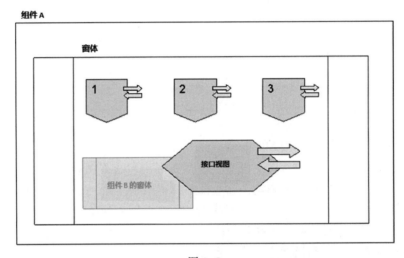

图 1-8

每个窗体在同一时间只能显示一个视图，这也适用于接口视图。但是，在同一组件中可以同时声明几个接口视图的组件重用。这样程序员可以显示一个接口视图多次。

3. 窗体插头 Window Plug（入站插头和出站插头）

每个窗体都有一个或多个入站插头或者出站插头。使用这些插头，一个窗体可以被列入一个导航链接 Navigation Link，如图 1-9 所示。和视图的插头一样，每个窗体插头在整个窗体中都是可见的，可在此窗体内进行导航。此外，插头也可用于连接接口视图，所以它们的可见性已超越了组件的限制。因此，它们属于与接口视图有关的窗体，如图 1-10 所示。

一个组件的窗体被嵌入在另一个组件的窗体以便显示。一个 Web Dynpro 应用被定义，以便用来调用相应窗体（前提：出站插头的属性设定为 Exit）。要使用接口插头（Interface

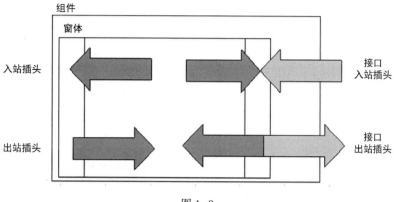

图 1-9

Plug）调用或者关闭一个 Web Dynpro 应用，入站插头属性应设为 Startup，出站插头属性应设为 Exit。

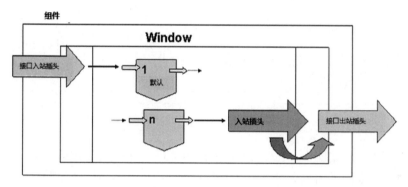

图 1-10

4. 出站插头（Outbound Plug）

窗体的出站插头导航到相应视图的入站插头，如图 1-11 所示。使用这些出站插头，就可以在窗体内导航到不同的视图，而不是使用预定义的视图。其中设置具体哪个出站插头被调用，可以在接口入站插头 Interface Inbound Plug（具体参见 3.8.1. 节）中的事件处理程序中编辑。

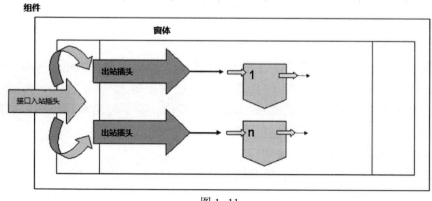

图 1-11

5. 入站插头（Inbound Plug）

窗体的入站插头是从视图的出站插头导航到其嵌入的窗体，如图 1-12 所示。就像视图的入站插头一样，代表相应的事件，从而调用分配给它们的事件处理方法（Event Handler Method）。这样在窗口控制器中就可以控制哪一个出站插头是下一个被调用的，并且程序员可以动态地定义视图在窗体中显示的次序。

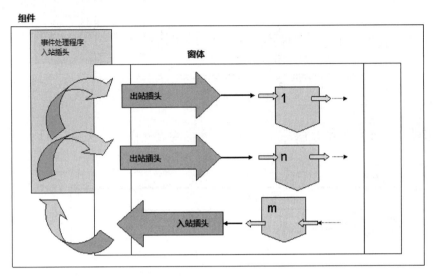

图 1-12

上述功能在接口出站插头（Interface Outbound Plug）中也是适用的。

综上所述，得出以下结论。

1）窗体是多个视图的组合容器，视图必须在窗体中才能被用户看到。

2）一个窗体包含至少一个视图，如果是多个视图的话需要通过导航链接来实现。当然，必须定义初始的视图。

3）每个窗体可以有一个或者多个入站插头以及出站插头对应视图的插头。

① 出站插头：连接窗体和视图的入站插头。

② 入站插头：连接视图的出站插头嵌入到窗体。

1.3.4　Web Dynpro 控制器

1. 控制器分类

控制器是 Web Dynpro 应用程序中很重要的部分。它们决定用户如何与 Web Dynpro 应用程序进行交互。控制器可以访问到的数据是定义在相应的 Context 内的。在同一个 Web Dynpro 的应用程序中有不同的控制器和 Context 的实例。除了控制单独视图的视图控制器外，还有为组件中所有视图提供服务的全局控制器。

（1）视图控制器（View Controller）

每个视图都有一个视图控制器，它是用来处理用户与系统间交互的。每个视图也有一个视图 Context（View Context），其中包含了视图所需的数据，如图 1-13 所示。

视图控制器和相应的 Context 至少在视图被浏览时是可见的。在浏览器中如果视图被一个连续的视图所取代，本地数据也不再可用。不过，视图的生命周期也可以连接到组件的生命周期。

无论是可见的还是被隐藏的视图，只要在其生命周期内，其自身及其数据都是客观存在的。

（2）全局控制器（Global Controller）

每个 Web Dynpro 组件至少包含一个全局控制器，在其他的组件中都是可见的。组件控制器的数据一旦被访问，其使用寿命就延长到整个组件的生命周期，直至组件不被使用。

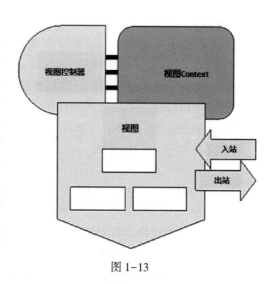

图 1-13

程序员可以添加自定义的控制器（Custom Controller）。控制器组件和它包含的数据在组件的所有视图中都是可见的。另外 Web Dynpro 窗体中所附带的窗体控制器（Window Controller）也是全局控制器，同样在组件的所有视图中都是可见的，它们的关系如图 1-14 所示。

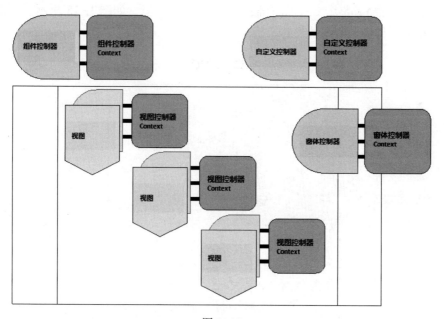

图 1-14

（3）接口控制器（Interface Controller）

每个 Web Dynpro 组件都包含一个接口控制器。该控制器也是一个全局控制器，在其他组件内也是可以看到的。因此，这部分是 Web Dynpro 组件的一个接口。

控制器之间的通信是通过调用方法或触发事件来实现的。程序员在创建一个控制器时便定义了这些控制器实例。

2. 源代码

每个控制器包含程序区域，程序员可以在其中插入自己的源代码（Source）。因此，应用程序编程接口（API）一般用于节点 Context 和它们的属性以及数据的处理。例如：使用 API 执行节点初始化、访问系统环境服务器抽象层以及进行动态消息处理。

控制器可以存储它们自己的源代码。

（1）事件处理程序（Event Handler）

当视图在初始化、被关闭，或遇到回车键时，事件处理程序（钩子函数 Hook）将被执行。

当其他控制器触发注册的事件，事件处理程序（与事件关联）将被执行。

（2）方法（Method）

方法可以被其他控制器调用。

（3）供应函数（Supply Function）

当 Context 及其元素被调用时，执行供应函数用于初始化 Context 中的元素。视图或组件的数据存储在 Context 中，在控制器中用供应函数读写访问此数据只是一个起点。

3. Context 结构

Context 的数据在一个层次结构里被管理起来。每个 Context 有一个根节点，根节点下面是其数据字段（属性），整个 Context 存储在一个树状结构里，如图 1-15 所示。一般在编程时要根据应用数据的结构创建此树状结构。

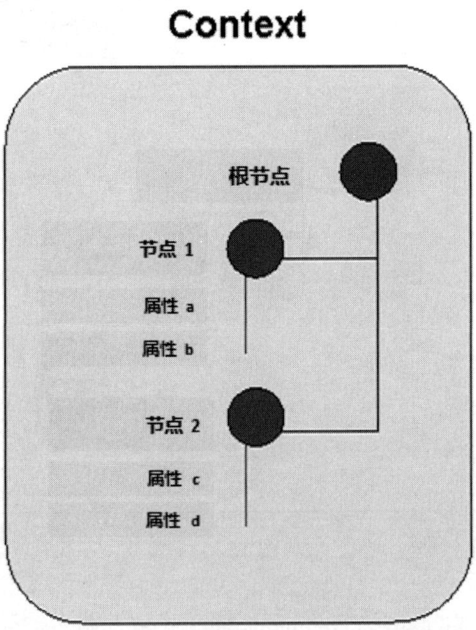

图 1-15

每个 Context 节点包含的数据字段可以分为以下两类。

1) 对象类型的单个实例。

2) 对象类型的实例表。

在一个 Context 中可以重复嵌套使用节点，这种节点叫作递归节点（Recursive Node），如图1-16所示。用作递归的节点总是新节点的上级节点，最新创建的递归节点是上级节点的引用，因此无法单独处理。

注：根节点Context不能被用于递归。

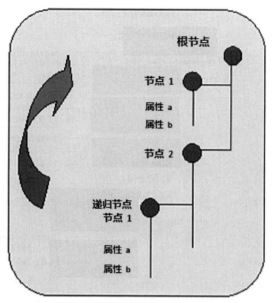

图1-16

4. Context属性

（1）基数

表1-1汇总了一个节点可能的基数。

表1-1

基　　数	含　　义
1：1	该节点只包含一个元素实例，它可以自动被实例化
0：1	该节点只包含一个元素实例，它可以不被实例化
1：n	该节点可以包含多个元素的实例，其中至少有一个必须被实例化
0：n	该节点可以包含多个元素的实例，它可以不被实例化

（2）头选择（Lead Selection）

头选择在嵌套的Context结构中是非常重要的，其定义了Context元素。

应用程序UI的例子中包含一个TextView元素，在运行时相应显示客户的名称。如果没有一个明确的选择路径，名称属性对所有值将是平等的，可能不会将客户名称正确地显示在TextView的元素上。出于这个原因，为客户设置的信息内容必须明确指定一个节点，这是通过初始化头选择实现的。初始化头选择始终指定了节点的第一个要素，如

图 1-17 所示。

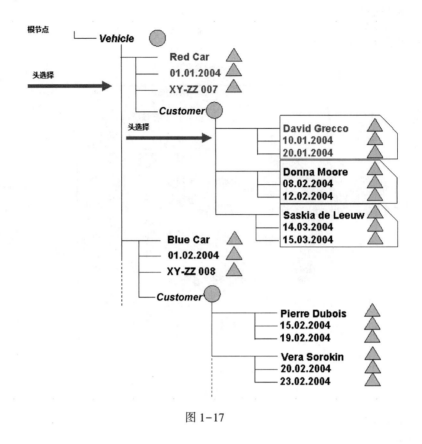

图 1-17

（3）自动初始化头选择

选择使用预置的自动初始化头选择，在这种情况下，一个节点的第一个要素分配到头选择属性。

（4）手动初始化头选择

如果自动初始化头选择没有被预制，头选择可以被编程实现。在这种情况下，这个属性可以分配到任何一个节点的元素（例如，使用节点的索引）。

5. Singleton 属性

这个属性决定了子节点在实例化时是 Singleton 还是 Non-Singleton，它的值是布尔值。例如在加载一个包含多行的表时，每一行包含的详细数据不会被首先加载，而只有在用户选中并查询特定行时，与该行相关的数据才会被读取。

如果例子中客户节点设置为 Singleton，头选择被设置为自动初始化，Context 的运行如图 1-18 所示。

6. Context 数据绑定和映射

在 Web Dynpro 架构中，不同控制器的 Context 有不同的应用。

（1）Context 绑定

用户接口视图的 UI 元素可与 Context 元素绑定，如图 1-19 所示。

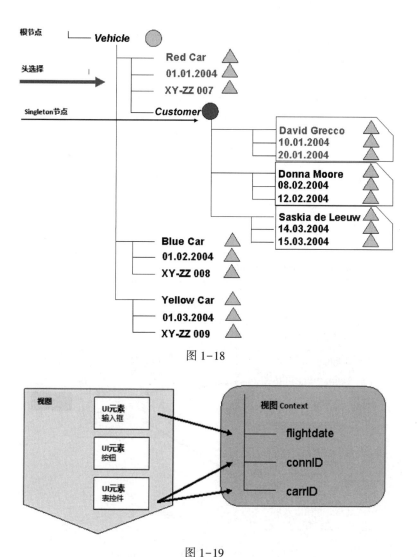

图 1-18

图 1-19

（2）Context 映射

Context 映射可以定义在两个全局控制器之间或从一个视图中的 Context 映射到一个全局控制器的 Context。全局控制器的 Context 也可以绑定到 Web Dynpro 模型，如图 1-20 所示。

（3）定义两个 Context 之间的映射

视图 Context 的元素可以定义在本地的视图中。在这种情况下，所有包含的属性只在有关的视图中可见，当视图消失时，属性值也将被删除。

视图 Context 的元素也可以映射到全局控制器（如组件控制器）的 Context 上，如图 1-21 所示。图 1-21 中节点 1 与节点 2 分别映射到组件控制器对应的节点上，组件控制器在全局范围内都是可见的，所有控制器都涉及读取和写入访问所包含的属性。组件控制器 Context 的属性值都包含在这里，只要用户不退出该组件，这些值仍然可用，即使它不再显示在屏幕上。图 1-22 所示，节点 1、节点 2 的属性值会更新组件控制器节点的值，反之，组件控制器节点的值也会更新节点 1、节点 2 的值。

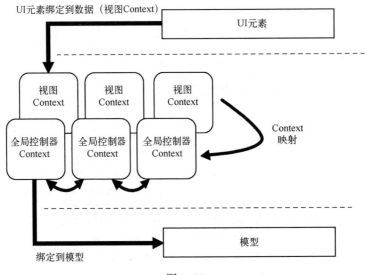

图 1-20

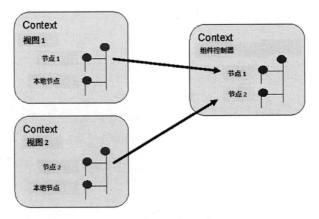

图 1-21

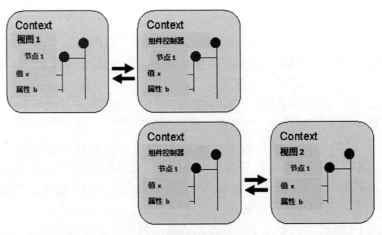

图 1-22

要建立映射关系，应注意以下几点。

1）充当映射源的控制器，其 Context 中必须有节点。该节点不需要任何已声明的子节点或属性。

2）映射源控制器不能是视图控制器。

3）包括映射目标节点的控制器，必须声明把映射源控制器当作已用控制器。

7. 事件（Event）

在组件控制器中可以创建事件。

事件用于控制器之间的通信。一个控制器通过触发不同的事件来调用另外一个控制器中的事件处理程序，如图 1-23 所示。

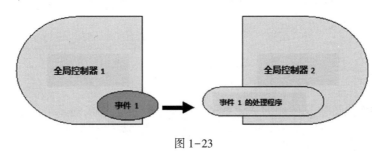

图 1-23

使用接口控制器的事件可以实现跨组件通信。然而，控制器组件的事件只在本组件内是可见的。

（1）入站插头事件

在视图中入站插头也像一个事件一样会做出相应的反应。因此，当一个视图被一个入站插头调用时，该入站插头事件所对应的处理程序是第一个被调用的，如图 1-24 所示。在这种情况下，该事件处理程序会放置在当前视图或窗体控制器中。

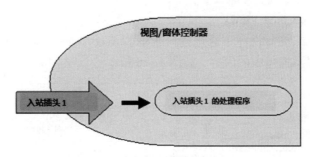

图 1-24

控制器的接口视图甚至通过相应的入站插头的事件处理程序来作为调用某一个视图的出发点。在事件处理程序中，可以为每一个接口视图的入站插头编辑各自的事件处理程序。

（2）用户界面元素事件

一些用户界面元素，例如按钮，有用户与程序交互的动作相联系的特殊事件。这些事件是预先定义的，并在设计时指定了相应的用户动作。

8. 动作（Action）

一些用户界面元素，如按钮，可以与用户的动作进行交互：单击相应的按钮可以触发对应的事件，视图控制器中的处理程序会被调用，如图 1-25 所示。这样的用户界面元素会配备一个或多个事件，在设计时可以连接到一个特定的动作（例如：切换到下一个视图）。如果这种动作被创建，相应动作的事件处理程序也会被自动创建。有必要的话，用这种方法可以为用户界面元素的事件指定不同的动作。这些事件的事件处理程序会在相应的动作被触发时调用。

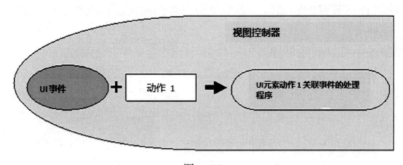

图 1-25

在视图中动作是可重复使用的。也就是说一个动作能被连接到多个甚至不同的用户界面元素的事件。

注： 不像跨组件事件那样，用户界面元素事件的可见范围是在视图控制器内的，在其他组件是看不到的。用户界面元素事件本身是预定义的，不能改变。

1.4　Web Dynpro 组件接口

每个组件都有一个接口（Interface），用于 Web Dynpro 组件之间的交流以及用户的调用。这个接口由两部分组成。

1．接口视图（Interface View）

组件中包含窗体的接口视图。通过接口视图和 Web Dynpro 应用相关联，用户可调用 Web Dynpro 应用来显示窗体中的内容，如图 1-26 所示。

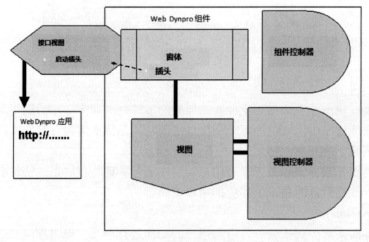

图 1-26

通过入站插头和出站插头，接口视图作为嵌入式组件集成在相应的窗体组件中。这些入站插头和出站插头是各自窗体的一部分，如图 1-27 所示。该嵌入的接口视图的导航功能与视图的导航功能是一样的。

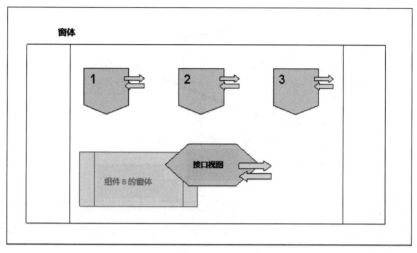

图 1-27

该嵌入的接口视图可以没有图形元素，它可以通过控制器提供函数功能服务或通过 Context 提供数据服务。

2. 接口控制器（Interface Controller）

Web Dynpro 组件除了视觉部分的组件接口（接口视图）外，还有一种编程部分的组件接口——接口控制器。它在组件的内部和外部都是可见的，是用来交换业务数据的。使用这个控制器的嵌入组件也可以调用另一个嵌入的组件，如图 1-28 所示。

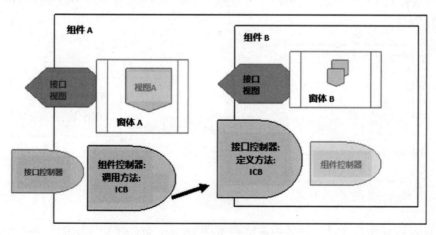

图 1-28

接口控制器就像接口视图，它不是一个独立的实体对象。相反，在其他组件中，接口控制器所定义的方法和事件都是可以访问的。

另外，跨组件的数据交换是通过嵌入和被嵌入的组件之间的 Context 映射实现的，如图 1-29 所示。

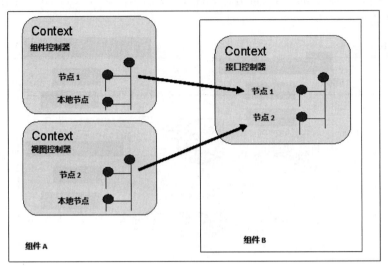

图 1-29

Web Dynpro 组件接口的定义和实现可以单独进行。因此，Web Dynpro 组件的定义和 Web Dynpro 组件的开发能够被分离出来。在 Web Dynpro 组件中可以创建多个接口，每个接口所需的实现直到运行时才被实施。这个接口和实现必须是相同的名字。

1.5 Web Dynpro 应用

Web Dynpro 应用（Application）是一个从用户接口调用的应用程序。它可作为一个独立的程序单元连接到 URL 链接上，用户可通过这个 URL 链接访问 Web Dynpro 组件中的窗体，如图 1-30 所示。

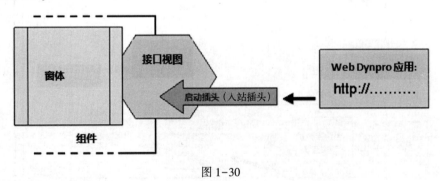

图 1-30

Web Dynpro 应用是通过入站插头连接到 Web Dynpro 窗体接口视图的，是一个用户调用的入口。

1.6　Web Dynpro 模型

Web Dynpro 技术是基于 MVC 模式开发的，其目的在于确保用户之间的接口定义和应用程序逻辑实现明确的分工。基于这一概念，从模型可以检索后端系统的应用数据。如果程序员想定义多个模型，该模型必须绑定到相应的 Web Dynpro 组件上。

对于 Web Dynpro 应用程序的数据可以有不同的来源。

1）调用 SAP 系统中的 BAPI。
2）用新的数据定义。
3）调用 Web 服务。

注：Web Dynpro 模型多用于 Web Dynpro for Java 的概念，本书不做深入阐述。

第 2 章　Web Dynpro for ABAP 开发环境

为了开发 Web Dynpro 应用程序、组件和接口，需要进行下面所述的配置。

2.1　初始化配置设定

为了确保 Web Dynpro for ABAP 应用程序可以顺利创建和操作，有必要设置 Web Dynpro 编程环境所需的服务，如互联网通信管理器（Internet Communication Manager，ICM）、互联网通信框架（Internet Communication Framework，ICF）和视图设计器等。

（1）ICM

必须设置 ICM 的 HTTP/HTTPS 协议服务。

（2）ICF

1）必须激活 ICF 服务。

2）配置 ICF 的服务器功能（分配授权）。

3）配置 ICF 的客户端功能（创建 RFC 目的地等）。

（3）视图设计器

在视图设计器内布局的编辑器的配置里，ICF 指定的 Web Dynpro for ABAP 所有服务必须被激活。

（4）SSO

SSO（Single Sign On）必须设立在相关的主机上。

2.2　根据要求配置设置

SAP 提供了很多技术上的支持以满足客户的需求，如门户集成、Adobe 集成等，方便客户自由选择配置。

（1）门户集成

如果 Web Dynpro for ABAP 的应用程序运行在门户上，门户集成要求的先决条件必须得到满足。

（2）Adobe 集成

报表一体化的先决条件适用于 PDF 文档一体化，其集成条件必须得到满足，如安装并激活 ACF（Active Component Framework）。

（3）使用甘特图和网络用户界面元素

如果客户在应用程序中使用甘特图或网络用户界面元素，需注意以下几点。

1）标准的浏览器和 Java 插件必须安装在客户端。

2）Java 版本是 1.4。支持 Windows 和 Linux 操作系统。

（4）使用 FlashIsland UI 元素

要使用 FlashIsland UI 元素，须满足以下条件。

1）开发环境安装 Adobe Flex Builder2 及以上版本。

2）运行环境安装 Adobe Flash Player9 Update3。

（5）使用 AcfUpDownload 和 AcfExecute UI 元素

要使用 AcfUpDownload 和 AcfExecute UI 元素需在服务端安装 Java 插件。

（6）使用 OfficeControl UI 元素

要使用 OfficeControl UI 元素，需要以下条件。

1）安装微软的 Office 办公软件。

2）必须在浏览器中激活 ActiveX。

3）要了解 SAP 支持的 Office 版本的更多信息，请参阅 SAP Note 722513。

Office 集成的重要注意事项的相关 Note 见表 2-1。

表 2-1

SAP Note 编号	解释
766191	组件框架安装
1016683	在 Vista 系统下安装 ACF 控件
846952	在客户端 PC 中删除 ACF 控件
892638	综合办公组件（IOS）
949770	iOS 跟踪、生成 Web Dynpro Office 控件

（7）使用 BI 应用程序框架

要使用 BI 应用程序框架，程序员需要连接 BI 系统或者在系统中建立相关的 BI 数据。

（8）利用 GeoMap UI 元素

GeoMap UI 元素只能使用一个特殊的地图系统所提供的软件组件，这种软件组件可以扩大互联网的图形服务（IGS）。该组件如果不是与 AS-ABAP 的交付版本，必须从第三方供应商购买。GeoMap UI 元素不能显示没有这种互补性的软件组件。更多信息请参阅 SAP Note 994568。

（9）使用 SAP 列表查看器（ALV）

使用 SAP 列表查看器不需要额外的配置。

（10）使用帮助文本链接

要整合知识仓库以及信息对象的帮助文本，需要创建一个名称为 AIO_FOR_HELP_LINKS 的 RFC 连接，该连接用于连接客户的知识仓库系统，方便其使用帮助文本。

要在 Web Dynpro for ABAP 应用程序中显示帮助文本，需要使用帮助处理器。用户通过 SAP 服务市场（http://service.sap.com/installnw70）可以在目录 Installation & Upgrade Guides/Other Documentation/SAP Library 下找到有关配置安装和升级的指南。需要注意的是配置帮助信息时，帮助类型 PlainHtml 必须定义为 Web Dynpro ABAP 的帮助链接（而不是 HtmlHelpFiles）。

（11）环境设置前提条件

安装 SAP Web 的 ABAP 应用服务器（AS ABAP）6.4 以上版本。

注：关于 SAP 产品安装请参照 BASIS 相关资料。

2.3 操作系统配置

添加本地主机，设置 IP 地址、域名映射，如果域名能够被 DNS 解析的话，可以省略此步。在本地机器 hosts 文件中设置 IP 地址与域名的映射，具体步骤如下。

打开文件路径 C:\WINDOWS\system32\drivers\etc，如图 2-1 所示。

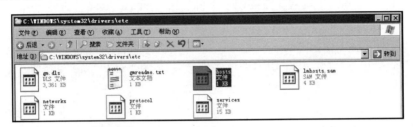

图 2-1

对 hosts 文件以记事本的方式打开，在末尾追加一行：192.168.90.12 wwww www.sap.com，如图 2-2 所示，其中 192.168.90.12 为 SAP 服务器 IP 地址、wwww 为 SAP 服务器计算机名称、www.sap.com 为 SAP 服务器的域名地址。

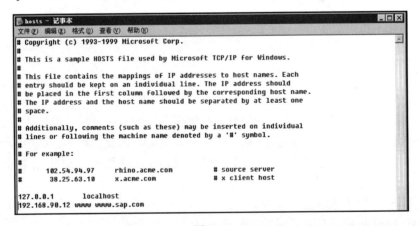

图 2-2

注：wwww sap.com 是假想的一个域名。

2.4 设置全称域名

SAP 支持通过 Web 浏览器进行访问，SAP NetWeaver 的全称域名（FQDN）由以下事务代码和配置参数完成，具体如下。

事务代码：RZ10。

配置的具体参数如下所示。

1) SAPLOCALHOST=计算机名。

2）SAPLOCALHOSTFULL=计算机名。

3）icm/host_name_full=$(SAPLOCALHOST).domain.ext。

注：FQDN 是 Fully Qualified Domain Names 的简称。

IP 地址不支持下画线"_"，如：http://192.168.90.12:8000/sap/bc/webdynpro/sap/wdr_test_events。

在主机名中不支持下画线"_"，如：dev_sys.company.co.xx。

2.5 激活 ICF 服务

当通过 Web 浏览器访问 SAP NetWeaver 时，需要激活 ICF 服务。

2.5.1 安装时激活 ICF 服务

ICF 提供了 AS-ABAP 工作进程中处理 HTTP 请求的环境，有一系列 Web Dynpro for ABAP 需要的 ICF 服务必须激活。

事务代码：SICF_INST。

激活以下应用组件。

（1）Web Dynpro ABAP

WDA 运行时环境所需要的 ICF 服务。

（2）Web Dynpro ABAP Design Time

在 ABAP 工作台中开发 Web Dynpro for ABAP 时使用的视图设计器（View Designer）所需要的 ICF 服务。

（3）Web Dynpro ABAP Test Apps

测试 WDA 时所需要的 ICF 服务。

2.5.2 安装后手动激活 ICF 服务

客户选择相关功能后，需要手动激活对应的服务。

事务代码：SICF，运行如图 2-3 所示。

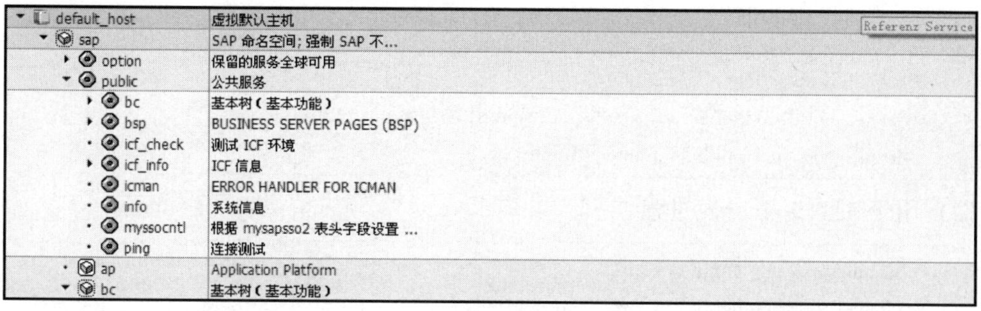

图 2-3

选中相应服务节点（如/default_host/sap/bc/webdynpro），右击，按照图 2-4 所示选项进行激活。

需激活的服务节点如下。

1. Web Dynpro ABAP 服务

为了运行 Web Dynpro for ABAP，以下系统服务必须激活。

（1）使用 Web Dynpro for ABAP 应用

```
/default_host/sap/bc/webdynpro
/default_host/sap/public/bc
```

注：服务/default_host/sap/public/bc 激活时，只激活节点本身，而无须激活其子节点。

（2）使用 Web Dynpro for ABAP 开发环境

```
/default_host/sap/public/bc/webdynpro/viewdesigner
/default_host/sap/bc/wdvd/
```

图 2-4

以下五个 ICF 节点在 WDA 环境中，只允许在开发系统中激活，在生产系统中并没有相关账户，因为这会带来安全风险。

```
/default_host/sap/bc/webdynpro/sap/configure_application
/default_host/sap/bc/webdynpro/sap/configure_component
/default_host/sap/bc/webdynpro/sap/wd_analyze_config_appl
/default_host/sap/bc/webdynpro/sap/wd_analyze_config_comp
/default_host/sap/bc/webdynpro/sap/wd_analyze_config_user
```

2. 其他服务

AS-ABAP 有互联网协议（HTTP、HTTPS 和 SMTP）的支持。

```
/default_host/sap/public/icman
```

注：AS-ABAP 一旦已经安装，则必须确保该服务在事务 SICF 中激活。这时由 ICM 来决定如何分配 HTTP 请求到服务器。

使用荷载分布

（1）用于消息服务器

```
/default_host/sap/public/icf_info
/default_host/sap/public/icf_info/logon_groups
/default_host/sap/public/icf_info/urlprefix
```

（2）用于 SAP Web 分发进程

```
/default_host/sap/public/icf_info
/default_host/sap/public/icf_info/icr_groups
/default_host/sap/public/icf_info/icr_urlprefix
```

（3）ICF 测试应用

以下服务是 SAP 内部使用。

```
/default_host/sap/bc/echo
```

这项服务提供了有关登录标题和表单域登录过程的详细信息，并为 SSO cookie 的处理生成请求，由于这个原因该服务只能用于错误分析。

```
/default_host/sap/bc/error
```

此服务会在系统出现一些错误的情况下用于错误分析。相关 SAP Note 见表 2-2。

表 2-2

SAP Note 编号	解 释
1009930	（显示）加载视图时视图设计器中的问题
1008689	由于 ICF 节点处于非活动状态导致没有布局预览
1120682	Web Dynpro 应用程序缺少 ICF 节点
1109215	Web Dynpro 应用程序需要 SICF 节点
1120589	Web Dynpro 应用程序可以在没有 ICF 节点的情况下运行

2.6 确认 ICM

确认 ICM 中提供的 HTTP/HTTPS 运行是否正常。
事务代码：SMICM。
查看 HTTP 服务是否启动，正常时如图 2-5 所示。

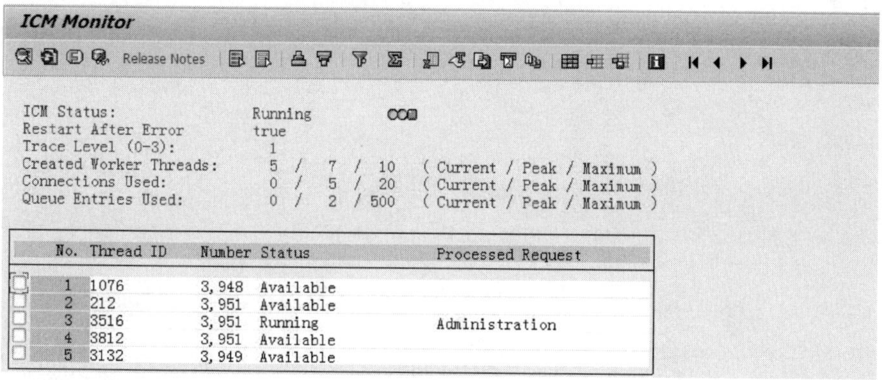

图 2-5

ICM 在 SAP 系统中起着很重要的作用，当 HTTP 请求到达 ICM 后，由 ICM 将 HTTP 请求转发到相应的工作进程中。它还可以控制 HTTP 对象的缓存等。

2.7 环境测试

Web Dynpro for ABAP 的环境测试分为运行环境测试和开发环境测试。
（1）确认系统中 Web Dynpro for ABAP 运行环境配置是否成功

事务代码：SE80。

运行 Web Dynpro 应用：wdr_test_config2，配置成功时如图 2-6 所示。

图 2-6

（2）确认系统中 Web Dynpro for ABAP 开发环境配置是否成功

创建 Web Dynpro 组件并运行，具体参照附录 B。

第3章 Web Dynpro for ABAP 开发基础

在 Web Dynpro for ABAP 开发环境中,使用 Web Dynpro 浏览器来创建和编辑 Web Dynpro 应用程序。而 Web Dynpro 浏览器已完全融入了 ABAP 工作台,它没有单独的事务代码,可以使用 ABAP 工作台中的对象列表选择和显示一个现有的 Web Dynpro 组件或者创建一个新的 Web Dynpro 组件,如图 3-1 所示。

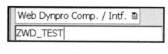

图 3-1

如果要创建新的 Web Dynpro 组件,可在该对象的列表选择对话框中输入新的组件名称,然后选择显示。在出现的对话框中,程序员可以填写新的对象描述,并决定是否要创建 Web Dynpro 组件或 Web Dynpro 组件接口。

3.1 组件

组件是 Web Dynpro 核心的、可重复使用的应用程序项目单元。例如:程序员可以创建任何视图组件,并将其放置在任何窗体组件中。组件的创建是程序员创建新的 Web Dynpro,应用程序的第一步。

程序员可以双击这些组件的名称,使其组成部分显示在屏幕的右侧,如组件的管理数据:创建者(Created By)、创建日期(Created On)及被分配的开发类(Package)等,如图 3-2 所示。

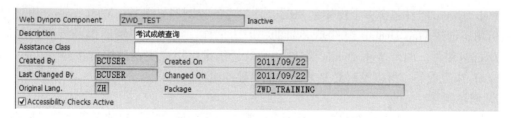

图 3-2

1. 高级应用

Web Dynpro 高级应用包含以下三部分。

(1) Web Dynpro 辅助功能的应用

为了确保 Web Dynpro 应用环境无障碍,程序员可以执行相应组件的语法并激活相关检查。这种检查是通过选中复选框 "Accessibility Checks Active" 实现的(如图 3-2 所示)。

(2) 组件应用

Web Dynpro 组件可以嵌套,程序员可以把现有的组件集成到其他组件中,如图 3-3

所示。

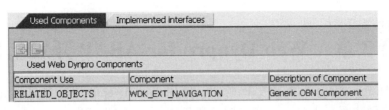

图 3-3

（3）接口应用

在"Implemented Interfaces"选项卡中，程序员可以输入目前处理的组件在使用的组件接口的定义，如图 3-4 所示。

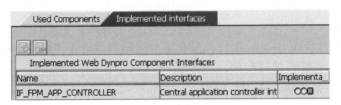

图 3-4

Web Dynpro 组件是可重用的实体，可执行的 Web Dynpro 应用程序由多个组件共同构成。

Web Dynpro 组件有以下优点。

1）结构化编程。
2）创建易管理的应用程序模块。
3）组件可重用。
4）在时间和空间两方面降低了软件项目的耦合性。

Web Dynpro 组件包含多个窗体和视图以及相应的控制器。另外，Web Dynpro 组件也可以被引用。创建 Web Dynpro 组件是必需的，因为窗体、视图和控制器都需要有相关联的 Web Dynpro 组件。两个 Web Dynpro 组件之间的通信是由用户实现的组件接口（Component Interface）来完成的，所以没有必要分开考虑单独的组件。

2. 创建组件

步骤 1：在 Web Dynpro 组件的对象列表选择对话框中输入要创建的对象名称，如图 3-5 所示。

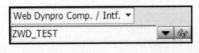

图 3-5

步骤 2：按〈Enter〉键或单击 按钮，弹出对话框，如图 3-6 所示。
步骤 3：按〈Enter〉键或单击 按钮，弹出对话框，编辑信息如图 3-7 所示。

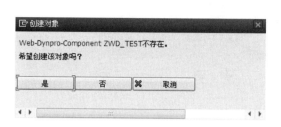
图 3-6

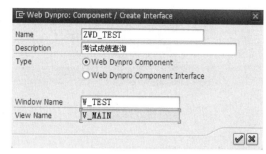
图 3-7

注：在这一步，相关选项会被赋予初始值，如"Type"系统默认为"Web Dynpro Component"，"Window Name"与组件名相同，"View Name"为 V_MAIN，在这里程序员可以根据需要及项目要求，填入适当的值。

步骤 4：按〈Enter〉键或单击✅按钮，弹出对话框，输入分配的开发类，如图 3-8 所示。

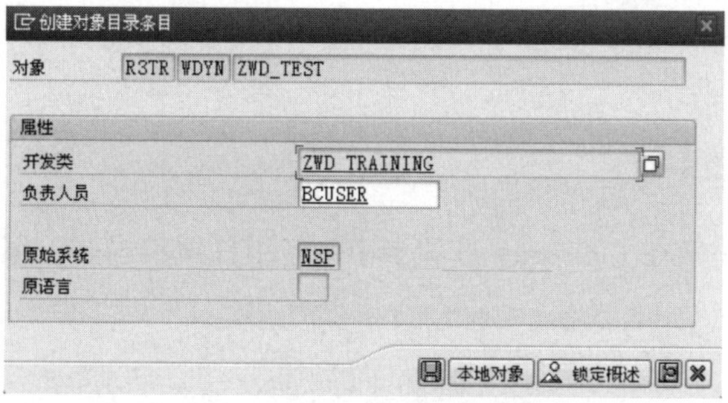

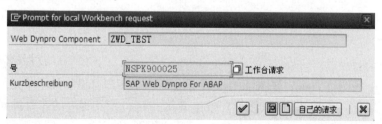
图 3-8

注：在这一步，程序员可以根据项目要求选择对应的开发类，如果仅作为练习用，也可以直接单击 本地对象 按钮，这里就不作过多介绍了。

步骤 5：选择以"Z"或"Y"字母开头的开发类，单击💾按钮，弹出对话框，输入组件传输相关信息，如图 3-9 所示。

图 3-9

步骤 6：按〈Enter〉键或单击✅按钮，弹出对话框，再次输入组件传输相关信息，如图 3-10 所示。

步骤 7：按〈Enter〉键或单击✅按钮，组件被创建，如图 3-11 所示。

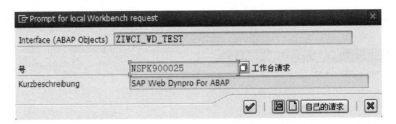

图 3-10

图 3-11 所示，Web Dynpro 组件一旦创建，该组件会作为一个节点在 ABAP 工作台的 Web Dynpro 组件对象列表窗体的左侧显示出来。如果展开组件的节点，会显示自动创建的部分，如图 3-12 所示。

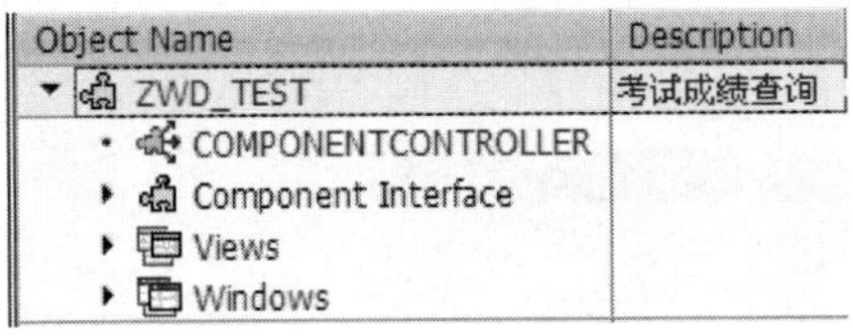

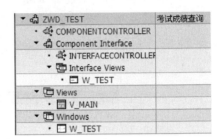

图 3-11　　　　　　　　　图 3-12

为了便于管理，一般在 Properties 选项卡中为各组件编辑描述，编辑后如图 3-13 所示。

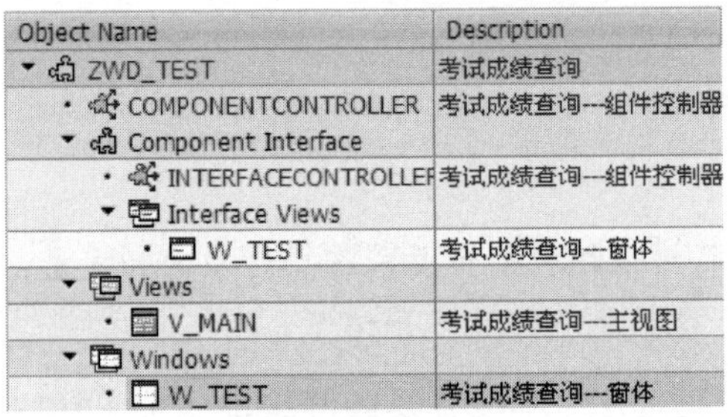

图 3-13

3.2　视图

Web Dynpro 视图（View）是 Web Dynpro 应用程序中用户可见的最小单元。布局元素和对话元素（如：Table、文本字段或按钮等）根据 Web Dynpro 应用程序的需要排列在视图中。视图包含控制器和控制器的 Context，Web Dynpro 应用程序的处理数据存储在控制器 Context 的层次结构中，这使得处理数据与 Web Dynpro 应用程序的图形元素之间有了一定的联系。

3.2.1　创建视图

如果要创建新的视图组件，可选择 ABAP 工作台左侧的对象列表组件下的视图节点，然后右击，从弹出的快捷菜单中选择 Create（创建）选项。视图一旦创建，视图编辑器的右侧会显示工具导航，程序员可以使用 Layout 选项卡上的工具对视图的页面进行设计、编辑。

图 3-14

步骤 1：在视图节点上右击，从弹出的快捷菜单中选择 Create 选项，如图 3-14 所示。

步骤 2：根据需求填入视图组件的 ID 及描述（Description），编辑信息如图 3-15 所示。

图 3-15

步骤 3：按〈Enter〉键或单击✓按钮，创建的视图 V_DETAIL 在屏幕的右侧显示了出来，如图 3-16 所示。

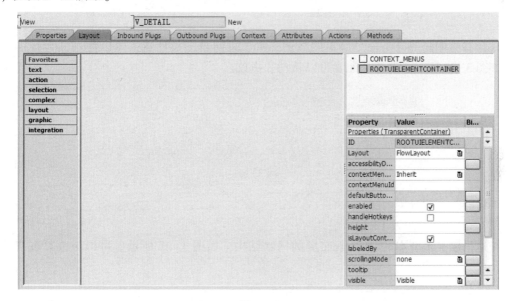

图 3-16

对应信息栏会提示图 3-17 所示的信息。

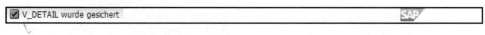

图 3-17

步骤 4：单击工具栏中的💾按钮，保存后的新建组件对象会显示在对象列表中，如图 3-18 所示。

注：每个 Web Dynpro 组件都包含一个组件控制器。这个控制器是随着组件的创建而自动创建的，其中包括 Context、事件和方法。与视图控制器不一样，组件控制器对于组件中的所有的视图是可见的，也就是说组件中不同的视图能够访问其控制器中的 Context 元素和

方法。

视图一旦被创建,该视图的编辑器 Layout 选项卡会被自动调用。Layout 选项卡分为 3 个部分。在编辑器左侧,可以找到 UI 元素库,UI 元素由小标签分组设置,如图 3-19 所示。

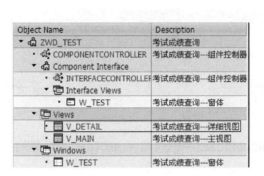

图 3-18　　　　　　　　　　　　　图 3-19

编辑器的中间部分是一个简单的视图布局,也叫视图设计器,可以使用其直接编辑视图,如图 3-20 所示。选定的元素可以移动和拖放。

图 3-20

编辑器的右侧分为两层。

(1) Context 菜单及 UI 元素层

在这一层显示节点的 UI 元素布局的树状结构,如图 3-21 所示。可以更改其嵌套的顺序或层次。

(2) UI 元素属性层

这一层是当前选择的 UI 元素的属性列表,如图 3-22 所示。

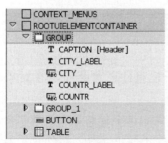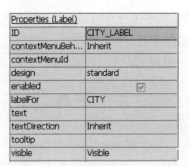

图 3-21　　　　　　　　　　　　　图 3-22

3.2.2 插入 UI 元素

新创建的视图不包含可见的对象，只有 UI 元素的层次结构中的根元素"ROOTUIELE-MENTCONTAINER"。UI 元素将在此元素的基础上嵌入。一般情况下，可以使用两种方法进行嵌入。

（1）拖放 UI 元素库

可以从 UI 元素库中拖放相应的图标到右侧视图编辑器的视图设计区域，把它们摆放在所需的位置，例如 TextEdit，如图 3-23 所示。

图 3-23

（2）树状结构 UI 元素的层次菜单

有些 UI 元素是可以嵌入其他 UI 元素的，如 Group、Table 或 ROOTUIELEMENTCON-TAINER 等。它们提供了树状结构的层次菜单，有插入 UI 元素的功能，如图 3-24 所示。可以在对话框中更改 UI 元素的名称及类型，如图 3-25 所示。

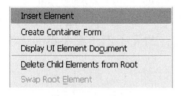

图 3-24

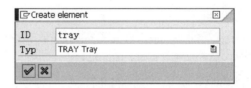

图 3-25

注：使用 Create Container Form 选项，可以直接在视图 Context 中为视图创建和布局元素，并且为元素和 Context 建立数据绑定。

3.2.3 视图的 UI 元素

UI 元素在视图中是用来构筑信息和功能的，它们是画面布局设计的关键。有些元素是用于 UI 元素的布局的，如，Group 或 Tabstrip 等。还有些元素是可以嵌入其他元素的，如，显示数据的元素：Table 或 TextView 等；接受用户输入的值的元素：InputField 等；互动元素：按钮或复选框等。常用的 UI 元素有：Caption、InputField、Label。

每个 UI 元素具有不同的属性，如，Context 的颜色、元素的宽度等。这些属性显示在视图设计器的属性表中，此表可显示每个被选中的 UI 元素的所有属性。

所有静态的属性，只能直接写入属性表，如，Table 的列名。大多数的属性，既可以指定为静态的，也可以绑定到 Context 元素，如，按钮的 Enabled 属性通常是绑定到指定的 Context 元素，由元素值决定按钮是否处于活动状态。对于这种类型的属性，Web Dynpro 提供了一个特殊的数据类型集。

有些属性与 Context 元素绑定是必需的，如，Table 中的数据源只能绑定到 Context 元素。

UI 元素一般由以下几部分组成。

(1) UI 元素的动作

UI 元素事件（Event）的动作（Action）也在属性表中设置。动作是每个 UI 元素对 Web Dynpro 应用预定义的活动，由事件触发相关的处理程序进行响应。

注：有些 UI 元素是不可见的，如，TransparentContainer、ViewUIElementsContainer 等。这类元素用于组织其他的可见元素，如，Button、Label、InputField、Table、Tree 等。所有的 UI 元素被组织成一个树状结构，根节点名为 RootUIElement，类型为 TransparentContainer。具体 UI 元素可参见附录 C。

(2) UI 元素的布局

根节点 RootUIElement 下的每个容器（Container）都有一个属性布局（Layout），它规定了容器内元素的布局。4 种布局管理器（Layout Manager）可供 Layout 属性选择。

1) FlowLayout

缺省的布局管理器是 Flow Layout。只要这个容器够宽，容器中的所有子元素（Child Elements）都在同一行中显示。如果这个容器不够宽，无法在同一行中显示所有的子元素，子元素就会自动显示为多行。这种换行不能在设计时强制，不过可以通过属性 wrapping 来关闭自动换行，这样位于不同行的元素不再有关系。这种容器可以用于安排子容器（Sub Container）。

2) Rowlayout

如果容器的 UI 元素使用了 RowLayout 布局管理器，所有的子元素就会继承属性 Layout Data，这个属性的值有 RowHeadData 和 RowData。如果设置为 RowHeadData 就会强制换行；如果设置为 RowData，子元素就会和前面的 UI 元素显示在同一行，即使已经到达了左边界。位于不同行 UI 元素是不相干的，所以它们在列上也不会对齐。每个单元格（Cell）的宽度都可以通过每个子元素的 Width 属性来设定。

3) MatrixLayout

在 MatrixLayout 中的 UI 元素可以占据多个单元格（通过属性 colSpan 设置）。如果容器的 UI 元素使用了 MartrixLayout 布局管理器，所有的子元素都继承属性 Layout Data，它的值有 MatrixHeadData 和 MatrixData。如果设置为 MatrixHeadData，就会强制换行；如果设置为 MatrixData，子元素就会与前面的元素位于同一行，即使已经达到右边界。这个容器中的子元素会自动按列排列，列数不会被静态定义，而是由具有最多子元素的行决定。每一行的 UI 元素的数目不必相同。

4) GridLayout

GridLayout 与 MatrixLayout 相似，如果想在垂直方向对齐 UI 元素可以使用 GridLayout 布局管理器。不过，在这种情况下列数是通过容器元素的 colCount 属性设置的。因而，单个子元素不能决定它是否为新行的第一个元素，只有一行的所有单元格都被占据时才会换行。如果一个 UI 元素在层次结构中被移出。层次结构中后续的 UI 元素就会左移占据被删除的 UI 元素的单元格。这个布局管理器只有在所有的行都有相同的列并且只能做整行删除和整行添加的情况下适用。当使用这个布局管理器时，UI 元素不应完全被移除而是使用 InvisibleElement 以便保留原有的元素的分配。

下面讲解为视图添加 UI 元素的一般步骤。

步骤 1：为视图 V_MAIN 添加 UI 元素，选择视图 V_MAIN，切换到 Layout 选项卡，如图 3-26 所示。

图 3-26

在右侧选中根目录 ROOTUIELEMENTCONTAINER，右击，弹出右键菜单，如图 3-27 所示，按照图中所示选项为视图添加 UI 元素，弹出对话框，编辑信息，如图 3-28 所示。

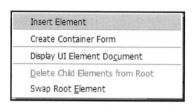

图 3-27

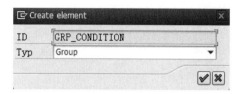

图 3-28

按〈Enter〉键或单击按钮 ✓ 确认。

步骤 2：更改 Group：GRP_CONDITION 的相关属性。选择 GRP_CONDITION，更改 Layout 属性，如图 3-29 所示。

选中 GRP_CONDITION 中的 CAPTION，更改 Text 属性，如图 3-30 所示。

Property	Value	Bi...
ID	GRP_CONDITION	
Layout	GridLayout	
accessibilityD...		
activateAcce...		
contextMen...	Inherit	
contextMenuId		
defaultButto...		
design	primarycolor	
enabled	✓	
handleHotkeys		
hasContentP...	✓	
height		
scrollingMode	none	
tooltip		
visible	Visible	
width		
Layout (GridLayout)		
cellPadding	0	
cellSpacing	0	
colCount	2	

图 3-29

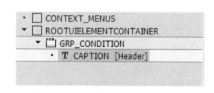

图 3-30

编辑结果如图 3-31 所示。

步骤 3：为 Group：GRP_CONDITION 添加相关 UI 元素。

选中 Group 元素 GRP_CONDITION，右击，弹出右键菜单如图 3-32 所示，按照图中所示的选项在 Group 元素中添加 UI 元素。

添加输入班级 INF_CLASS，如图 3-33 所示。

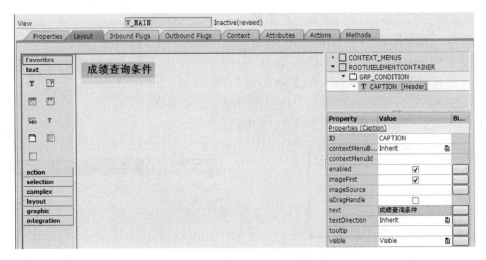

图 3-31

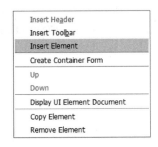

图 3-32

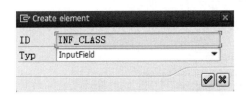

图 3-33

添加其 Label 框 LBL_CLASS，如图 3-34 所示。

更改 Label 框 LBL_CLASS 的 labelFor 属性及 text 属性，如图 3-35 所示。

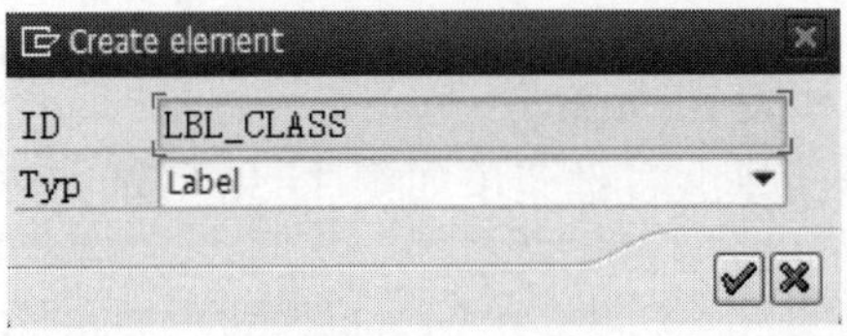

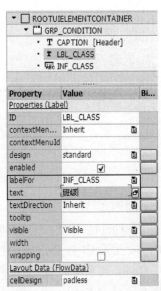

图 3-34　　　　　　　　　　　　图 3-35

采用同样操作添加学年 INF_YEAR 及其 Label 框 CLS_YEAR，编辑结果如图 3-36 所示。

图 3-36

采用同样操作添加按钮 BTN_SEARCH 并为其创建动作 SEARCH。在右侧选中的根目录 ROOTUIELEMENTCONTAINER 上，右击，按照菜单选项（如图 3-32 所示）为视图添加 UI 元素 Button，如图 3-37 所示。创建后的效果如图 3-38 所示。

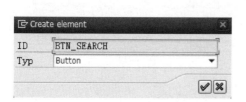 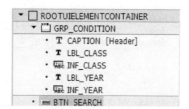

图 3-37　　　　　　　　　　　　　　图 3-38

编辑属性，如图 3-39 所示。

在事件属性 Events 下的 onAction 右侧单击 按钮，为按钮创建动作，如图 3-40 所示。

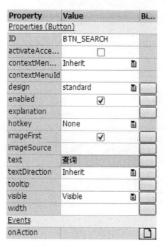 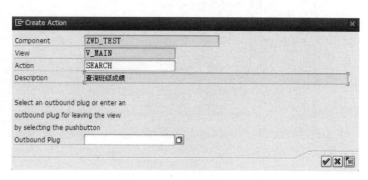

图 3-39　　　　　　　　　　　　　　图 3-40

步骤4：采用同样操作添加查询结果，在右侧选择的根目录 ROOTUIELEMENTCON-TAINER 上，右击，按照菜单选项（如图 3-32 所示）为视图添加 UI 元素托盘（一种容器性的 UI 元素）Tray，如图 3-41 所示。

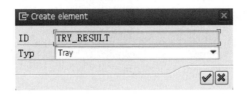

图 3-41

选中托盘 TRY_RESULT 下的 CAPTION_1，更改 text 属性，如图 3-42 所示。
在托盘 TRY_RESULT 中添加 Table UI 元素 TBL_RESULT，如图 3-43 所示。

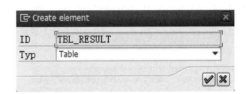

图 3-42　　　　　　　　　　　　图 3-43

编辑结果如图 3-44 所示。

图 3-44

3.2.4 视图 Context 的结构

每个视图中都包含一个数据容器，名为 Context，用来存储在视图中显示的数据。

在视图的 Context 中，被用来显示在视图中的应用程序数据以某种结构存储在视图中。该数据可由后台提供，也可以被预定义，如，由用户输入的文本。

每个 Context 都有层次结构。它包含一个根节点 CONTEXT 和下层不同的 Context 元素，可以在根节点下创建新的 Context 节点以及在其下层创建节点的属性。

1. 编辑 Context 结构

切换到视图编辑器 Context 选项卡，编辑视图中的 Context，也可以使用相应的嵌入式节点的 Context 菜单来创建新的 Context 节点和 Context 属性。

（1）编辑 Context 节点

步骤 1：选择视图 V_MAIN，切换到 Context 选项卡，如图 3-45 所示。

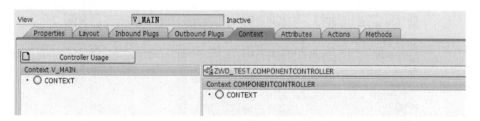

图 3-45

注：左侧为视图的 Context，右侧为组件控制器的 Context，其可以用来与视图的 Context 进行映射，也可以通过 Controller Usage 按钮加入其他组件的 Context 以便进行映射。

步骤 2：选择左侧视图中 CONTEXT 根节点，右击，按照图 3-46 所示选项创建 node（节点）。

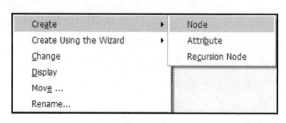

图 3-46

填入节点名称 NODE_CONDITION，并设定相关属性，如图 3-47 所示。

单击 Add Attribute from Structure 按钮，弹出对话框，如图 3-48 所示。

注：节点属性如下所示。

节点名称：表示存储 Runtime Data 的区域中创建元数据结构的名称。

接口节点：表示节点是否为接口节点，只有在组件控制器中才能设为接口节点。

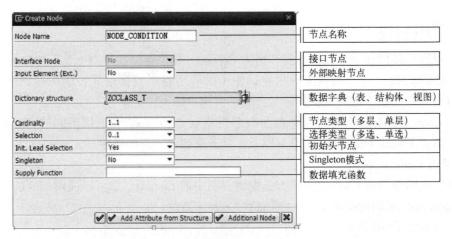

图 3-47

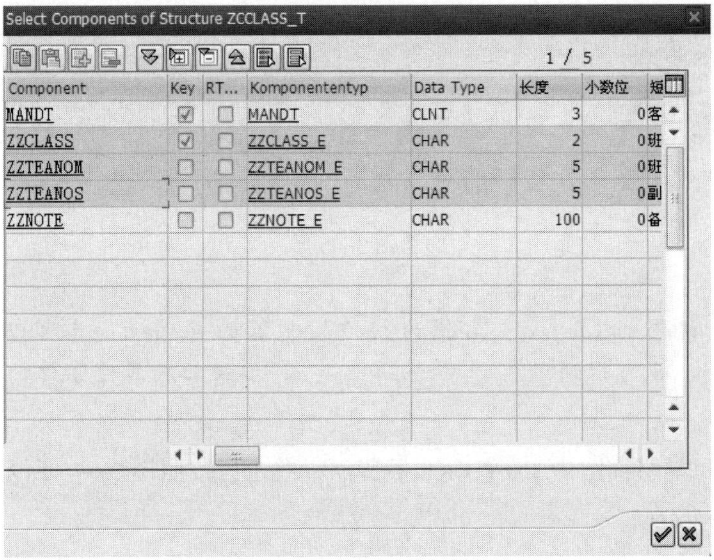

图 3-48

外部映射节点：表示节点是否为可以被映射的接口节点。
字典结构：用于指定节点定义所要参照的数据字典结构。
节点类型：用于指定节点元素所包含数据的基数。
选择类型：用于指定节点元素所包含数据的选择类型。
初始头节点：用于指定节点元素包含的初始化状态。
Singleton 模式：表示节点的类型是否为 Singleton 节点。
数据填充函数：用于指定节点元素所提供数据的函数。
单击图 3-47 中的 Additional Node 按钮时，可继续创建其他节点。

选中图 3-48 所示的结构体中的字段，按〈Enter〉键或单击 按钮，弹出的对话框如图 3-49 所示。

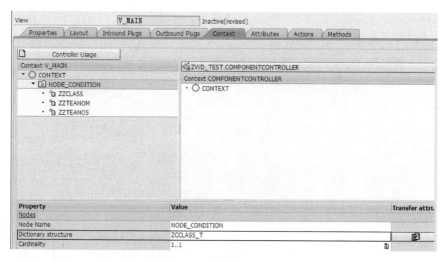

图 3-49

注：为了添加其他的属性，将属性 Dictionary structure 的值由 ZCCLASS_T 设为空。

（2）编辑 Context 属性

步骤1：选择节点 NODE_CONDITION，右击，按照图 3-50 所示的选项为节点创建属性。

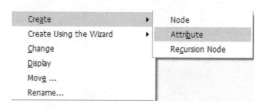

图 3-50

填入属性名称 ZZCLSNM，并设定相关属性，如图 3-51 所示。

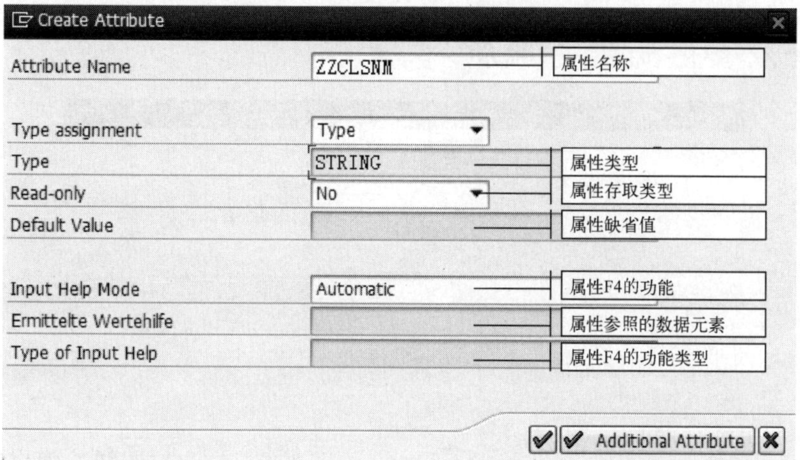

图 3-51

单击 ✅ Additional Attribute 按钮，继续添加其他属性。单击 ✅ 按钮可结束添加其他属性。添加属性 ZZNAMEM，如图 3-52 所示。

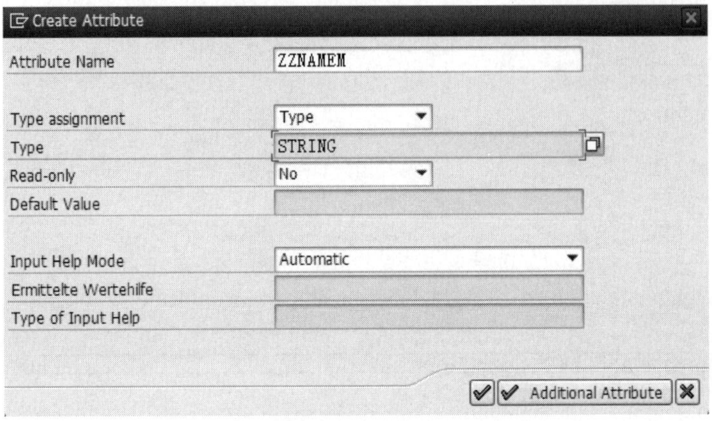

图 3-52

添加属性 ZZNAMES，如图 3-53 所示。

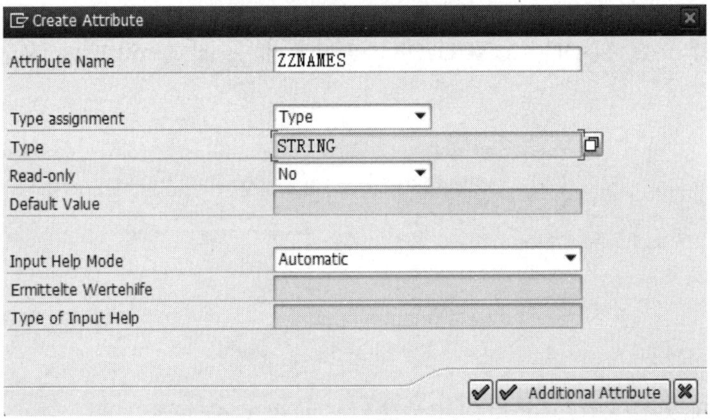

图 3-53

添加属性 ZZYEAR，如图 3-54 所示。

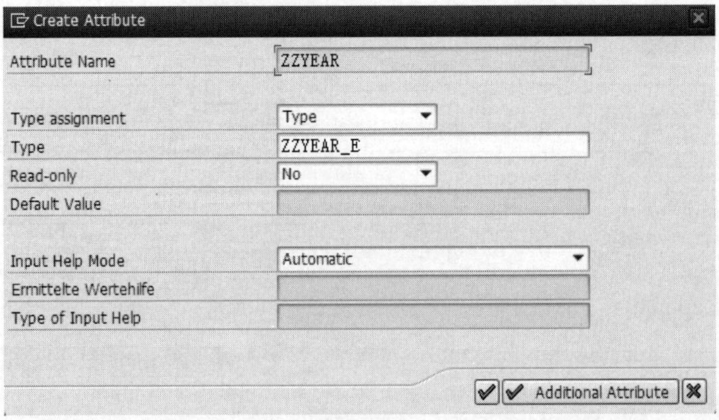

图 3-54

注：为了添加其他的属性，将属性 Dictionary structure 的值由 ZCCLASS_T 设为空。编辑节点如图 3-55 所示。

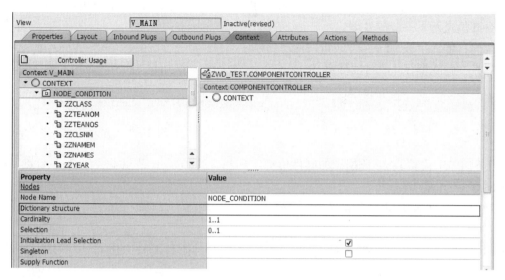

图 3-55

步骤 2：按照上述方法，创建节点 NODE_SELECT，如图 3-56 所示。

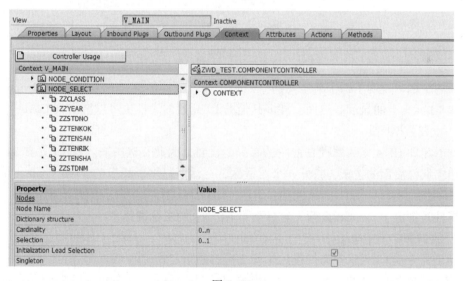

图 3-56

在 CONTEXT 的树状结构下，被选定元素的属性会在下端属性表中列出。如该表中包含的节点名称或属性的类型等。

2. 数据绑定

UI 元素都有属性。这些属性可用于传输或显示数据，它描述了用户的输入值或数据源。这些属性可以在设计时指定一个固定值，也可以指定一个 Context 元素，即绑定到 Context 元素。绑定 Context 元素的值在运行时，显示或输入字段的内容是从屏幕的视图元素传递给 Context 元素的。

举两个简单的例子来说明这样一个原则。

下例中输入字段（数值属性的值）绑定到一个 Context 元素，它用来接收用户输入的值并保存其值进行下一步的处理。

画面，输入字段 UI 元素，如图 3-57 所示。

属性，输入框 Value 属性绑定 Context 节点，如图 3-58 所示。

班级 V_MAIN.NODE_CONDIT

图 3-57

value V_MAIN.NODE_CONDITION.ZZCLASS

图 3-58

下例中 UI 元素 Table 数据源的属性值绑定到相应的 Context 节点上，Context 节点上的值被显示在 UI 元素 Table 中。

画面，UI 元素 Table，如图 3-59 所示。

学生号	姓名
V_MAIN.NODE_SELECT.ZZSTDNO	V_MAIN.NODE_SELECT.ZZSTDNM
V_MAIN.NODE_SELECT.ZZSTDNO	V_MAIN.NODE_SELECT.ZZSTDNM

图 3-59

属性，该 UI 元素的 dataSource 属性绑定 Context 节点，如图 3-60 所示。

dataSource V_MAIN.NODE_SELECT

图 3-60

上面两个例子说明了两个典型案例：一个是输入值的传输；一个是 Web Dynpro 应用程序数据在 UI 元素上的显示。然而，许多其他的 UI 元素的属性也可以绑定到 Context 元素。

（1）设置数据绑定

数据绑定的 UI 元素的属性在视图的布局时设置。为此，选中嵌入式 UI 元素 Table 的绑定列。单击属性后面的按钮，打开一个对话框，对话框提供了相应的 View Context 结构供用户选择。

该属性若绑定了 Context 元素，它后面会有 的图标按钮。

（2）数据绑定使用向导

向导是为一些 UI 元素在布局设计中使之更容易指定相应的 Context 节点，并快速地对这些 UI 元素进行结构设计的工具。例如：当 Table 绑定到 Context 节点时需要使用向导，它是没有必要单独创建每个 Table 列的。相反，向导提供了相应的供程序员选择的 Context 节点，还提供了可用的属性。程序员可以选择节点的属性以便其在 Table 中显示。此外，程序员还可以更改列元素的多个属性。当向导操作完成后，视图中布局需要的 Table 列被创建，其对应的数据也被绑定。

右击树状结构根容器的 UI 元素，在弹出的 Context 菜单中选择使用一个绑定的向导。

（3）属性可标记为 Nullable

对于一些 UI 元素（如数字型或 T 型元素）绑定到一个 Context 属性，如果没有任何字段赋值会自动赋一个自身的 NULL 值。例如 NUM4C 型，其 NULL 值是 0000，而对于 T 型其值是 00：000：00 等。

这样可能在某些情况下是不可取的，因此可以通过实施以下步骤进行避免。

1）首先，通过 IF_WD_CONTEXT_NODE_INFO=>SET_NULLABLE( ) 设置节点信息的值为 Nullable，也可以设定个别属性或整个节点的所有属性的值为 Nullable。

2）在第二个步骤中，必须设置实际值为 null。为此，接口 IF_WD_CONTEXT_NODE 提供了方法 set_attribute_null(Node_Name) 来实现此功能。

3. 为 UI 元素进行数据绑定实例

步骤 1：为视图中单个 UI 元素进行数据绑定。

在视图的 Layout 选项卡中，选择可输入项 INF_CLASS，如图 3-61 所示。

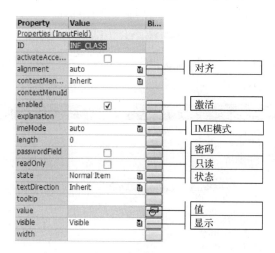

图 3-61

注：控件常用属性说明如下。

（1）对齐（alignment）

auto：值为 CL_WD_INPUT_FIELD=>E_ALIGNMENT-AUTO。

beginOfLine：值为 CL_WD_INPUT_FIELD=>E_ALIGNMENT-BEGIN_OF_LINE。

center：值为 CL_WD_INPUT_FIELD=>E_ALIGNMENT-CENTER。

endOfLine：值为 CL_WD_INPUT_FIELD=>E_ALIGNMENT-END_OF_LINE。

forcedLeft：值为 CL_WD_INPUT_FIELD=>E_ALIGNMENT-FORCED_LEFT。

forcedRight：值为 CL_WD_INPUT_FIELD=>E_ALIGNMENT-FORCED_RIGHT。

（2）激活（enable）

多选框选择时，控件处在活动状态。

（3）IME 模式（ime Mode）

Active：值为 CL_WD_INPUT_FIELD=>E_IME_MODE-ACTIVE。

Auto：值为 CL_WD_INPUT_FIELD=>E_IME_MODE-AUTO。

Disabled：值为 CL_WD_INPUT_FIELD=>E_IME_MODE-DISABLED。

Inactive：值为 CL_WD_INPUT_FIELD=>E_IME_MODE-INACTIVE。

（4）密码（passwordField）

多选框选择时，控件为密码控件。

（5）只读（readOnly）

多选框选择时，控件状态为只读。

（6）状态（state）

Normal：值为 CL_WD_INPUT_FIELD=>E_STATE-NORMAL。

Required：值为 CL_WD_INPUT_FIELD=>E_STATE-REQUIRED。

（7）值（value）

该控件的值必须绑定一个变量。

（8）显示（visible）

None：值为 CL_WD_INPUT_FIELD=>E_VISIBLE-NONE。

Visible：值为 CL_WD_INPUT_FIELD=>E_VISIBLE-VISIBLE。

在图 3-61 中属性 value 的右侧单击 按钮，为 UI 元素选定绑定的 Context 属性（选择 ZZCLASS），如图 3-62 所示。

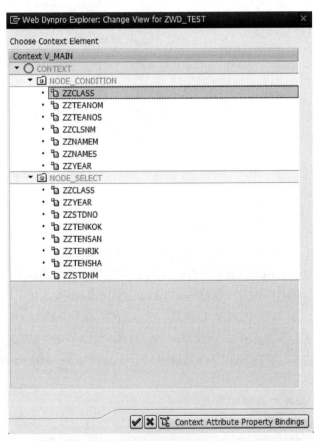

图 3-62

单击 按钮或按〈Enter〉键。

注：因为 ZZCLASS 参照的域（Domain）有固定值属性，如图 3-63 所示，所以在项目

中经常把这样的节点属性与 UI 元素相映射，这样既有检索帮助的作用，又避免了非法输入及合理性检查。

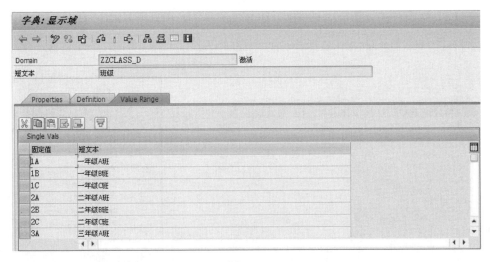

图 3-63

采用同样操作为可输入项 INF_YEAR 绑定 Context 中的属性 ZZYEAR。

步骤 2：为视图中 UI 元素 Table 进行数据绑定。

在视图 Layout 选项卡中，选择表 TBL_RESULT，如图 3-64 所示。

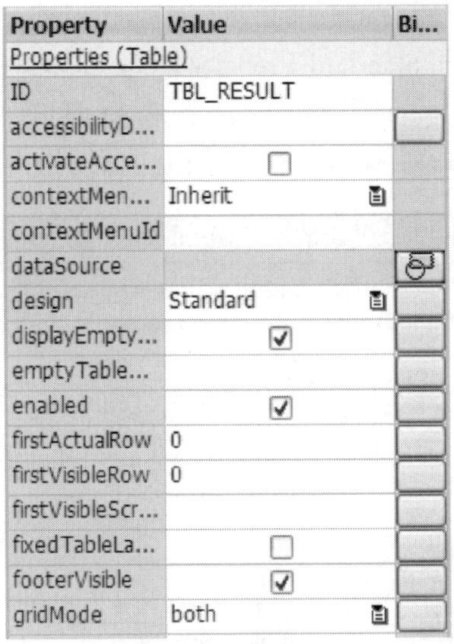

图 3-64

在属性 dataSource 右侧单击按钮，选择数据源 Context 节点（选中 NODE_SELECT），如图 3-65 所示。

在右上侧的层次结构中选择表 TBL_RESULT 并右击，按照图 3-66 所示的选项为其绑定 Context。

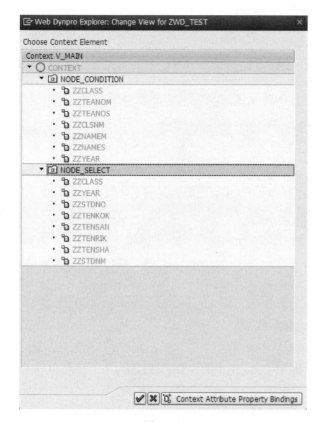

图 3-65　　　　　　　　　　　　　　图 3-66

使用 Standard Cell Editor 和 Standard Property 指定 Table 控件中要显示的各列的 UI 元素的种类及其要绑定的属性，使用 Binding 复选框选择要绑定的 Context 属性，如图 3-67 所示，单击 Context Attribute Property Bindings 按钮，可以指定绑定 UI 元素的其他属性。

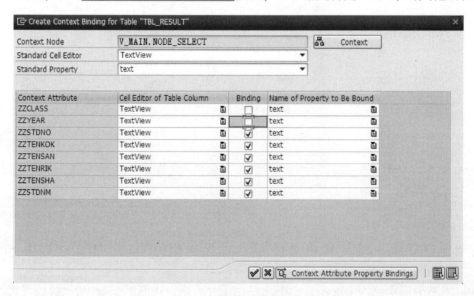

图 3-67

注：编辑器说明。

（1）Standard Cell Editor

用于指定 Context 绑定控件类型，以决定后续表控件中列控件的绑定，对于每一列可以由 Cell Editor of Table Column 更改控件类型。

（2）Standard Property

用于指定 Context 绑定控件的属性的类别，对于每一列可以由 Name of Property to Be Binding 更改绑定控件的属性。

（3）Binding

用于决定 Context 是否绑定在画面上。

单击 ✓ 按钮或按〈Enter〉键，如图 3-68 所示。

将列姓名 TBL_RESULT_ZZSTDNM 拖至学生学号 TBL_RESULT_ZZSTDNO 之下，并编辑标题项目 TBL_RESULT_ZZSTDNM_HEADER 的 text 属性，如图 3-69 所示。

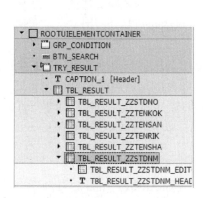

图 3-68

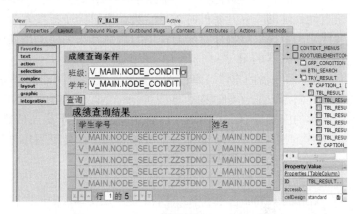

图 3-69

步骤 3：为 Table 控件添加动作。

选择 TBL_RESULT 并右击，按照图 3-70 所示选项为 Table 添加工具栏。

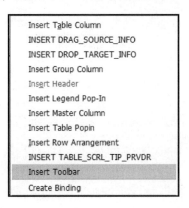

图 3-70

执行结果是 TOOLBAR [ToolBar] 已被创建。

3.2.5 视图 UI 元素的动作

UI 元素事件的动作（Action）也在属性表中设置。动作是每个 UI 元素对 Web Dynpro 应用预定义的活动。相应的事件处理程序在输入属性表中的 Action 的名称时被创建。当双击输入的 Action 名称时，即可以在 ABAP 的编辑器中创建关联事件的处理程序的代码，以 Method（方法）的形式编辑。新创建的事件处理程序会自动插入到 Methods 选项卡中。如果其他按钮的事件处理程序的 Method 已经在当前视图中被创建，那这些 Method 都已经写入了 Methods 选项卡。程序员可以选择编辑该方法或写入新动作的名称。

一个动作往往是连接一个事件处理程序。但是，在某些情况下，同一个动作可能同时处理多个 UI 元素的事件。

1）创建动作。与数据绑定的情况一样，UI 元素的操作是在视图编辑器的属性表中创建和维护的。相关的处理程序可以传输强制和可选的参数。

2）事件处理程序方法。当创建一个新的动作时，相应的事件及其关联的处理程序方法是自动创建的。它开始的时候是空的，应用程序开发人员可以使用 ABAP 编辑器插入相关的源代码。事件处理程序方法与视图的其他方法一样，是视图控制器的一部分。因此，它们列在视图编辑器的 Method 选项卡的表中。

3）控制器的方法。事件处理程序方法是控制器的特殊方法。从技术角度来看，它们与其他控制器方法（如，钩子方法 WDDOINIT 或 WDDOEXIT）没有区别。但是根据惯例，它们名称的前缀为 ONACTION，后跟由应用程序开发人员指定的操作名称。例如：如果一个 UI 元素的操作具有 GO 名称，那么相应的事件处理程序方法将自动调用 ONACTIONGO。

1. 为 UI 元素编辑动作

步骤 1：为查询按钮编辑动作。

在视图 Layout 选项卡中，在右上侧的层次结构中选择按钮 BTN_SEARCH，如图 3-71 所示。

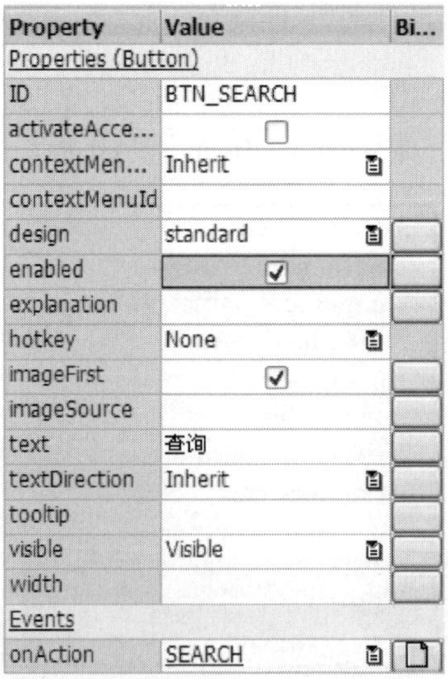

图 3-71

在属性 Events 下的 onAction 右侧，双击动作 SEARCH，跳转至 Methods 选项卡，如图 3-72 所示。

图 3-72

步骤 2：为查询按钮的动作编辑功能代码。

使用编辑工具 Web Dynpro Code Wizard，单击应用工具栏中的 按钮，读取节点 NODE_CONDITION（通过 按钮选择需要的 Context 节点），如图 3-73 所示。

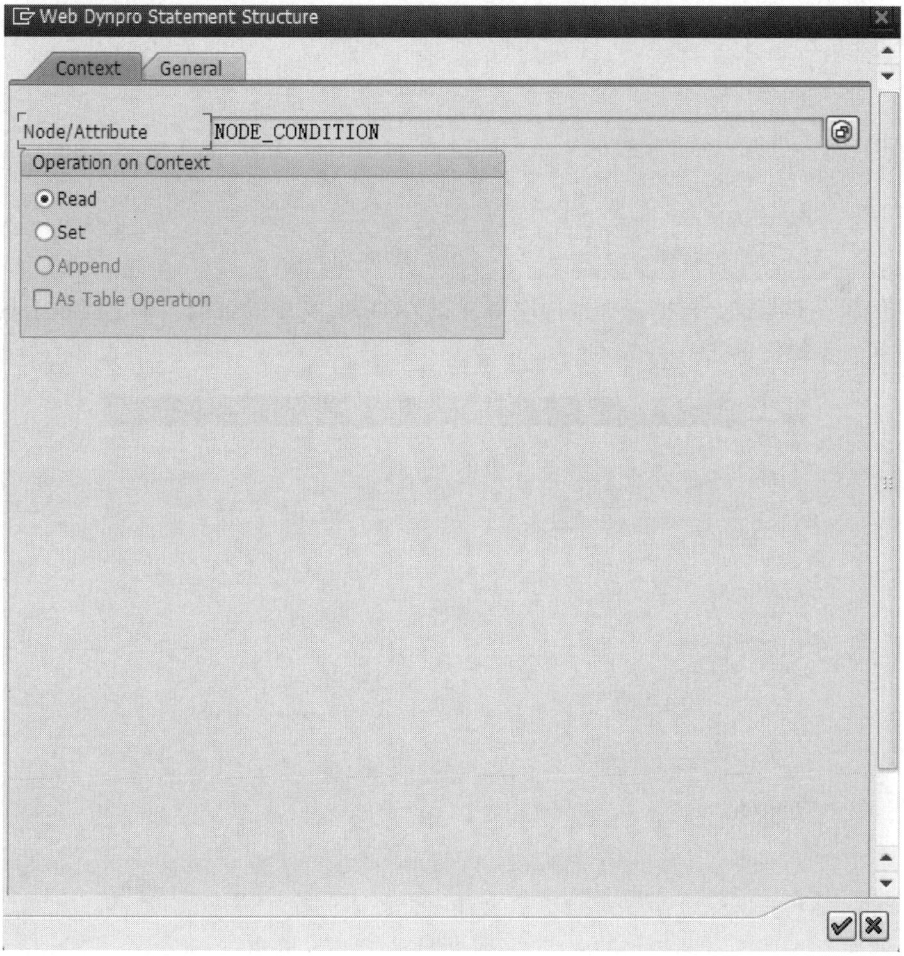

图 3-73

按〈Enter〉键或单击☑按钮，会自动生成以下代码。

```
    DATA LO_ND_NODE_CONDITION TYPE REF TO IF_WD_CONTEXT_NODE.
    DATA LO_EL_NODE_CONDITION TYPE REF TO IF_WD_CONTEXT_ELEMENT.
    DATA LS_NODE_CONDITION TYPE WD_THIS->ELEMENT_NODE_CONDITION.

*   navigate from <CONTEXT> to <NODE_CONDITION> via lead selection
    LO_ND_NODE_CONDITION = WD_CONTEXT->GET_CHILD_NODE( NAME = WD_THIS->
WDCTX_NODE_CONDITION ).
*   @TODO handle non existant child
*   IF lo_nd_node_condition IS INITIAL.
*   ENDIF.

*   get element via lead selection
    LO_EL_NODE_CONDITION = LO_ND_NODE_CONDITION->GET_ELEMENT( ).
*   @TODO handle not set lead selection
    IF LO_EL_NODE_CONDITION IS INITIAL.
    ENDIF.

*   get all declared attributes
    LO_EL_NODE_CONDITION->GET_STATIC_ATTRIBUTES(
      IMPORTING
        STATIC_ATTRIBUTES = LS_NODE_CONDITION ).
```

使用编辑工具模式，根据选择条件取得视图 ZZTEST_V 中的数据，单击应用工具栏中的 Pattern 按钮，编辑信息如图 3-74 所示。

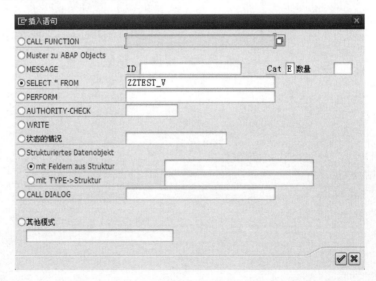

图 3-74

按〈Enter〉键或单击☑按钮，显示页面如图 3-75 所示。

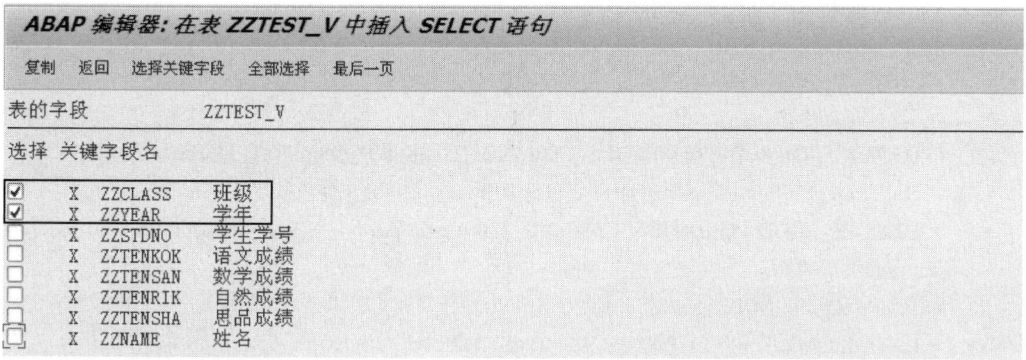

```
ABAP 编辑器: 在表 ZZTEST_V 中插入 SELECT 语句

复制  返回  选择关键字段  全部选择  最后一页

表的字段          ZZTEST_V
选择  关键字段名
☑    X  ZZCLASS    班级
☑    X  ZZYEAR     学年
☐    X  ZZSTDNO    学生学号
☐    X  ZZTENKOK   语文成绩
☐    X  ZZTENSAN   数学成绩
☐    X  ZZTENRIK   自然成绩
☐    X  ZZTENSHA   思品成绩
☐    X  ZZNAME     姓名
```

图 3-75

选择如上字段,单击 复制 按钮,自动生成以下代码。

```
SELECT * FROM ZZTEST_V
    WHERE ZZCLASS = ___
    AND ZZYEAR = ___.
ENDSELECT.
```

将查询数据显示在 Table UI 元素内,单击应用工具栏中的 按钮,编辑对话框信息如图 3-76 所示。

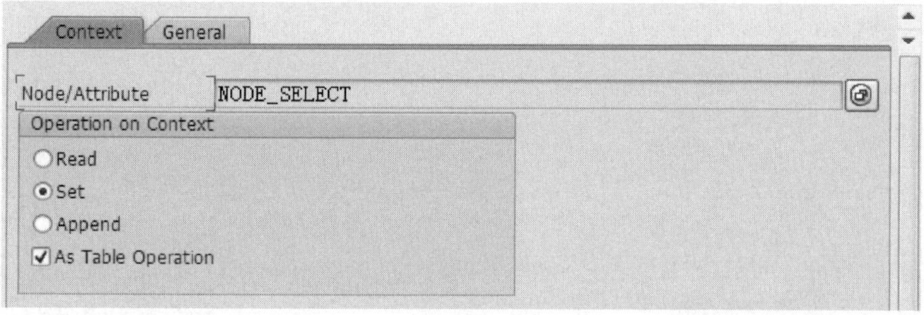

```
Context | General

Node/Attribute    NODE_SELECT
Operation on Context
 ○ Read
 ● Set
 ○ Append
 ☑ As Table Operation
```

图 3-76

自动生成代码如下所示。

```
       DATA LO_ND_NODE_SELECT TYPE REF TO IF_WD_CONTEXT_NODE.
       DATA LT_NODE_SELECT TYPE WD_THIS->ELEMENTS_NODE_SELECT.
*      navigate from <CONTEXT> to <NODE_SELECT> via lead selection
       LO_ND_NODE_SELECT = WD_CONTEXT->GET_CHILD_NODE( NAME = WD_THIS->
WDCTX_NODE_SELECT ).
*      @TODO handle non existant child
*      IF lo_nd_node_select IS INITIAL.
*      ENDIF.
       LO_ND_NODE_SELECT->BIND_TABLE( NEW_ITEMS = LT_NODE_SELECT SET_INITIAL_
ELEMENTS = ABAP_TRUE ).
```

整个方法的编辑如下所示。

```
METHOD ONACTIONSEARCH.
*   查询条件声明
  DATA LO_ND_NODE_CONDITION TYPE REF TO IF_WD_CONTEXT_NODE.
  DATA LO_EL_NODE_CONDITION TYPE REF TO IF_WD_CONTEXT_ELEMENT.
  DATA LS_NODE_CONDITION TYPE WD_THIS->ELEMENT_NODE_CONDITION.
*   查询结果声明
  DATA LO_ND_NODE_SELECT TYPE REF TO IF_WD_CONTEXT_NODE.
  DATA LT_NODE_SELECT TYPE WD_THIS->ELEMENTS_NODE_SELECT.
*   navigate from <CONTEXT> to <NODE_CONDITION> via lead selection
  LO_ND_NODE_CONDITION = WD_CONTEXT->GET_CHILD_NODE( NAME = WD_THIS->
WDCTX_NODE_CONDITION ).
*   get element via lead selection
  LO_EL_NODE_CONDITION = LO_ND_NODE_CONDITION->GET_ELEMENT( ).

*   get all declared attributes
  LO_EL_NODE_CONDITION->GET_STATIC_ATTRIBUTES(
    IMPORTING
      STATIC_ATTRIBUTES = LS_NODE_CONDITION ).
*   取得相关数据
  SELECT    ZZCLASS
            ZZYEAR
            ZZSTDNO
            ZZTENKOK
            ZZTENSAN
            ZZTENRIK
            ZZTENSHA
            ZZNAME
       FROM ZZTEST_V into TABLE LT_NODE_SELECT
         WHERE   ZZCLASS = LS_NODE_CONDITION-ZZCLASS
         AND     ZZYEAR  = LS_NODE_CONDITION-ZZYEAR.

*   navigate from <CONTEXT> to <NODE_SELECT> via lead selection
  LO_ND_NODE_SELECT = WD_CONTEXT->GET_CHILD_NODE( NAME = WD_THIS->
WDCTX_NODE_SELECT ).

*
  LO_ND_NODE_SELECT->BIND_TABLE( NEW_ITEMS = LT_NODE_SELECT SET_INITIAL_EL-
EMENTS = ABAP_TRUE ).

ENDMETHOD.
```

步骤 3：为表 TBL_RESULT 添加显示功能。

选择工具栏 TOOLBAR 并右击，按照图 3-77 所示选项为工具栏添加动作。

弹出对话框，编辑信息如图 3-78 所示。

编辑属性 Text 为"显示详细"，在事件属性下 onAction 右边单击按钮，编辑对话框信息如图 3-79 所示。

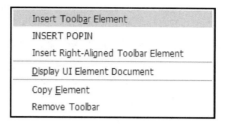

图 3-77

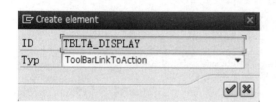

图 3-78   图 3-79

整个页面编辑结果，如图 3-80 所示。

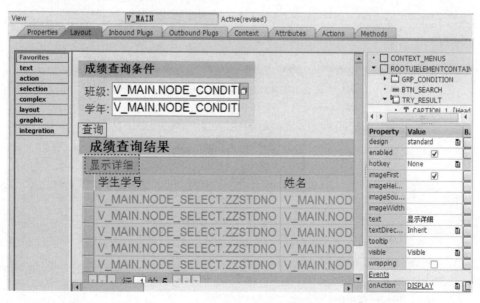

图 3-80

双击 onAction 属性 DISPLAY，编辑动作方法如下所示。

```abap
METHOD ONACTIONDISPLAY.
   DATA LO_ND_NODE_CONDITION TYPE REF TO IF_WD_CONTEXT_NODE.
   DATA LO_EL_NODE_CONDITION TYPE REF TO IF_WD_CONTEXT_ELEMENT.
   DATA LS_NODE_CONDITION TYPE WD_THIS->ELEMENT_NODE_CONDITION.
*  navigate from <CONTEXT> to <NODE_CONDITION> via lead selection
   LO_ND_NODE_CONDITION = WD_CONTEXT->GET_CHILD_NODE( NAME = WD_THIS->WDCTX_NODE_CONDITION ).
*  get element via lead selection
   LO_EL_NODE_CONDITION = LO_ND_NODE_CONDITION->GET_ELEMENT( ).
*  get all declared attributes
   LO_EL_NODE_CONDITION->GET_STATIC_ATTRIBUTES(
     IMPORTING
       STATIC_ATTRIBUTES = LS_NODE_CONDITION ).

   SELECT SINGLE ZCCLASS_T~ZZTEANOM
                 ZCCLASS_T~ZZTEANOS
                 A~ZTNAME
                 B~ZTNAME
            FROM ZCCLASS_T        "班主任表
            INNER JOIN ZMTNUMBER_T AS A
            ON ZCCLASS_T~ZZTEANOM = A~ZTNUMBER
            INNER JOIN ZMTNUMBER_T AS B
            ON ZCCLASS_T~ZZTEANOS = B~ZTNUMBER
                 INTO (LS_NODE_CONDITION-ZZTEANOM, LS_NODE_CONDITION-ZZTEANOS, LS_NODE_CONDITION-ZZNAMEM, LS_NODE_CONDITION-ZZNAMES)
            WHERE ZCCLASS_T~ZZCLASS = LS_NODE_CONDITION-ZZCLASS.

   SELECT SINGLE DD07T~DDTEXT        "域固定值文本
                 INTO LS_NODE_CONDITION-ZZCLSNM    "域固定值文本
                 FROM DD07T INNER JOIN DD07L       "内结合
                 ON DD07T~DOMNAME = DD07L~DOMNAME    "结合条件
                 AND DD07T~VALPOS = DD07L~VALPOS
                 WHERE DD07L~DOMNAME = 'ZZCLASS_D'      "域名相等
                 AND DD07L~DOMVALUE_L=LS_NODE_CONDITION-ZZCLASS.   "域固定值相等

*  set single attribute
   LO_EL_NODE_CONDITION->SET_ATTRIBUTE(
     NAME = 'ZZTEANOM'
     VALUE = LS_NODE_CONDITION-ZZTEANOM ).
   LO_EL_NODE_CONDITION->SET_ATTRIBUTE(
     NAME = 'ZZTEANOS'
     VALUE = LS_NODE_CONDITION-ZZTEANOS ).
```

```abap
  LO_EL_NODE_CONDITION->SET_ATTRIBUTE(
NAME = 'ZZCLSNM'
VALUE = LS_NODE_CONDITION-ZZCLSNM ).
  LO_EL_NODE_CONDITION->SET_ATTRIBUTE(
NAME = 'ZZNAMEM'
VALUE = LS_NODE_CONDITION-ZZNAMEM).
  LO_EL_NODE_CONDITION->SET_ATTRIBUTE(
NAME = 'ZZNAMES'
VALUE = LS_NODE_CONDITION-ZZNAMES).
  WD_THIS->FIRE_TO_DETAIL_PLG(
    I_OPERATION =   "          " string
  ).

ENDMETHOD.
```

注：在编程时，使用编辑工具 Web Dynpro Code Wizard 和 ABAP 模式。

2. 参数映射

参数映射 Parameter Mapping 用于多种用途的动作。如果对多个事件使用一个动作（例如，多个按钮，每个按钮连接一个事件），则需要唯一的信息来指定所需的分配。程序员可以使用参数映射获取此信息（例如，按下 A 按钮时，参数为 A，则调用事件 A；按下 B 按钮时，调用事件 B）。

这里不建议使用动作的 ID（也就是标准参数的 ID），因为这种方法不是跨平台的。

下面是参数映射的一段程序。

```abap
DATA PARAMETERS TYPE WDR_NAME_VALUE_LIST.
DATA PARAMETER TYPE WDR_NAME_VALUE.
DATA data_ref TYPE REF TO data.
FIELD-SYMBOLS <data> TYPE any.
"参数可以是简单的值
PARAMETER-NAME = 'LINES_TO_INSERT'.
PARAMETER-VALUE = '3'.
PARAMETER-TYPE = CL_ABAP_TYPEDESCR=>TYPEKIND_STRING.
INSERT PARAMETER INTO TABLE PARAMETERS.
"参数可以是对象
PARAMETER-NAME = 'CUSTOMER'.
PARAMETER-OBJECT = customer_object.
PARAMETER-TYPE = CL_ABAP_TYPEDESCR=>TYPEKIND_OREF.
INSERT PARAMETER INTO TABLE PARAMETERS.
"参数可以是数据对象(结构/表)
CREATE OBJECT data_ref LIKE table.
ASSIGN data_ref->* TO <data>.
<data> = table.
```

```
PARAMETER-NAME = 'TABLE'.
PARAMETER-DREF = data_ref. PARAMETER-OREF = CL_ABAP_TYPEDESCR=>TYPEKIND_
DREF.
INSERT PARAMETER INTO TABLE PARAMETERS.
"指定参数映射
CL_WD_BUTTON->MAP_ON_ACTION(parameters).
"读取参数映射
CL_WD_BUTTON->MAPPED_ON_ACTION(importing parameters = parameters).
```

当事件被触发时，链接的动作被调用并使用下列参数。

1) Web Dynpro ABAP 的标准参数（ID 和 CONTEXT_ELEMENT）。
2) 特别的 UI 元素参数。
3) 事件参数中指定的参数映射。

该参数可以被定义为动作事件处理程序方法的参数，该方法的参数类型必须与参数值兼容。

这里所有方法的参数都是强制性的。如果不是所有的方法参数在动作调用时被事件参数赋值，就会引发异常。

参数值也可以使用 WDEVENT 对象读取，具体代码如下。

```
int = WDEVENT->GET_INT('LINES_TO_INSERT').
customer_object = WDEVENT->GET_OBJECT('CUSTOMER').
CONTEXT_ELEMENT = WDEVENT->GET_CONTEXT_ELEMENT('CONTEXT_ELEMENT').
```

或

```
table = WD_EVENT->GET_DATA(EXPORTING name = 'TABLE' importing value = table).
```

3. 视图的 ActionEventHandle（动作的事件处理程序）

如果 Web Dynpro 应用程序的 UI 元素的动作被触发，视图控制器会自动调用关联到动作的事件处理程序。在事件处理程序中添加源代码来完成触发操作。

（1）程序设计

从技术角度来看，事件处理程序与其他控制器方法的不同之处仅在于它还响应分配给事件处理程序的事件。对于所有控制器方法的编程，程序员可以从几个特殊类中进行选择，这些类具有执行特定 Web Dynpro 处理步骤的属性和方法。下面简单的例子介绍了为一个动作调用控制器方法处理的结构。

例子：表（Table）结构查询。

这是一个简单的 Web Dynpro 应用程序（ZWD_TABLE），用户选择一种语言和输入表名（输入栏位置），然后单击"查询"按钮，下面表控件内会显示相应的查询数据。视图布局如图 3-81 所示。

当程序被第一次调用时，表控件是空的。一旦用户输入适当的值并单击"查询"按钮，相应的动作被触发，并自动调用事件对应的处理程序，相应的数据就会显示出来，如图 3-82 所示。

整个过程，需要完成以下几个步骤。

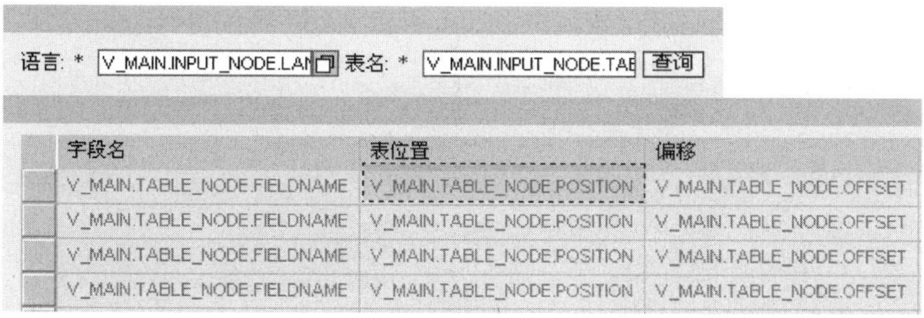

图 3-81

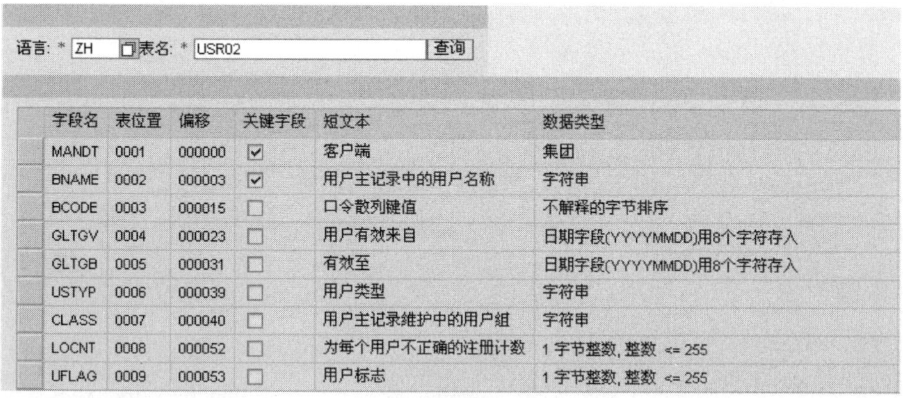

字段名	表位置	偏移	关键字段	短文本	数据类型
MANDT	0001	000000	☑	客户端	集团
BNAME	0002	000003	☑	用户主记录中的用户名称	字符串
BCODE	0003	000015	☐	口令散列键值	不解释的字节排序
GLTGV	0004	000023	☐	用户有效来自	日期字段(YYYYMMDD)用8个字符存入
GLTGB	0005	000031	☐	有效至	日期字段(YYYYMMDD)用8个字符存入
USTYP	0006	000039	☐	用户类型	字符串
CLASS	0007	000040	☐	用户主记录维护中的用户組	字符串
LOCNT	0008	000052	☐	为每个用户不正确的注册计数	1 字节整数, 整数 <= 255
UFLAG	0009	000053	☐	用户标志	1 字节整数, 整数 <= 255

图 3-82

1）Context 节点 INPUT_NODE 属性是可输入的，当单击“查询”按钮时，Context 节点 INPUT_NODE 属性的值被读取，并传递到按钮事件的处理程序 ONACTIONSEARCH 的内部变量里。

2）内部表在处理程序 ONACTIONSEARCH 中被赋值。

3）Context 节点绑定了内部表的内容。在处理程序 ONACTIONSEARCH 时，将这些步骤编译成源代码。

（2）数据声明

```
* 声明 lo_nd_input_node 为一个内部变量,作为用户输入 Context 节点
  DATA lo_nd_input_node TYPE REF TO if_wd_context_node.
* 声明 lo_nd_table_node 为结果的 Context 节点,Table 作为内部变量
  DATA lo_nd_table_node TYPE REF TO if_wd_context_node.
* 声明 lo_el_input_node 为一个内部变量,用来获取 Context 节点的输入值
  DATA lo_el_input_node TYPE REF TO if_wd_context_element.
* 声明 lo_el_input_node 为一个内部变量,用来存储 Context 节点的输入值
  DATA ls_input_node TYPE wd_this->element_input_node.
* 声明 lt_nametab 为一个内部表,用来取得数据
  DATA lt_nametab TYPE TABLE OF dntab.
* 声明 lt_result 为一个内部表,用来输出 Context 节点的值
  DATA lt_result TYPE wd_this->elements_table_node.
```

(3) 取得用户输入

* 将内部变量 *lo_nd_input_node* 绑定到 *Context* 节点 INPUT_NODE：
  lo_nd_input_node = wd_context->get_child_node(name = wd_this->wdctx_input_node).
* 取得对应的 *CONTEXT* 元素
  lo_el_input_node = lo_nd_input_node->get_element( ).
* 取得 *CONTEXT* 属性的值
  lo_el_input_node->get_static_attributes(
    IMPORTING
      static_attributes = ls_input_node).

(4) 取得结果

* 调用函数,将画面输入值 *ls_input_node* 作为参数传入,并将结果 *lt_nametab* 传出
  CALL FUNCTION 'NAMETAB_GET'
    EXPORTING
      langu   = ls_input_node-langu
      only   = ' '
      tabname   = ls_input_node-tabname
    TABLES
      nametab   = lt_nametab
    EXCEPTIONS
      internal_error   = 1
      table_has_no_fields = 2
      table_not_activ   = 3
      no_texts_found   = 4
      OTHERS   = 5
      .
* 满足条件编辑输出结果
  IF sy-subrc = 0.
    APPEND LINES OF tbl_nametab TO tbl_result.
  Endif.

(5) 输出结果

* 将内部变量 *lo_nd_table_node* 绑定到 *Context* 节点 TABLE_NODE：
  lo_nd_table_node = wd_context->get_child_node(name = wd_this->wdctx_table_node).
* 将内部表绑定到 *Context* 节点 TABLE_NODE 上以输出数据
  lo_nd_table_node->bind_table(new_items = tbl_result set_initial_elements = abap_true).

获得 Context 节点和节点元素的 Reference 的方法总结，见表 3-1。

获得和修改 Controller<ctrl>的 Node<node>的 Attributes（属性）的代码总结，见表 3-2。

获得和修改 controller <ctrl>的 node <node>的 bing 操作的代码总结，见表 3-3。

表 3-1

动　作	方　法
Context 节点 <node> 的 Reference	Lo_nd_<node> = wd_context->get_child_node(name = wd_this-> wdctx_<node>)
Lead Selection 中元素的 Reference	Lo_el_<node> = lo_nd_<node>->get_element( )
Index 为 n 的元素的 Reference	Lo_el_<node> = lo_nd_<node>->get_element(index = n)
Collection 中元素的数量	N = lo_nd_<node>->get_element_count( )

表 3-2

动　作	方　法
读取属性 <attr> 的值	DATA:lv_<attr>TYPEwd_this->element_<node>-<attr>. Lo_el_<node>->get_attribute(　　EXPORTING 　　　　Name = '<attr>' 　　IMPORTING 　　　　Value = lv_<attr>)
读取多个静态属性(结构)的值	DATA:ls_<node> TYPE wd_this->element_<node>. Lo_el_<node>->get_static_attributes(　　IMPORTING 　　　　Static_attributes = ls_<node>)
读取所有节点元素的静态属性(内部表)的值	DATA:lt_nodeTYPE wd_this->elements_<node>. Lo_nd_<node>->get_static_attributes_table(　　IMPROTING 　　　　Table = lt_<node>)
修改单个节点属性 <attr> 的值	DATA:lv_<attr> TYPE wd_this->element_<node>-<attr>. Lv_<attr> = … Lo_el_<node>->set_attribute(　　EXPORITNG 　　　　Name = '<attr>' 　　　　Value = lv_<attr>)
修改单个节点元素的多个属性(结构体)的值	DATA:ls_<node> TYPE wd_this->element_<node>. Ls_<node>-<attr> = …. Lo_el_<node>->set_static_attributes(　　EXPORTING 　　　　Static_attributes = ls_<node>)

表 3-3

动　作	方　法
创建一个新的节点元素	Lo_el_<node> = lo_nd_<node>->create_element( )
将节点元素添加到节点	Lo_nd_<node>->bind_element(　　New_item = lo_el_<node> 　　Set_intitial_elements = abap_false)
将结构体 ls_<node> 绑定到节点	DATA: ls_<node> TYPE wd_this->element_<node>. …. Lo_nd_<node>->bind_structure(　　New_item = ls_<node> 　　Set_initial_parameter = abap_false)

(续)

动 作	方 法
将内部表 lt_<node>绑定到节点	DATA:lt_<node> TYPE wd_this->elements_<node>. …. Lo_nd_<node>->bind_table(New_items = lt_<node> Set_intial_elements = abap_false)
在节点中删除节点元素	Ls_nd_<node>->remove_element(Element = lo_el_<node>)

注：当创建 Web Dynpro 的组件时，首先在组件控制器中创建 Context 的节点及属性，以便被视图使用。

3.3 组件控制器

每个 Web Dynpro 组件都包含一个组件控制器。这种控制器在组件的创建过程中是自动创建的，包含以下几个选项卡：Context、属性、Events（事件）和 Methods（方法）。不像视图控制器那样，组件控制器在一个组件中所有视图都是可见的。这意味着，不同视图都可以访问组件控制器的 Context 元素、属性和 Method。这使得该组件控制器在不同的视图之间进行数据交换时处在中心位置，如图 3-83 所示。在 Web Dynpro 的开发平台上提供了映射工具，可轻松地执行此数据交换机制。此外，组件控制器允许跨视图的方法调用。

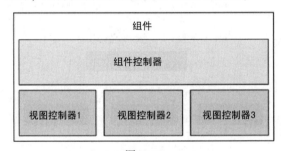

图 3-83

3.3.1 为组件添加自定义控制器

用户可以自定义控制器以增加额外的全局控制器，可以在其中定义节点、属性、方法及事件。这些自定义控制器所包含的数据在组件中的所有视图都可用。

在左侧树形结构组件 ZWD_TEST 上右击，按照图 3-84 所示选项创建自定义控制器（Custom Controller）。

弹出对话框，编辑信息如图 3-85 所示。

按〈Enter〉键或单击图 3-85 中的 按钮，创建的自定义控制器如图 3-86 所示。

注：自定义控制器是可选的。它必须在设计时定义，用于封装组件控制器的一些子功能。一个组件可以定义多个自定义控制器。Web Dynpro 框架可以自动实例化自定义控制器，不过实例化的顺序不确定。所以自定义控制器中的代码不能依赖于其他自定义控制器代码的存在而存在。与组件控制器一样，其中也可以定义 Context、属性、事件和方法。

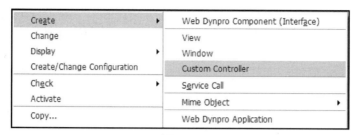

图 3-84

图 3-85

图 3-86

3.3.2 Context 映射

数据存储在组件控制器中,也可以存储在视图的 Context 中。连接视图的 Context 节点到相应的组件控制器的 Context 节点,这个过程称为映射。

视图中,节点映射到组件控制器,如图 3-87 所示。

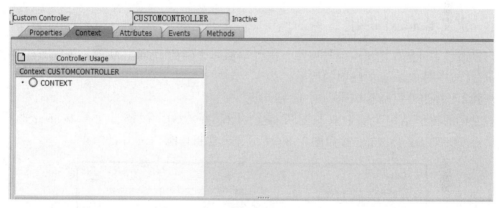

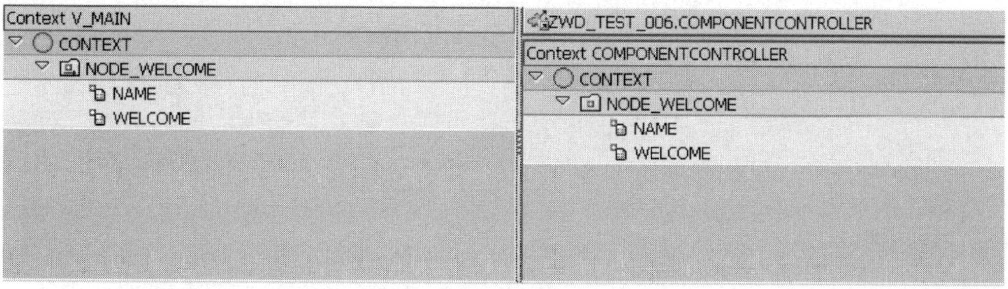

图 3-87

窗体中,节点映射到组件控制器,如图 3-88 所示。

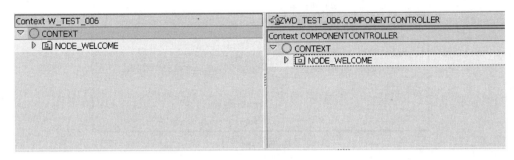

图 3-88

一旦在组件控制器内的 Context 选项卡中定义了节点,对应视图或窗体中的 Context 节点就可以被映射到此节点上。

节点 NODE_WELCOME 映射到同名的组件控制器的 Context 节点上。这意味着,在节点结构与控制器节点相匹配的组件内(视图、窗体),节点所有属性的值与组件控制器的相应属性的值相同。

3.3.3 定义 Context 映射

可以通过多种操作定义组件与视图、组件与窗体之间的 Context 映射,下面是组件控制器 Context 与视图 Context 的映射的例子。

步骤 1:在组件控制器 Context 中定义节点。

在左侧的树形结构菜单上双击视图 COMPONENTCONTROLLER,选择 Context 选项卡,在根节点 CONTEXT 上右击,按照图 3-89 所示选项复制其他 Context 的节点。

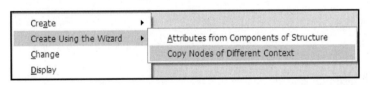

图 3-89

弹出对话框,编辑信息如图 3-90 所示。

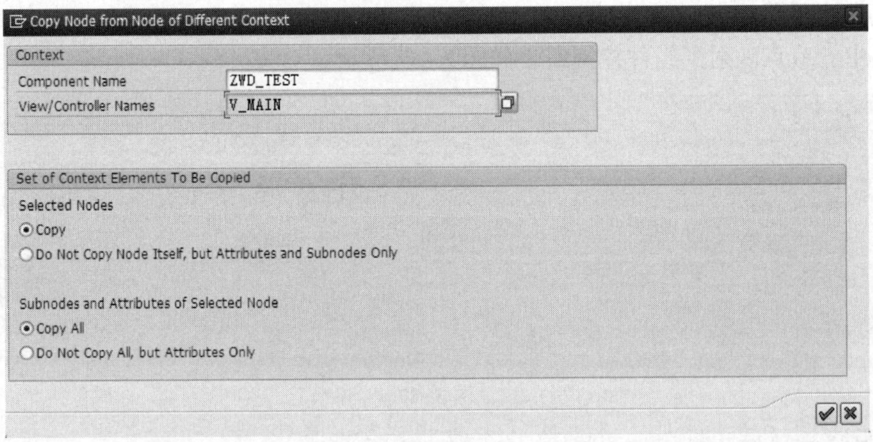

图 3-90

按〈Enter〉键或单击☑按钮，弹出对话框，选择视图 V_MAIN 中的节点，如图 3-91 所示。

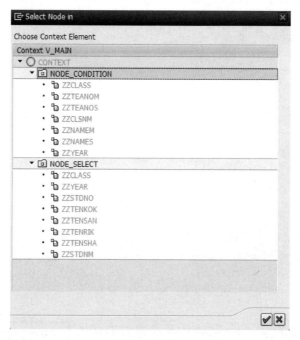

图 3-91

按〈Enter〉键或单击☑按钮，组件控制器生成节点如图 3-92 所示。

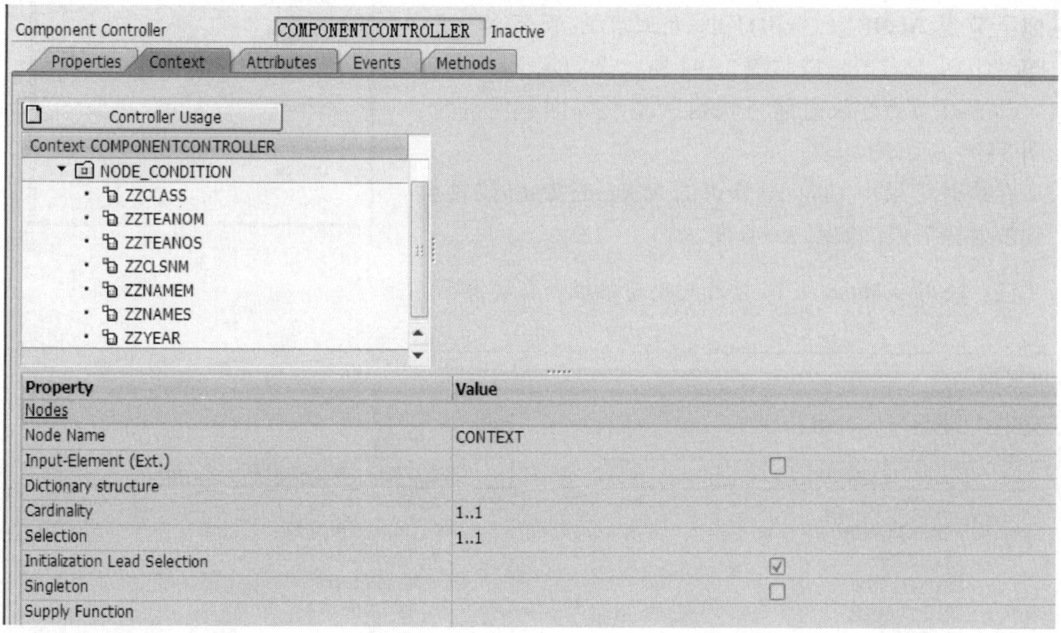

图 3-92

采用同样的操作，复制节点 NODE_SELECT 到组件控制器下，如图 3-93 所示。

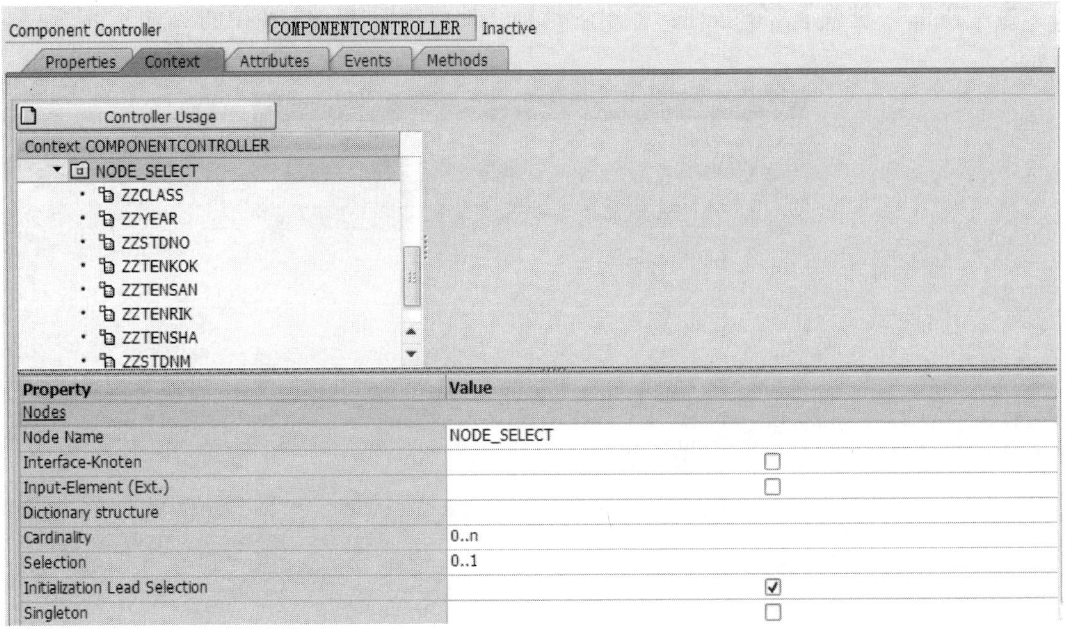

图 3-93

步骤 2：将组件控制器下的 Context 节点映射到视图中。

在左侧的树形结构菜单上双击 V_MAIN 视图，跳转到 Context 选项卡，将右侧组件控制器中同名的节点拖至节点 NODE_CONDITION 上或者在节点 NODE_CONDITION 上右击，按照图 3-94 所示选项定义映射。

Context 节点在映射前与映射后图形界面有所区分，如图 3-95 所示。

在映射结果中 Context 节点的 Mapping Path 属性会看到映射源节点，如图 3-96 所示。

注：映射后 Mapping Path 处的映射路径会自动设定。

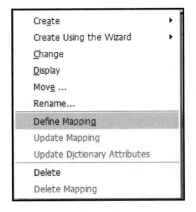

图 3-94

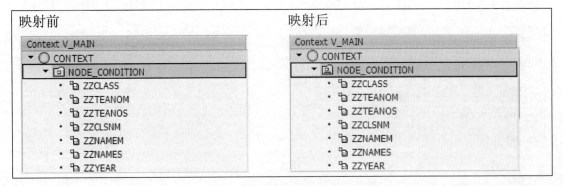

图 3-95

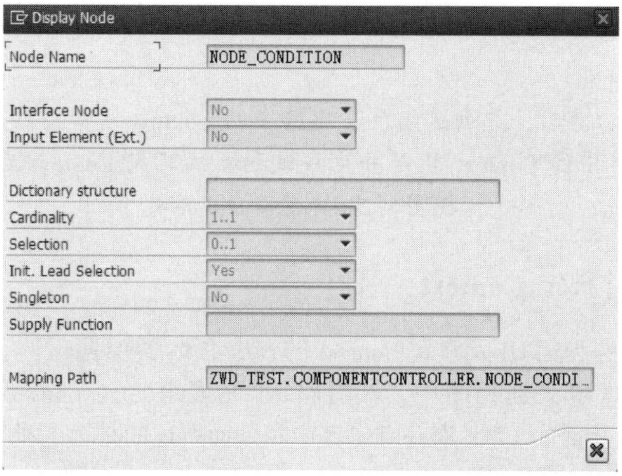

图 3-96

Context 节点复制及映射结果,如图 3-97 所示。

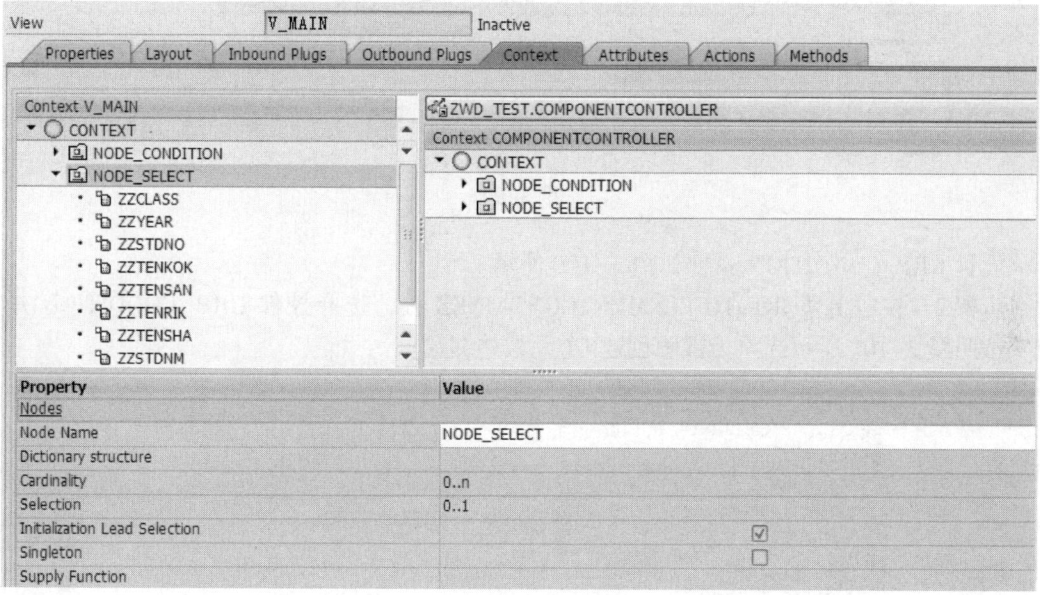

图 3-97

步骤 3:定义视图中 Context 并与组件控制器中的 Context 建立映射。

在左侧的树形结构菜单上双击 V_DETAIL 视图,跳转到 Context 选项卡,将右侧组件控制器中 NODE_CONDITION 节点拖至视图 Context 根节点上,直接生成节点并建立映射,通过拖拽方式生成的映射节点前后区别较大,如图 3-98 所示。

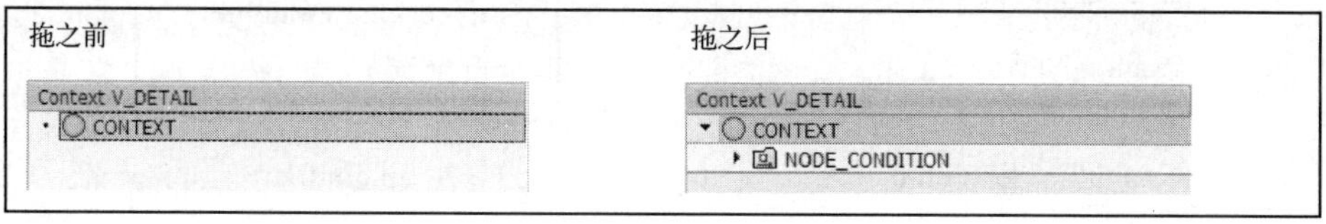

图 3-98

按照同样步骤将 NODE_SELECT 节点从组件控制器中拖至视图 Context 根节点上，生成节点并建立映射。

注：一般在创建程序时，先创建组件控制器中的 Context 结构，然后各视图及窗体中的 Context 由组件控制器中的 Context 复制并生成映射。编辑完 Context 后一般使用创建 Form（Create Container Form）的形式为视图创建 UI 元素及其绑定。

3.3.4 编辑视图并绑定 Context

编辑视图的布局并绑定 UI 元素到 Context 的方法主要有两种。

一种是将 UI 元素定义到视图中，然后将 UI 元素绑定到 Context 上；另一种是利用 Context 编辑工具生成所需的 UI 元素并绑定其中。下面所述的是第二种方法。

步骤 1：选择 V_DETAIL 视图，跳转到 Layout 选项卡，为视图添加 Layout 控件。Group-GRP_CONDITION、Tray-TRY_DETAIL 编辑如图 3-99 所示。

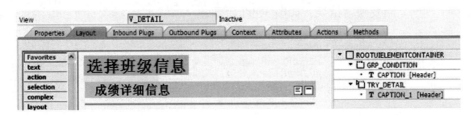

图 3-99

设置 GRP_CONDITION 属性如图 3-100 所示。

步骤 2：在右上角 ROOTUIELEMENTCONTAINER 处，选择控件 GRP_CONDITION 并右击，按照图 3-101 所示选项为视图创建 UI 元素并绑定。

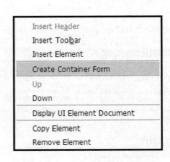

图 3-100　　　　　　　图 3-101

弹出对话框，编辑信息如图 3-102 所示。

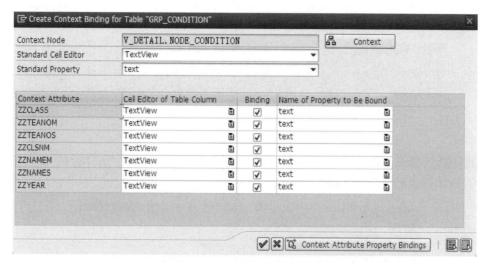

图 3-102

注：绑定方法。

在图 3-102 所示的编辑器中，通常在下拉框 Standard Cell Editor 中选择要绑定的 UI 元素，在 Standard Property 中选择要绑定的 UI 元素的属性；在一览表中的下拉框 Cell Editor of Table Column 中选择 UI 元素，在 Name of Property to Be Bound 中选择要绑定的 UI 元素的属性；Binding 复选框只有选中时才会被绑定。

按〈Enter〉键或单击 ✓ 按钮，结果如图 3-103 所示。

步骤 4：在 ZZNAMES_LBL、ZZNAMEM_LBL、ZZCLSNM_LBL 控件上右击，按照图 3-104 所示选项将其删除。

编排剩余控件的上下顺序，如图 3-105 所示。

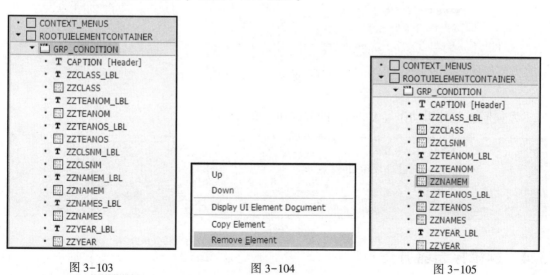

图 3-103　　　　　　　　图 3-104　　　　　　　　图 3-105

注：在调整控件的上下顺序时，只需选择要移动的控件拖至某控件之上即可，要挪动的控件就会被移动到刚才拖至的控件之上。

编辑后视图如图 3-106 所示。

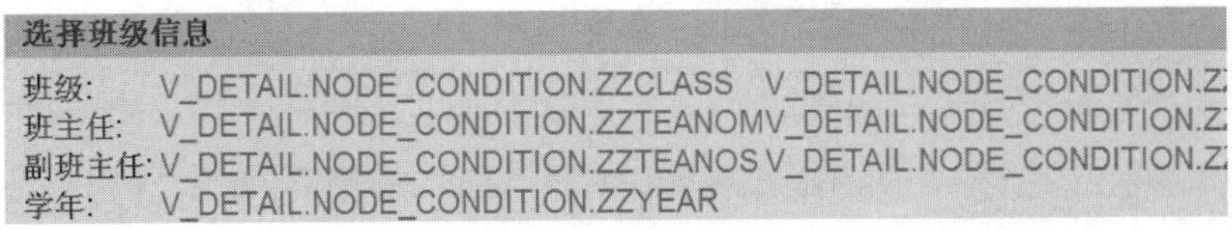

```
选择班级信息
班级:       V_DETAIL.NODE_CONDITION.ZZCLASS   V_DETAIL.NODE_CONDITION.Z:
班主任:     V_DETAIL.NODE_CONDITION.ZZTEANOMV_DETAIL.NODE_CONDITION.Z:
副班主任: V_DETAIL.NODE_CONDITION.ZZTEANOS V_DETAIL.NODE_CONDITION.Z:
学年:       V_DETAIL.NODE_CONDITION.ZZYEAR
```

图 3-106

采用同样的操作,在右上角 ROOTUIELEMENTCONTAINER 处,选择控件 TRY_DETAIL 并右击,为其创建 UI 元素并绑定,编辑如图 3-107 所示。

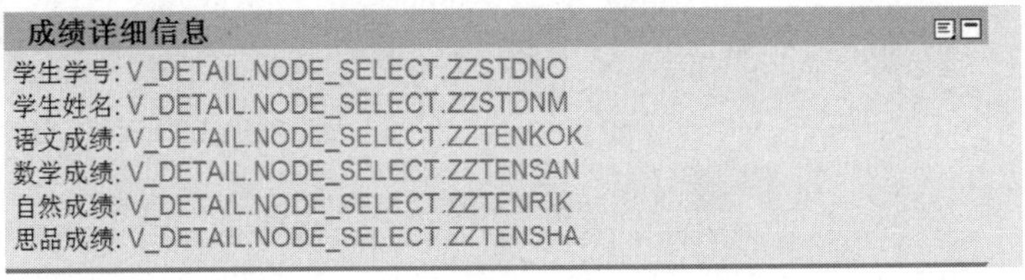

```
成绩详细信息
学生学号:V_DETAIL.NODE_SELECT.ZZSTDNO
学生姓名:V_DETAIL.NODE_SELECT.ZZSTDNM
语文成绩:V_DETAIL.NODE_SELECT.ZZTENKOK
数学成绩:V_DETAIL.NODE_SELECT.ZZTENSAN
自然成绩:V_DETAIL.NODE_SELECT.ZZTENRIK
思品成绩:V_DETAIL.NODE_SELECT.ZZTENSHA
```

图 3-107

步骤 5:为 V_DETAIL 视图添加 返回 按钮,如图 3-108 所示。

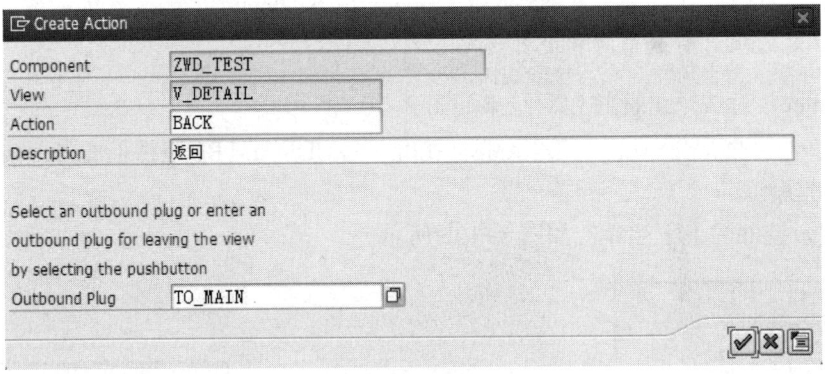

```
Create Action
Component     ZWD_TEST
View          V_DETAIL
Action        BACK
Description   返回

Select an outbound plug or enter an
outbound plug for leaving the view
by selecting the pushbutton
Outbound Plug  TO_MAIN
```

图 3-108

为 返回 按钮编辑动作(Action)的方法如下所示。

```
method ONACTIONBACK.
  WD_THIS->FIRE_TO_MAIN_PLG(
  ).
endmethod.
```

3.4 编辑控制器方法

当创建一个新的 Web Dynpro 组件时,组件会自动创建一个组件控制器。当创建视图时,视图控制器会被自动创建。每一个组件的窗体,都包含一个窗体控制器,也可以为了特定需求创建自定义控制器。

在这些控制器中，至少有两个属性会自动创建以便它们相互调用，例如 WD_CONTEXT、WD_THIS。

（1）WD_CONTEXT

WD_CONTEXT 是指向控制器 Context 根节点的 Reference，可以访问整个 Context。对控制器 Context 的访问以这个 Reference 开始。

（2）WD_THIS

WD_THIS 是指向当前控制器的接口的 Reference(IF_<CONTROLLER NAME>)，代表生成的类的所有功能。它也可以用来访问 Web Dynpro 的标准功能。

（3）WD_COMP_CONTROLLER

它是指向组件控制器的 Reference。通过这个 Reference，组件控制器的所有方法和全局属性都可以被访问（wd_comp_controller-><method>）。

对于其他的控制器，即使声明为 Used Controller，也不会有类似的 Reference 被创建。这并不意味着用户定义的方法和全局属性不能被访问，不过 Reference 首先要被声明。要声明指向 Used Controller 的 Reference 必须使用下面的语句。

```
DATA:lo_ctrl TYPE REF TO ig_<ctrl>.
Lo_ctrl = wd_this->get_<ctrl>_ctr( ).
```

（4）自定义控制器

用户根据需求可创建自定义控制器，与组件控制器一样，它有自己的 Context、事件、方法及属性，也可以被其他组件使用。

在 Properties 选项卡中，可以为控制器定义额外的属性。如果表示为全局属性（Public 复选框被选中），这些属性就可以被 Web Dynpro 组件内的其他控制器访问。但是属性不能放于组件接口中（仅容纳事件和方法）。

如果要在控制器方法中访问全局控制器的属性，必须使用 WD_THIS。访问同一个组件下的其他控制器定义的全局属性与访问其他控制器的方法的方式一样。

对于视图控制器之外的其他控制器，属性可以是 Private（Public 复选框未被选中）的，也可以是 Public 的。

在各个控制器中可以定义相关属性，使这些属性存放非 UI 关联的应用数据（UI 关联的数据一般存放在 Context 中，以便与视图中的 UI 元素绑定），见表 3-4。

表 3-4

Context	UI 元素
Context V_DETAIL ▼ ○ CONTEXT 　▼ 🗀 NODE_CONDITION 　　· 🗎 ZZCLASS 　　· 🗎 ZZTEANOM 　　· 🗎 ZZTEANOS 　　· 🗎 ZZCLSNM 　　· 🗎 ZZNAMEM 　　· 🗎 ZZNAMES 　　· 🗎 ZZYEAR	选择班级信息 班级：　　V_DETAIL.NODE_CONDITION.ZZCLASS 班主任：　V_DETAIL.NODE_CONDITION.ZZTEANOM 副班主任：V_DETAIL.NODE_CONDITION.ZZTEANOS 学年：　　V_DETAIL.NODE_CONDITION.ZZYEAR

在开发环境中，接口控制器是组件控制器中的一个特殊的子集，通过表 3-5 可以看出组件接口的接口控制器、接口视图和组件控制器、窗体之间的关系。

表 3-5

组 件 接 口	组件控制器及窗体
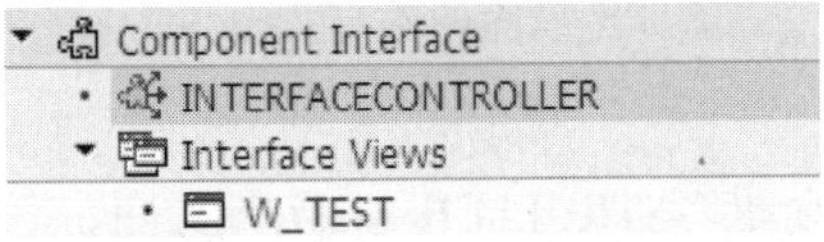 ▼ 🔧 Component Interface 　• 🔩 INTERFACECONTROLLER 　▼ 🗂 Interface Views 　　• 🗔 W_TEST	组件控制器  　• 🔧 COMPONENTCONTROLLER 窗体 　• 🗔 W_TEST 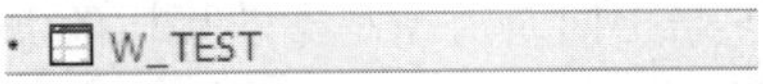

接口控制器定义了 Web Dynpro 组件在其他组件中应用的接口，方法在组件控制器中被实例化。实际上，当组件控制器中的方法、事件及 Context 节点被标识上接口标识时，这些元素会被复制到接口控制器。

3.4.1　WD_CONTEXT

属性 WD_CONTEXT 是控制器 Context 的一个参照，无论哪一个控制器，其属性 WD_CONTEXT 都是参照接口类型 IF_WD_CONTEXT_NODE 的，在控制器的方法中使用 WD_CONTEXT 及其接口中的方法可以编辑 Context 节点的内容。

例如：控制器的 Context 包含节点 NODE_CONDITION 和 NODE_SELECT。用方法 INVALIDATE_CONDITION_NODE 及 INVALIDATE_SELECT_NODE 可以为节点中各元素的值进行初始化。

在左侧的树形结构菜单上双击 • 🗔 V_MAIN 视图，在 Methods 选项卡内编辑方法（Method）如图 3-109 所示。

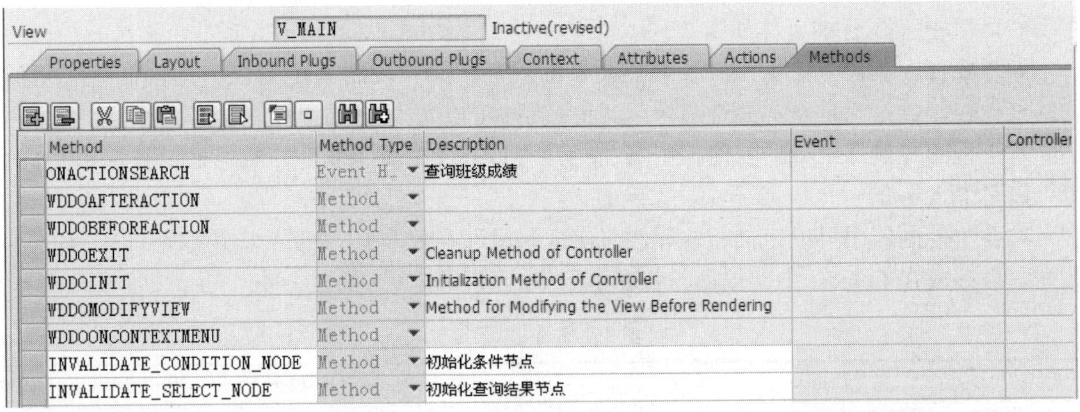

图 3-109

双击各方法，编辑程序如下所示。
INVALIDATE_CONDITION_NODE。

```
METHOD INVALIDATE_CONDITION_NODE.
    DATA: NODE_CONDITION TYPE REF TO IF_WD_CONTEXT_NODE.
```

```
            NODE_CONDITION = WD_CONTEXT->GET_CHILD_NODE( wd_this->WDCTX_NODE_CONDITION).

            NODE_CONDITION->INVALIDATE( ).
        ENDMETHOD.
```

INVALIDATE_SELECT_NODE。

```
    method INVALIDATE_SELECT_NODE.
        DATA: NODE_SELECT TYPE REF TO IF_WD_CONTEXT_NODE.

        NODE_SELECT = WD_CONTEXT->GET_CHILD_NODE( wd_this->WDCTX_NODE_SELECT).

        NODE_SELECT->INVALIDATE( ).
    endmethod.
```

对于 CONTROLLER 的 Context 上的每个节点，名字为 WDCTX_<node name>的常量在其对应的接口 IG_<Conroller_name>和 IF_<CONTROLLER_name>中是自动创建的；在 CONTROLLER 的源代码里面，这个常量可以用作节点名称以代替字符文本，例如：

```
    Wd_context->get_child_node( wd_this->WDCTX_NODE_CONDITION).
```

代替

```
    Wd_context->get_child_node('NODE_CONDITION').
```

使用 Context 节点常量的好处是编译器已知常量，从而减少语法错误，避免输入的 Context 节点名称有时候不正确。当然，这个也允许手写传输文本，不用常量。

3.4.2　WD_THIS

属性 WD_THIS 就是本地接口的一个引用，根据 CONTROLLER 的不同，引用变量可以是以下类型。

1）全局控制器 IF_COMPONENTCONTROLLER，如图 3-110 所示。

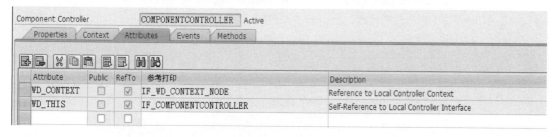

图 3-110

2）自定义控制器 IF_<MY_CUSTOM_CONTROLLER>，如图 3-111 所示。
3）视图控制器 IF_<MY_VIEW>，如图 3-112 所示。

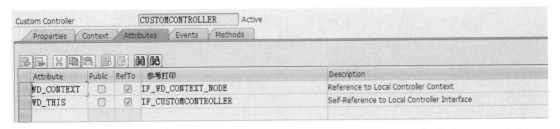

图 3-111

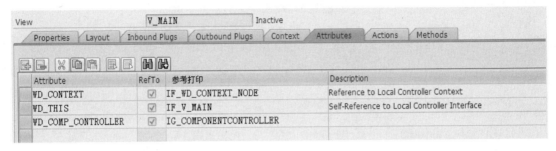

图 3-112

4) 窗体控制器 IF_<MY_WINDOW>，如图 3-113 所示。

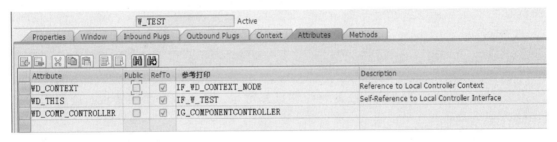

图 3-113

在左侧的树形结构菜单上双击 V_DETAIL 视图，单击应用工具栏中的按钮，弹出如下对话框，选择 Current Controller 复选框，如图 3-114 所示。

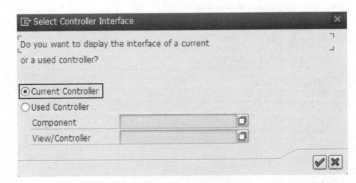

图 3-114

单击按钮，可以查看到视图接口 IF_V_DETAIL 的定义如下所示。

```
* Intf. : if_v_detail
* Purp. : programming interface for the application class of this
*          controller only
*          controller: <V_DETAIL> of
*          component: <zwd_test>
* UDate: 20110926 112801
* ================================================= *
interface if_v_detail.
* +-----------------------------------------------------------------+
* |  context type definitions                                       |
* +-----------------------------------------------------------------+
  constants:
    wdctx_context type string value ' CONTEXT'.
  constants:
    wdctx_node_condition type string value ' NODE_CONDITION'.
  types:
    begin of Element_node_condition,
      ZZCLASS type Zcclass_T-zzclass,
      ZZTEANOM type Zcclass_T-zzteanom,
      ZZTEANOS type Zcclass_T-zzteanos,
      ZZCLSNM type String,
      ZZNAMEM type String,
      ZZNAMES type String,
      ZZYEAR type Zzyear_E,
    end of Element_node_condition,
    Elements_node_condition type
      standard table of Element_node_condition
      with default key.
  constants:
    wdctx_node_select type string value ' NODE_SELECT'.
  types:
    begin of Element_node_select,
      ZZCLASS type Zttest_T-zzclass,
      ZZYEAR type Zttest_T-zzyear,
      ZZSTDNO type Zttest_T-zzstdno,
      ZZTENKOK type Zttest_T-zztenkok,
      ZZTENSAN type Zttest_T-zztensan,
      ZZTENRIK type Zttest_T-zztenrik,
      ZZTENSHA type Zttest_T-zztensha,
      ZZSTDNM type String,
    end of Element_node_select,
    Elements_node_select type
```

```
                standard table of Element_node_select
                with default key.
********
* @Returns: controller runtime interface
********
    methods wd_get_api
      returning
        value(Result) type ref to IF_WD_VIEW_CONTROLLER.


********
* @Purpose: creates an action during runtime
********
    methods wd_create_action
      importing
        Event_Handler   type String
        Is_Validating   type Wdy_Boolean default ''
        Command         type String
        Text_Key        type String
      returning
        value(Result)   type ref to If_Wd_Action.


* +--------------------------------------------------------------------+
* |  component & controller usages                                     |
* +--------------------------------------------------------------------+


**********
* @Returns: controller <componentcontroller>
*           of usage <dbb90vo3mtatl035eudcx1r0o>
**********
    methods get_componentcontroller_ctr
      returning
        value(Result) type ref to ig_componentcontroller.

endinterface.
```

按照上述步骤，可以查看窗体接口 ig_w_test 的定义如下所示。

```
* Intf. : ig_w_test
* Purp. : programming interface for access of this controller within
*         other controllers of the same component
*         controller: <W_TEST> of
*         component: <zwd_test>
* UDate: 20110926 113537
```

```
* ================================================== *
interface ig_w_test.


* +--------------------------------------------------+
* |   context type definitions                       |
* +--------------------------------------------------+


  constants:
    wdctx_context type string value ' CONTEXT'.
********
* @ Returns: controller runtime interface
********
  methods wd_get_api
    returning
      value( Result) type ref to IF_WD_VIEW_CONTROLLER.
endinterface.
* ================================================== *
* Intf. : if_w_test
* Purp. : programming interface for the application class of this
*         controller only
*         controller: <W_TEST> of
*         component: <zwd_test>
* UDate: 20110926 113537
* ================================================== *
interface if_w_test.

  interfaces:
    IG_W_TEST.

  aliases:
    wdctx_context for IG_W_TEST~wdctx_context.
    aliases: wd_get_api for IG_W_TEST~wd_get_api.
********
* @ Purpose: creates an action during runtime
********
  methods wd_create_action
    importing
      Event_Handler   type String
      Is_Validating   type Wdy_Boolean default ''
      Command         type String
      Text_Key        type String
    returning
```

```
           value(Result)    type ref to If_Wd_Action.
*  +--------------------------------------------------------------+
*  |  component & controller usages                                |
*  +--------------------------------------------------------------+

**********
*  @ Returns: controller <componentcontroller>
*            of usage <dbb8vt6da19x3tpgjch7p9gco>
**********
  methods get_componentcontroller_ctr
    returning
      value(Result) type ref to ig_componentcontroller.

*  +--------------------------------------------------------------+
*  |  event handlers                                               |
*  +--------------------------------------------------------------+

  methods HANDLEDEFAULT
    importing
      wdevent type REF TO cl_wd_custom_event . "#EC NEEDED
endinterface.
```

在对话框中选择组件控制器，可以查看组件控制器的定义，选择 Used Controller 复选框，如图 3-115 所示。

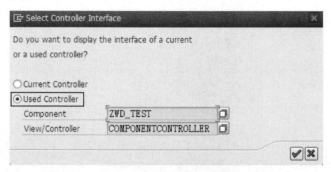

图 3-115

单击 ✓ 按钮，相关定义如下所示。

```
* ================================================================ *
*  Intf. : ig_componentcontroller
*  Purp. : programming interface for access of this controller within
*          other controllers of the same component
*          controller: <COMPONENTCONTROLLER> of
*          component: <zwd_test>
```

* UDate: 20110926 113416
* === *
interface ig_componentcontroller.

  interfaces: ziwci_wd_test.
  constants:
    wdctx_context type string value ' CONTEXT'.
  constants:
    wdctx_node_condition type string value ' NODE_CONDITION'.
  types:
    begin of Element_node_condition,
      ZZCLASS type Zcclass_T-zzclass,
      ZZTEANOM type Zcclass_T-zzteanom,
      ZZTEANOS type Zcclass_T-zzteanos,
      ZZCLSNM type String,
      ZZNAMEM type String,
      ZZNAMES type String,
      ZZYEAR type Zzyear_E,
    end of Element_node_condition,
    Elements_node_condition type
      standard table of Element_node_condition
      with default key.
  constants:
    wdctx_node_select type string value ' NODE_SELECT'.
  types:
    begin of Element_node_select,
      ZZCLASS type Zttest_T-zzclass,
      ZZYEAR type Zttest_T-zzyear,
      ZZSTDNO type Zttest_T-zzstdno,
      ZZTENKOK type Zttest_T-zztenkok,
      ZZTENSAN type Zttest_T-zztensan,
      ZZTENRIK type Zttest_T-zztenrik,
      ZZTENSHA type Zttest_T-zztensha,
      ZZSTDNM type String,
    end of Element_node_select,
    Elements_node_select type
      standard table of Element_node_select
      with default key.
****
* @ Returns: controller runtime interface
****
  methods wd_get_api

```
             returning
                 value(Result) type ref to IF_WD_COMPONENT.

     endinterface.
```

在自定义控制器 CUSTOMCONTROLLER 双击 Properties 选项卡上的 IF_CUSTOMCON-TROLLER(WD_THIS 参照定义),相关定义如下所示。

```
*  Intf. : ig_customcontroller
*  Purp. : programming interface for access of this controller within
*          other controllers of the same component
*          controller: <CUSTOMCONTROLLER> of
*          component: <zwd_test>
*  UDate: 20111009 135907
* ==================================================== *
interface ig_customcontroller.

* +------------------------------------------------------------+
* |  context type definitions                                  |
* +------------------------------------------------------------+

    constants:
       wdctx_context type string value ' CONTEXT'.
********
* @ Returns: controller runtime interface
********
    methods wd_get_api
      returning
        value(Result) type ref to IF_WD_CONTROLLER.


endinterface.
* ==================================================== *
*  Intf. : if_customcontroller
*  Purp. : programming interface for the application class of this
*          controller only
*          controller: <CUSTOMCONTROLLER> of
*          component: <zwd_test>
*  UDate: 20111009 135907
* ==================================================== *
interface if_customcontroller.

    interfaces:
       IG_CUSTOMCONTROLLER.
```

```
    aliases:
       wdctx_context for IG_CUSTOMCONTROLLER~wdctx_context.
       aliases: wd_get_api for IG_CUSTOMCONTROLLER~wd_get_api.
********
*  @Purpose: creates an action during runtime
********
    methods wd_create_action
       importing
          Event_Handler     type String
          Is_Validating     type Wdy_Boolean default ''
          Command           type String
          Text_Key          type String
       returning
          value(Result) type ref to If_Wd_Action.

endinterface.
```

小结：每个控制器包含一个本地接口。

IF_COMPONENT CONTROLLER。

IF_<MY_CUSTOM_CONTROLLER>。

IF_<MY_VIEW>。

IF_<MY_WINDOW>。

通过这些引用变量可以访问本地控制器接口的方法和属性。如视图接口 IF_V_DETAIL 中的 Constants、Types、methods 等。包含所有自定义的方法，这些方法是在当前控制器中创建和实现的，方法的实现可以进行更改。这些方法的位置在控制器编辑器的 Methods 选项卡中，通过双击方法名称可以跳转到 ABAP 编辑器中写代码，如视图 V_MAIN 中的 INVALIDATE_CONDITION_NODE 和 INVALIDATE_SELECT_NODE 方法。

可以调用其他组件中的方法，但不能改变预先定义的方法的实现。如视图 V_MAIN 中 WD_GET_API 方法，这些方法只能在运行时调用，但是所有的控制器的属性的访问是通过引用变量 WD_THIS 实现的。

全局或者本地控制器的接口可使用的方法数量是有限的，仅包含直接或者间接定义或者实例化的方法和属性。因此，Web Dynpro 应用程序运行时为每个控制器类型提供了泛型运行时 API。在 API 中，经常用到的方法已经被实现，可以使用。像 Portal Manager 和 Message Manager 一样，可以通过这些接口访问通用的函数。所有的控制器接口包含了方法 WD_GET_API，允许访问相应的运行时 API。

大部分情况，为视图控制器声明组件控制器的方法是非常有用的，开发环境预先定义好了这些步骤。另外，每个视图控制器已经包含了属性 WD_COMP_CONTROLLER，这个引用变量的类型是 IG_COMPONENT_CONTROLLER。在每个视图控制器中，可以通过 WD_COMP_CONTROLLER 访问组件所有公开的方法，即组件控制器的全局接口。

3.5 本地控制器接口的方法

除了可以修改的方法外，每个控制器的本地接口提供了许多只能使用但是不能被编辑的方法。这些方法什么时候是可用的依赖于控制器实现的状态和类型。由于这些方法不能够被编辑，所以也不会显示在相对应的 CONTROLLER 的 Methods 选项卡中。但作为接口的一部分，可以在本地接口中查找已经存在的方法。

注：对于视图控制器，相对应的本地接口会自动创建（可以通过在 Attributes 选项卡中的属性 WD_THIS 上双击其引用参数接口类型 IF_……进行查看）。

3.5.1 钩子方法：在相应时间点调用

本地控制器的接口有一定数量方法，这些方法按照一定的时机调用，程序员不能改变这些程序调用的时机，但是可以更改方法的内容。这些方法调用的时机是预先定义好的。视图控制器预定义的方法如图 3-116 所示。

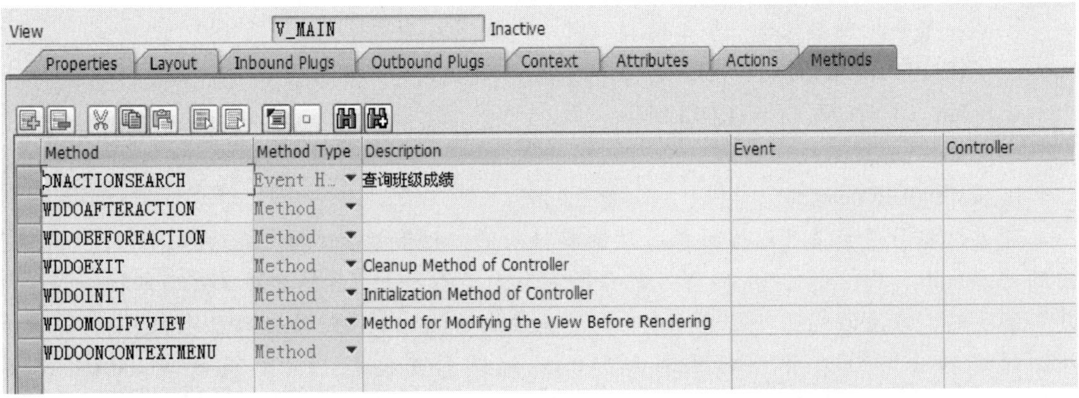

图 3-116

1. WDDOINIT 和 WDDOEXIT

不同类型的控制器还有其他不同的钩子函数（Hook Method，也称作钩子方法）。对于不同类型的控制器还有以下标准的钩子函数，对应的控制器设置，本地控制器接口包含的方法还有很多，具体见表 3-6。

表 3-6

组件控制器	视图控制器	窗体控制器
WDDOINIT/WDDOEXIT	WDDOINIT/WDDOEXIT	WDDOINIT/WDDOEXIT
WDDOBEFORENAVIGATION	WDDOBEFOREACTION	
WDDOPOSTPROCESSING	WDDOAFTERACTION	WDDOONOPEN
WDDOAPPLICATIONSTATECHANGE	WDDOMODIFYVIEW	WDDOONCLOSE
	WDDOONCONTEXTMENU	

所有类型控制器中都有以下两种钩子函数。

(1) WDDOINIT

WDDOINIT 是控制器的生命周期中第一个处理的方法。在整个生命周期中只被处理一次,所有的初始化代码都应当写在这里,因为控制器一旦被实例化就会被立即调用。

对于每个新创建的控制器,方法的方法体都是空的,但是可以添加相应代码,具体示例步骤如下。

1)创建 Help Classes 的实例。如画面中的〈F4〉快捷键功能,为画面上的 UI 元素初始化。

2)初始化控制器属性,还有引用变量可以初始化。如:为某标示赋初始值。

3)做权限检查。

4)为控制器的 Context 设置初始值。

在本例中,双击 WDDOINIT 钩子函数,编辑方法体;单击应用工具栏中的 按钮,弹出对话框,选择 INVALIDATE_CONDITION_NODE 方法,如图 3-117 所示。

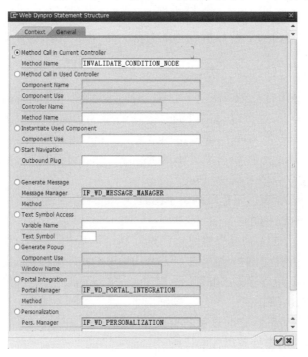

图 3-117

单击图 3-117 中的 按钮,同样调用 INVALIDATE_SELECT_NODE 方法,方法体编辑如下所示。

```
method WDDOINIT.
*  初始化条件节点
     WD_THIS->INVALIDATE_CONDITION_NODE(
     ).
*  初始化查询结果节点
```

```
            WD_THIS->INVALIDATE_SELECT_NODE(
            ).
    endmethod.
```

（2）WDDOEXIT

WDDOEXIT 是控制器生命周期结束时最后调用的方法，所有的清理代码应当写在这里。WDDOEXIT 在退出控制器的时候运行，可以用来释放锁。

2. 对于组件控制器还有以下标准的钩子函数

（1）WDDOBEFORENAVIGATION

用户触发了绑定动作的客户端事件之后，Web Dynpro 应用第一个调用的方法便是 WDDOBEFORENAVIGATION，这个调用甚至先于与客户端事件相关的事件处理程序的调用。这个函数经常包含与输入检查相关的代码。

在复杂的 Web Dynpro 应用中，在进行下一步业务处理之前，验证来自不同组件中的数据是十分必要的，这个方法就可以用来实现跨组件的验证。

（2）WDDOPOSTPROCESSING

在 UI 请求发送到客户端之前最后调用的方法，可用来添加应用程序进行特定的清理，如释放占用的内存。

（3）WDDOAPPLICATIONSTATECHANGE

每当程序中止或继续时都会调用这个方法。如，触发窗体的 Suspend Plug，Web Dynpro 应用就会被挂起 Suspend。这可以用来启动一个新的 Web Dynpro 应用而没必要结束当前的 Web Dynpro 应用。后启动的 Web Dynpro 应用结束后，被中止的 Web Dynpro 应用就会自动继续执行。中止的 Web Dynpro 应用通过窗体的 Resume Plug 继续执行。如果创建了至少一个 Suspend Plug，就要建立一个 Resume Plug。

3. 对于视图控制器还有以下标准的钩子函数

（1）WDDOBEFOREACTION

用户触发了绑定动作的客户端事件之后，Web Dynpro 应用第一个调用的方法便是前一个显示的集成在视图的所有视图控制器的方法 WDDOBEFOREACTION，这个调用甚至先于与 Client 事件相关的动作处理程序方法的调用。这个方法经常包含与输入检查相关的代码。

（2）WDDOAFTERACTION

动作处理程序被处理后，先前显示的集成在视图的 WDDOAFTERACTION 方法就会被处理。这个方法一般写与动作处理相关的代码。

（3）WDDOMOFIFYVIEW

在所有的钩子函数中唯一允许访问 UI 元素层次结构的方法便是 WDDOMOFIFYVIEW。接口参数视图便是 UI 元素层次结构的参照。FIRST_TIME 参数用来标识在视图控制器的生命周期内被处理过。这个方法用来动态操作 UI 元素层次结构。

示例：通过该函数为画面输入项设定输入帮助。

```
    method WDDOMODIFYVIEW.
        IF first_time = abap_true.
*       为年度设定帮助
            WD_THIS->YEAR_HELP_SET(
```

).
ENDIF.
endmethod.

YEAR_HELP_SET 方法的定义如下所示。

```
METHOD YEAR_HELP_SET.
  DATA LO_ND_CONDITION TYPE REF TO IF_WD_CONTEXT_NODE.
  DATA LO_ND_CONDITION_INFO TYPE REF TO IF_WD_CONTEXT_NODE_INFO.
  DATA IT_YEAR_SET TYPE WDY_KEY_VALUE_TABLE.
  DATA LS_YEAR_SET TYPE WDY_KEY_VALUE.
*   navigate from <CONTEXT> to <NODE_CONDITION> via lead selection
  LO_ND_CONDITION = WD_CONTEXT->GET_CHILD_NODE( NAME = WD_THIS->WDCTX_NODE_CONDITION ).
  LO_ND_CONDITION_INFO = LO_ND_CONDITION->GET_NODE_INFO( ).

  LS_YEAR_SET-KEY = '2009'.
  LS_YEAR_SET-VALUE = '二零零九年'.
  APPEND LS_YEAR_SET TO IT_YEAR_SET.
  LS_YEAR_SET-KEY = '2010'.
  LS_YEAR_SET-VALUE = '二零一零年'.
  APPEND LS_YEAR_SET TO IT_YEAR_SET.
  LS_YEAR_SET-KEY = '2011'.
  LS_YEAR_SET-VALUE = '二零一一年'.
  APPEND LS_YEAR_SET TO IT_YEAR_SET.
  LO_ND_CONDITION_INFO->set_attribute_value_set(
  name = 'ZZYEAR'
  value_set = IT_YEAR_SET
  ).
ENDMETHOD.
```

示例运行结果如图 3-118 所示。

图 3-118

注：绑定的节点属性（如学年）所参照的字段必须建立数据元素。

(4) WDDOCONTEXTMENU

在相应的视图布局的 UI 元素上右击时可选择调用这个方法。在这个方法的源代码中，静态定义的 Context Menu 可以被实装，新的 Context Menu 也可以被定义。这些 Context Menu 可以分配给 View Hierarchy 中定义的任何一个 UI 元素，并允许扩展标准的右键菜单。

示例：通过 Context Menu 实现与按钮相一致的功能操作。

步骤 1：编辑 Context Menu。

在左侧的树形结构菜单上双击 V_MAIN 视图，选择 Layout 选项卡，右击右上角 Context Menu 的根节点 CONTEXT_MENUS，按照图 3-119 所示选项添加 Context Menu。

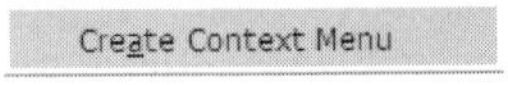

图 3-119

填入菜单 ID，单击图 3-120 所示的 ✓ 按钮，编辑 CT_MENU 菜单的属性 Title，如图 3-121 所示。

图 3-120

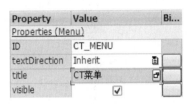

图 3-121

步骤 2：为 Context Menu 添加菜单项。

选择 CT_MENU 菜单，右击，按图 3-122 所示选项为菜单添加子项。弹出对话框，编辑信息如图 3-123 所示。

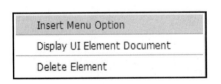

图 3-122

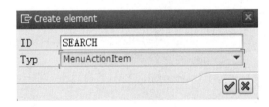

图 3-123

编辑事件属性如图 3-124 所示（使它与查询的功能相一致）。

注：在 Context Menu 中可添加以下类型的菜单项。

Menu、MenuActionItem、MenuCheckBox、MenuRadioButton、MenuSeparator。

按照以上步骤，添加菜单项 SEPARATOR 作为分割项及添加 EXIT 用于退出程序，编辑菜单如图 3-125 所示。

步骤 3：为菜单项 EXIT 编辑 Action 属性及 Description 属性，如图 3-126 所示。

设定菜单操作结果如图 3-127 所示。

图 3-124

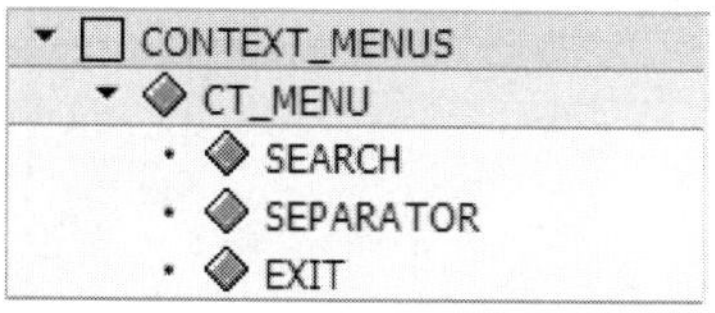

图 3-125 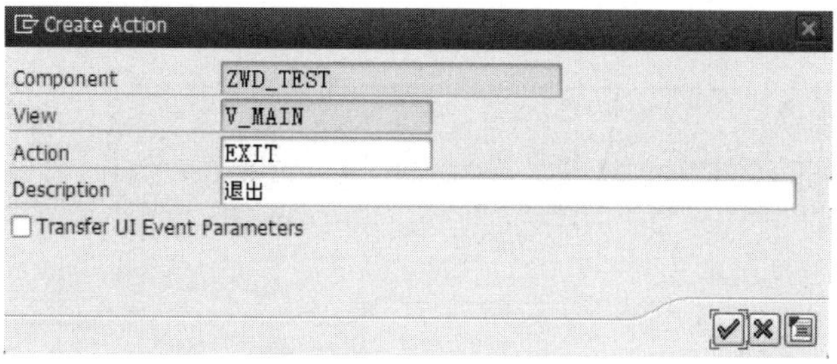　　　　　　　　　　　　　　　　图 3-126

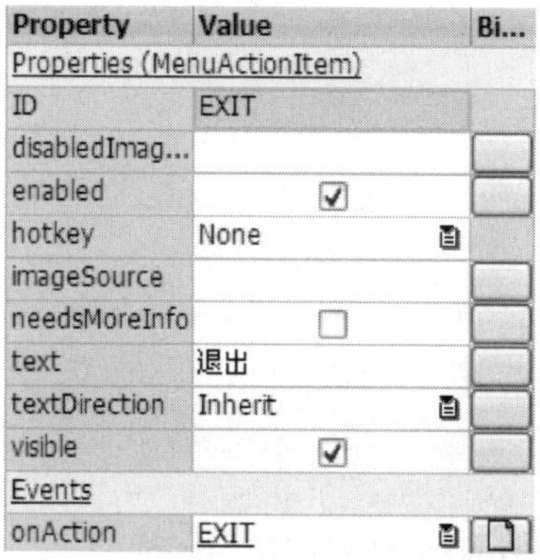

图 3-127

步骤 4：完成菜单项的 EXIT 功能。

在左侧的树形结构菜单上双击·W_TEST 窗体，选择窗体 Outbound Plugs 选项卡，在表格中添加 Plug 项目，如图 3-128 所示。

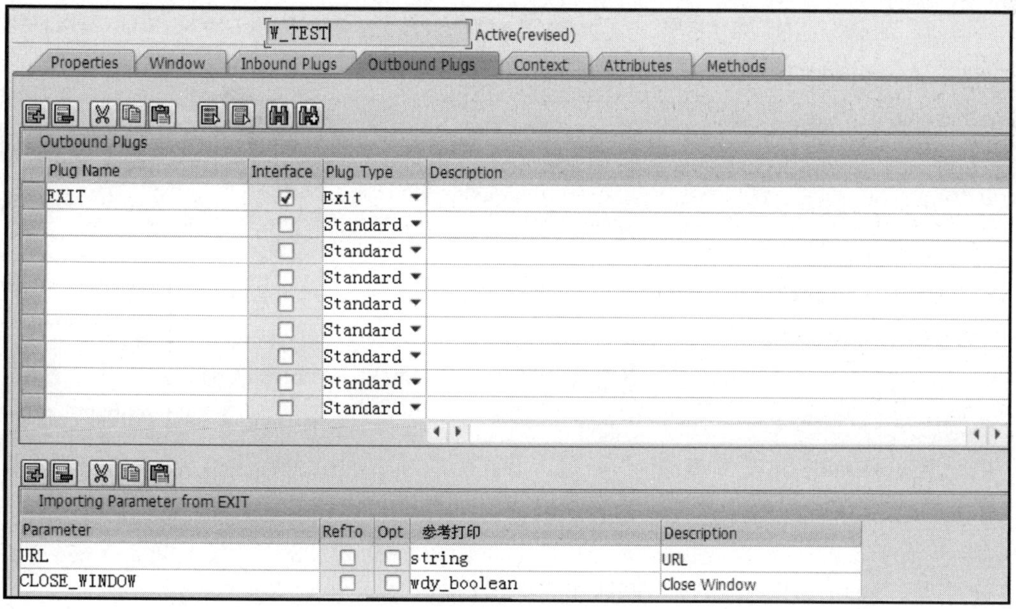

图 3-128

在 V_MAIN 视图加入 W_TEST 窗体组件，如图 3-129 所示。

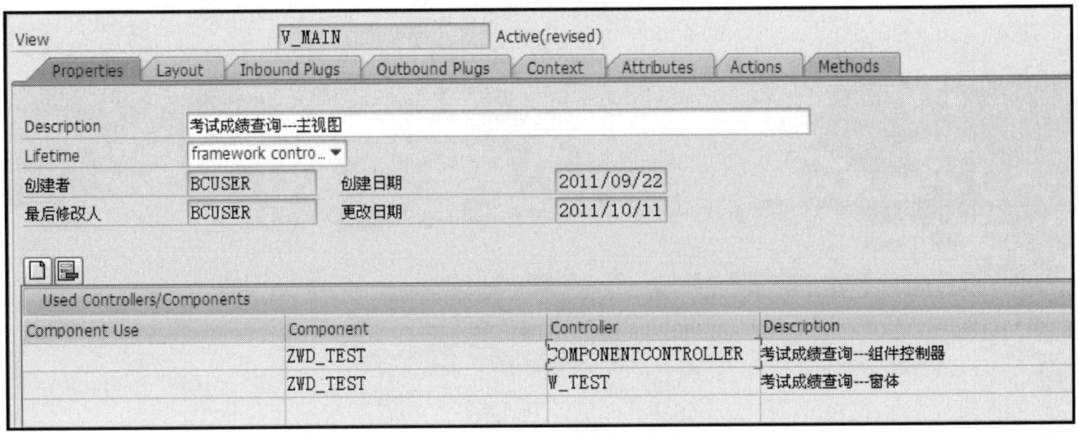

图 3-129

编辑属性 Action：Exit 所生成的方法。

```
METHOD ONACTIONEXIT.
    DATA LO_W_TEST TYPE REF TO IG_W_TEST.
    DATA LV_URL TYPE STRING.
    LO_W_TEST = WD_THIS->GET_W_TEST_CTR( ).
    LO_W_TEST->FIRE_EXIT_PLG(
        CLOSE_WINDOW =    ABAP_TRUE        "布尔型
        URL = LV_URL   ).                  "字符串
ENDMETHOD.
```

步骤 5：加载 CT_MENU 菜单，编辑 V_MAIN 视图的钩子方法 WDDOONCONTEXTMENU 如下所示。

```
method WDDOONCONTEXTMENU.
    MENU = CONTEXT_MENU_MANAGER->GET_CONTEXT_MENU( ID = 'CT_MENU' ).
endmethod.
```

示例运行结果如图 3-130 所示。

4. 对于窗体控制器还有以下标准的钩子函数

（1）WDDOONOPEN

WDDOONOPEN 一般在窗体（Window）作为弹出窗体时，在窗体弹出之前调用。

（2）WDDOONCLOSE

WDDOONCLOSE 一般在窗体作为弹出窗体时，在弹出窗体关闭之前调用。

这时两个方法中的源代码仅当窗体作为弹出窗体时才会被处理。

图 3-130

3.5.2 预定义本地控制器接口的方法

每个控制器在运行时会提供一些方法，可以用来开发应用程序。与其他的控制器方法的实现有所不同，程序员不能够改变其方法体。方法体的内容依赖于控制器的类型和实现状态。其中的部分方法描述如下。

1. WD_GET_API

这个方法包含所有的控制器类型，其所关联的控制器类型和返回值见表 3-7。

表 3-7

控制器类型	返 回 值
Ig_Componentcontroller	value(Result) type ref to IF_WD_COMPONENT
If_"View_Name"	value(Result) type ref to IF_WD_VIEW_CONTROLLER
Ig_"Window_Name"	value(Result) type ref to IF_WD_VIEW_CONTROLLER

2. GET_<MY_USED_CONTROLLER>_CTR

此方法是在本地控制器接口里自动产生的，用于同一组件里面的其他的控制器，它不依赖于到底是视图控制器还是自定义控制器。

GET_<MY_USED_CONTROLLER>_CTR 总是返回用到过的控制器的 Component-Global 接口的引用变量，意思是返回值是一个类型为 IG_<MY_USED_CONTROLLER>的引用变量。

示例：如果想在视图控制器中使用自定义控制器（自定义控制器中全局接口的方法），可以在 Properties 选项卡输入需要访问的自定义控制器，然后在本地接口的当前控制器中使用 GET_CUSTOMCONTROLLER_CTR。

步骤 1：在自定义控制器中定义方法。

在左侧的树形结构菜单上双击 CUSTOMCONTROLLER 节点，选择控制器 Context 选项卡，添加并编辑节点 NODE_STUDENT，如图 3-131 所示。

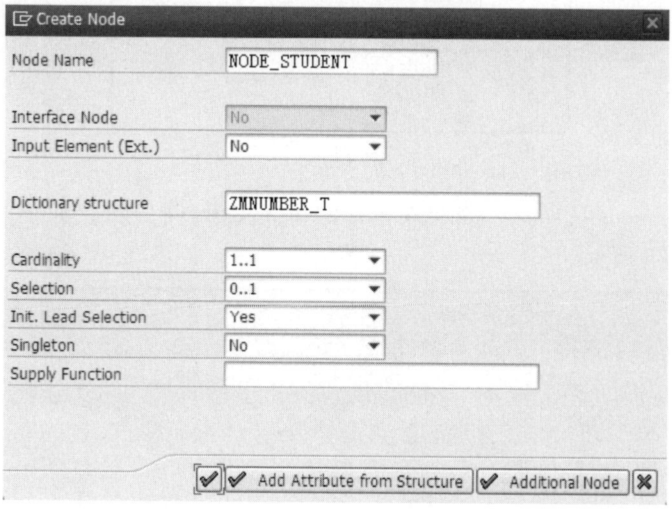

图 3-131

按〈Enter〉键或单击 Add Attribute from Structure 按钮，弹出对话框，选择相关信息，如图 3-132 所示。

图 3-132

单击 ✓ 按钮确认，编辑 Context 结果如图 3-133 所示。

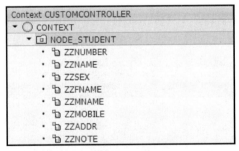

图 3-133

选择控制器 Methods 选项卡，添加并编辑 GET_STUDENT 方法，如图 3-134 所示，编辑方法体，如图 3-135 所示。

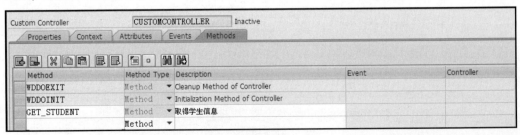

图 3-134

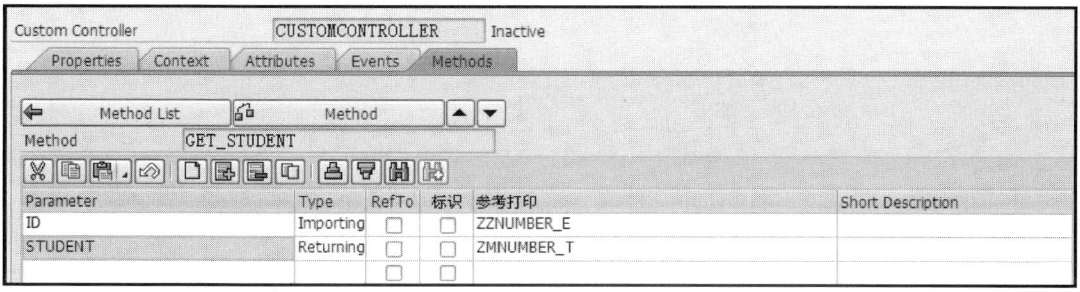

图 3-135

功能实现方法如下所示。

```
METHOD GET_STUDENT.
  DATA LO_ND_NODE_STUDENT TYPE REF TO IF_WD_CONTEXT_NODE.
  DATA LO_EL_NODE_STUDENT TYPE REF TO IF_WD_CONTEXT_ELEMENT.
  DATA LS_NODE_STUDENT TYPE WD_THIS->ELEMENT_NODE_STUDENT.
* 通过头选择取得节点 NODE_STUDENT
  LO_ND_NODE_STUDENT = WD_CONTEXT->GET_CHILD_NODE( NAME = WD_THIS->
  WDCTX_NODE_STUDENT ).

  SELECT SINGLE * FROM ZMNUMBER_T INTO STUDENT
         WHERE ZZNUMBER = ID.

* 通过头选择取得节点对应元素
  LO_EL_NODE_STUDENT = LO_ND_NODE_STUDENT->GET_ELEMENT( ).

* 如果节点元素为空
  IF LO_EL_NODE_STUDENT IS INITIAL.
  ENDIF.

* 结构体赋值
* ls_node_student = xxx->get_yyy( ).
  LS_NODE_STUDENT = STUDENT.
* 将结构体赋值到节点元素
  LO_EL_NODE_STUDENT->SET_STATIC_ATTRIBUTES(
    STATIC_ATTRIBUTES = LS_NODE_STUDENT ).
ENDMETHOD.
```

步骤 2：在视图中使用方法。

创建 V_STUDENT 视图，并跳转到 Properties 选项卡，如图 3-136 所示：

单击 按钮，弹出的对话框如图 3-137 所示，选择自定义控制器，单击 按钮将自定义控制器添加到视图中。

跳转到 Context 选项卡，编辑并映射自定义控制器中的节点，如图 3-138 所示。

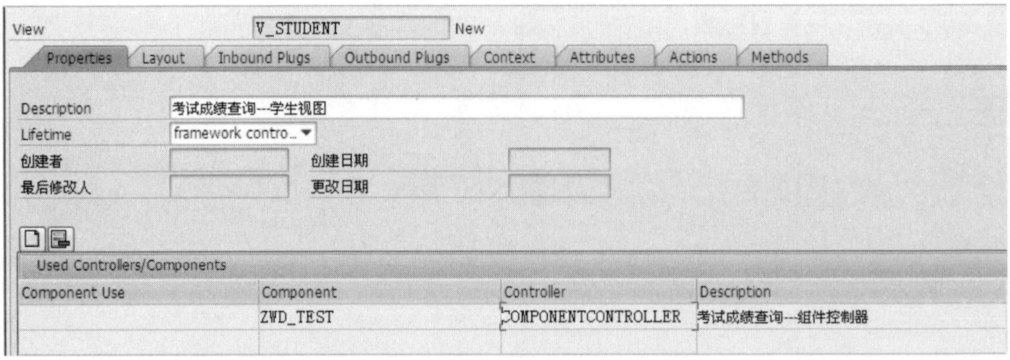

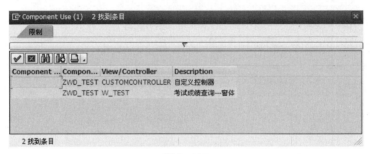

图 3-136

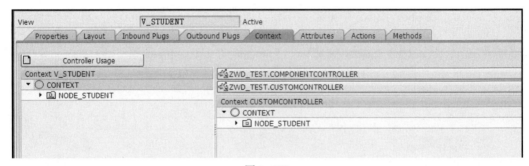

图 3-137

图 3-138

跳转到 Methods 选项卡，编辑 WDDOINIT 方法如下所示。

```
METHOD WDDOINIT.
* 取得自定义控制器和组件控制器
  DATA LO_CUSTOMCONTROLLER TYPE REF TO IG_CUSTOMCONTROLLER.
  DATA LO_COMPONENTCONTROLLER TYPE REF TO IG_COMPONENTCONTROLLER.
  LO_COMPONENTCONTROLLER = WD_THIS->GET_COMPONENTCONTROLLER_CTR( ).

  DATA LO_API_COMPONENTCONTROLLER TYPE REF TO IF_WD_CONTROLLER.
  LO_API_COMPONENTCONTROLLER ? = LO_COMPONENTCONTROLLER->WD_GET_API( ).
* 取得节点 NODE_SELECT
  DATA LO_API_CONTEXT TYPE REF TO IF_WD_CONTEXT.
  LO_API_CONTEXT = LO_API_COMPONENTCONTROLLER->GET_CONTEXT( ).
```

```abap
    DATA LO_ND_NODE_SELECT TYPE REF TO IF_WD_CONTEXT_NODE.
    LO_ND_NODE_SELECT = LO_API_CONTEXT->ROOT_NODE->GET_CHILD_NODE( NAME = 'NODE_SELECT').
* 取得节点属性的值
    DATA LO_EL_NODE_SELECT TYPE REF TO IF_WD_CONTEXT_ELEMENT.
    DATA LV_ZZSTDNO TYPE ZZNUMBER_E.

* 取得当前节点元素
    LO_EL_NODE_SELECT = LO_ND_NODE_SELECT->GET_ELEMENT( ).

* 取得学号节点的值
    LO_EL_NODE_SELECT->GET_ATTRIBUTE(
      EXPORTING
        NAME = ' ZZSTDNO'
      IMPORTING
        VALUE = LV_ZZSTDNO).

* 调用自定义控制器中的方法
    LO_CUSTOMCONTROLLER = WD_THIS->GET_CUSTOMCONTROLLER_CTR( ).

    DATA LV_STUDENT TYPE ZMNUMBER_T.
    LV_STUDENT = LO_CUSTOMCONTROLLER->GET_STUDENT(
      ID =    LV_ZZSTDNO          " 学号
    ).
  ENDMETHOD.
```

步骤3：编辑视图布局（Layout）。

跳转到 Layout 选项卡，编辑 Group 类 UI 元素，并编辑表格如图 3-139 所示。

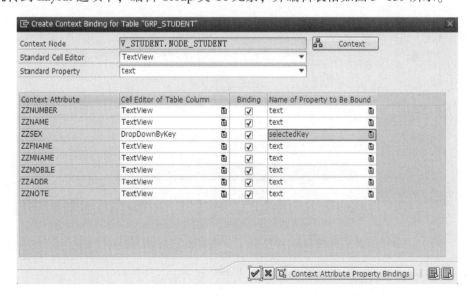

图 3-139

单击☑按钮确认，视图布局编辑结果如图 3-140 所示。

步骤 4：创建窗体。

在左侧的树形结构菜单  节点上右击，按照图 3-141 所示选项创建新窗体。

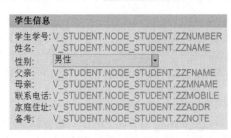

图 3-140　　　　　　　　　　图 3-141

弹出对话框，编辑信息如图 3-142 所示。

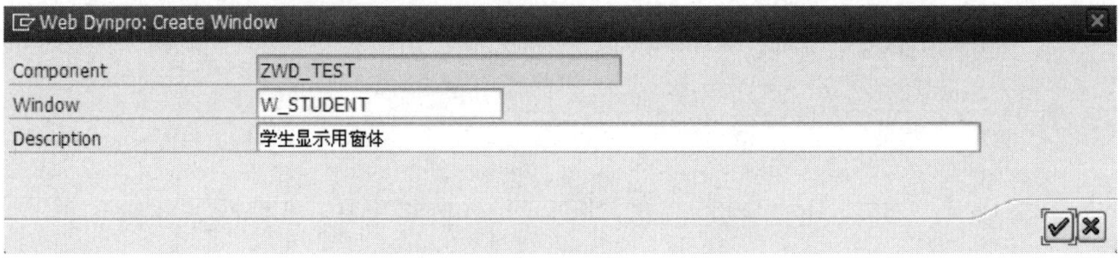

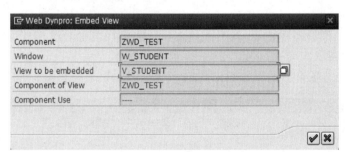

图 3-142

绑定 V_STUDENT 视图到新窗体，如图 3-143 所示。

图 3-143

步骤 5：创建弹出窗体的动作。

选择 V_DETAIL 视图，创建 UI 元素如图 3-144 所示。

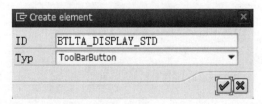

图 3-144

为 UI 元素编辑动作如图 3-145 所示。

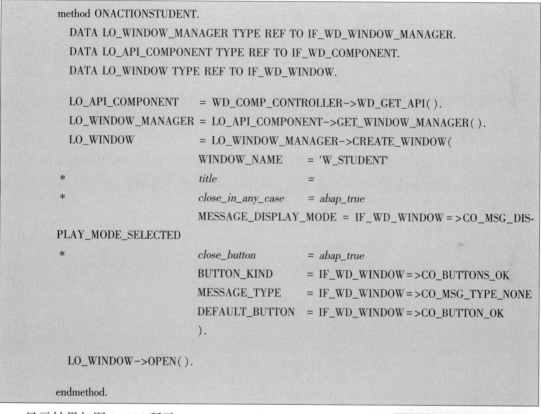

图 3-145

为动作编辑处理方法如下所示。

```
method ONACTIONSTUDENT.
    DATA LO_WINDOW_MANAGER TYPE REF TO IF_WD_WINDOW_MANAGER.
    DATA LO_API_COMPONENT TYPE REF TO IF_WD_COMPONENT.
    DATA LO_WINDOW TYPE REF TO IF_WD_WINDOW.

    LO_API_COMPONENT     = WD_COMP_CONTROLLER->WD_GET_API( ).
    LO_WINDOW_MANAGER    = LO_API_COMPONENT->GET_WINDOW_MANAGER( ).
    LO_WINDOW            = LO_WINDOW_MANAGER->CREATE_WINDOW(
                           WINDOW_NAME         = 'W_STUDENT'
*                          title               =
*                          close_in_any_case   = abap_true
                           MESSAGE_DISPLAY_MODE = IF_WD_WINDOW=>CO_MSG_DIS-
PLAY_MODE_SELECTED
*                          close_button        = abap_true
                           BUTTON_KIND         = IF_WD_WINDOW=>CO_BUTTONS_OK
                           MESSAGE_TYPE        = IF_WD_WINDOW=>CO_MSG_TYPE_NONE
                           DEFAULT_BUTTON      = IF_WD_WINDOW=>CO_BUTTON_OK
                           ).

    LO_WINDOW->OPEN( ).

endmethod.
```

显示结果如图 3-146 所示。

不同接口类型的控制器的可见性在不同的 Web Dynpro 组件接口中是不一样的。在视图控制器中，相应的控制器接口方法的创建也是值得注意的，当创建新的视图时，该方法自动生成，类型为 IG_COMPONENT CONTROLLER 的引用变量也是自动创建出来的，即 WD_COMP_CONTROLLER 变量。

这个变量是所有的视图控制器所共有的，是在视图控制器 Attributes 选项卡中的，对应于组件控制器的所有 Component-Global 接口的方法都是可用的。

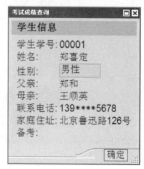

图 3-146

3. WD_CPUSE_<MY_COMPONENT_USAGE>和 WD_CPIFC_<MY_USED_COMPONENT>

这两个方法对于在一个组件中使用另一个组件时特别重要。当用到组件的接口控制器时或者使用组件时，这两种方法被自动创建，更多信息参考第 4 章的有关跨组件应用方面的内容。

4. FIRE_<MY_PLUG>_PLG

此方法只包含在视图控制器和窗体控制器中，当外部的插件在对应的控制器里面有创建时使用。这个方法的作用是调用外部插件的视图或者启动窗体。

示例：

```
METHOD my_ CONTROLLER_method.
Wd_this->fire_my_outbound_plg( ).
ENDMETHOD.
```

5. FIRE_<MY_EVENT>_EVT

这个方法允许组件控制器或者自定义控制器里面定义的事件被触发。

3.5.3 事件和事件处理程序

程序员可以为组件控制器定义一个事件让多个控制器进行交流。通过预定义的 FIRE_<MY_EVENT>_EVT 方法可以触发这些事件。运行时，一旦事件被触发，在另一个控制器的相应的事件处理程序将会被自动调用。

组件控制器事件的使用必须转入到当前的控制器去处理组件控制器的事件（如：组件控制器的使用会在视图控制器自动创建）。

示例：图 3-147 展示了组件控制器的方法在视图中触发了 MY_EVENT 事件。

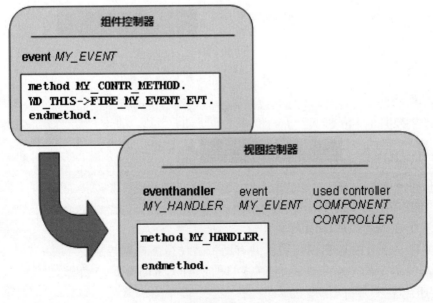

图 3-147

视图控制器中的 MY_HANDLER 事件处理程序对应于 MY_EVENT 事件。因为组件控制器的事件配置了视图控制器中的事件处理程序方法。事件与方法的关联通过视图控制器的 Method 选项卡配置。

1. 跨组件事件（Cross-Component Events）

可以使用组件控制器中的一个或者多个事件作为交叉事件。在组件控制器中选择 Events 选项卡里面的 Interface 复选框，则对应的事件将会传输到组件接口，并且可以通过其他组件的事件处理程序方法访问到该事件。

2. 事件的参数（Parameter of Events）

事件有传输参数。可以通过组件控制器的 Events 选项卡输入这些参数，并且指定类型。当在使用的控制器创建了事件处理程序方法，并且把组件控制器的事件映射给它，则相应的参数自动地加载到处理事件程序方法的参数上。

示例：组件控制器中 Events 选项卡事件定义，如图 3-148 所示。

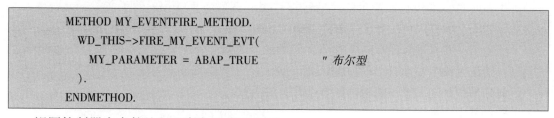

图 3-148

组件控制器中 Events 选项卡中方法定义，如图 3-149 所示。

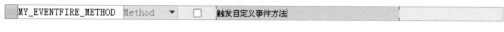

图 3-149

触发事件实现方法如下。

```
METHOD MY_EVENTFIRE_METHOD.
  WD_THIS->FIRE_MY_EVENT_EVT(
    MY_PARAMETER = ABAP_TRUE        " 布尔型
  ).
ENDMETHOD.
```

视图控制器中事件处理程序方法定义如下。

事件处理程序方法在视图控制器中创建，并且赋值给 MY_EVENT 事件，事件处理器中的参数对应于 MY_PARAMETER，如图 3-150 所示。

图 3-150

还可再依据需求实现对应的方法，如图 3-151 所示。

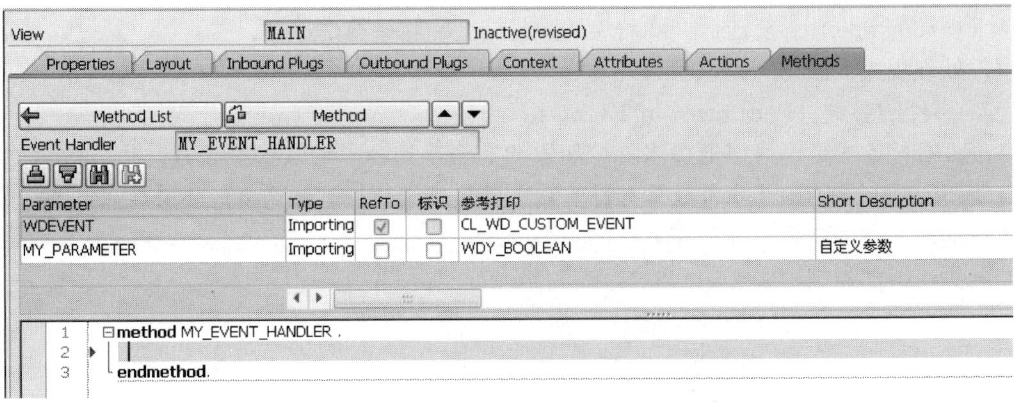

图 3-151

注：使用事件对象传递参数。

在程序运行时，CL_WD_CUSTOM_EVENT 类型的参数 WDEVENT 自动感知每个事件处理程序方法。类接口 CL_WD_CUSTOM_EVENT 包含类型为 WD_EVENT_PARAMETER 的属性 PARAMETERS 和几种读取此参数的方法。

不用自动地添加事件处理参数给事件处理方法，也不用静态地给一个事件指定参数，但可以通过事件对象动态地指定参数。意思是如果在设计的时候参数没有被静态地指定，可以通过事件处理方法的事件对象读取到。

3.5.4 供给函数

每个控制器的 Context 节点都能够赋给一个供给函数（Supply Function）以供赋值。当 Context 节点的数据被使用时，供给函数会在运行时被调用。这就是当一个 UI 元素加载对应的数据第一次显示时的情况。通常当一个或者多个 Context 节点的元素被访问时调用供给函数。

1）Context 节点没有赋值或者处于初始状态。

2）在以前的步骤中 Context 元素被验证过。

对于单独节点的组合来说供给函数特别有用。类型为 Singleton 的子节点元素的值取决于父节点元素。如果用户改变了当前的选择（Lead Selection），供给函数能够访问新选择的节点下的元素，并且重新计算对应的子节点元素上的值。关于单独节点和多个 Context 节点的信息，请读者参考 Context 节点说明信息。

下面的示例阐述了怎样使用单独节点的供给函数。

示例：基于元素细节显示。

首先创建所在视图的 Context 节点，Context 节点类型为 Singleton，节点有 Init. Lead Selection 属性，如图 3-152 所示。

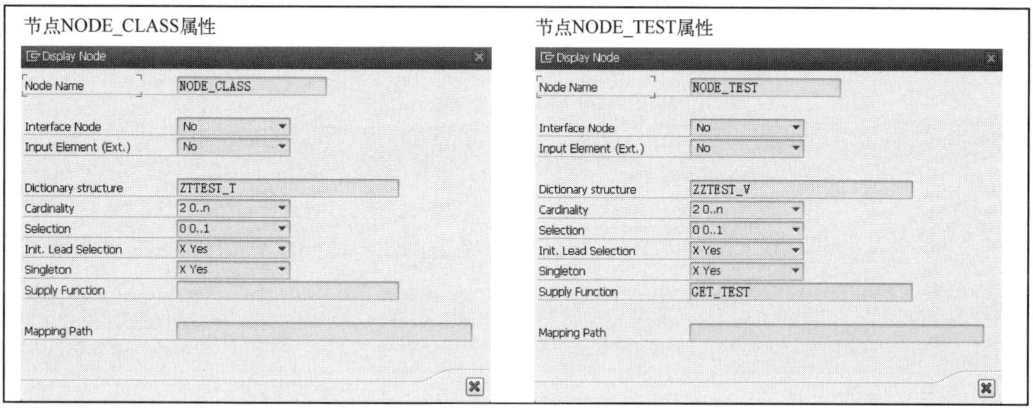

节点NODE_CLASS属性　　　　　　　节点NODE_TEST属性

图 3-152

运行结果如图 3-153 所示。

图 3-153

所有可用的班级信息列表显示在一个表控件中，叫作班级列表（TBL_CLASS），如图 3-154 所示。

UI 元素的表控件绑定到 Context 节点，这个节点将在视图控制器的 WDDOINIT 方法中被初始化，具体代码如下所示。

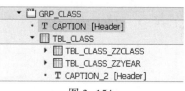

图 3-154

```
METHOD WDDOINIT.

    DATA LO_ND_NODE_CLASS TYPE REF TO IF_WD_CONTEXT_NODE.
    DATA LS_NODE_CLASS TYPE WD_THIS->ELEMENT_NODE_CLASS.
    DATA LT_NODE_CLASS TYPE WD_THIS->ELEMENTS_NODE_CLASS.

    SELECT DISTINCT ZZCLASS ZZYEAR
    into CORRESPONDING FIELDS OF TABLE LT_NODE_CLASS
    FROM ZZTEST_V
    .
*   navigate from <CONTEXT> to <NODE_CLASS> via lead selection
    LO_ND_NODE_CLASS = WD_CONTEXT->GET_CHILD_NODE( NAME = WD_THIS->WDCTX_NODE_CLASS ).
*   @TODO handle non existant child
```

```
*    IF lo_nd_node_class IS INITIAL.
*    ENDIF.

*    * @TODO compute values
*    * e. g. call a model function
*
     LO_ND_NODE_CLASS->BIND_TABLE( NEW_ITEMS = LT_NODE_CLASS SET_INITIAL_EL-
EMENTS = ABAP_FALSE ).

ENDMETHOD.
```

UI 元素表控件的 Context 绑定和 UI 元素布局编辑结果如图 3-155 所示。

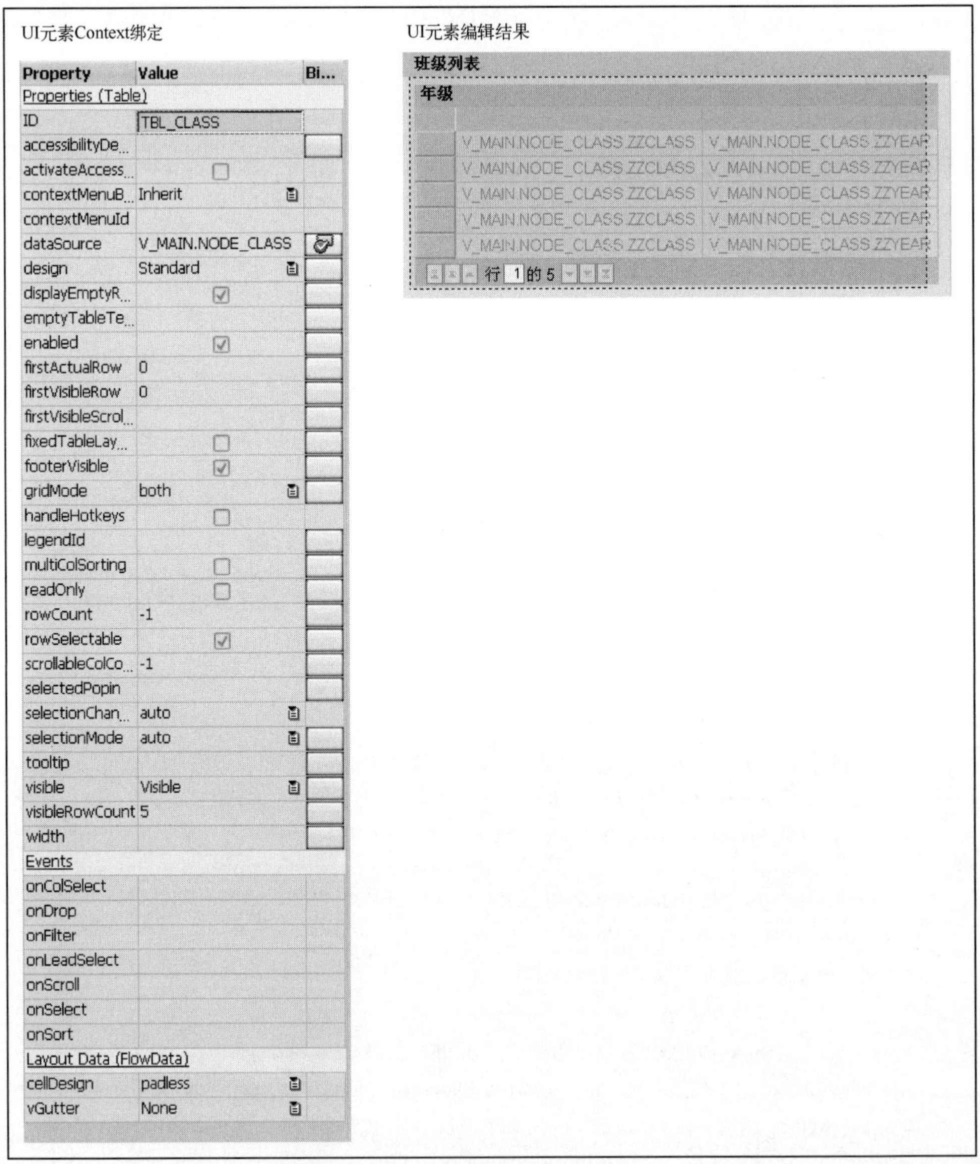

图 3-155

WDDOINIT 方法在应用程序第一次执行时调用，表控件 TBL_CLASS 元素的数据第一次显示在屏幕上时，对于用户是可见的。运行结果如图 3-156 所示。

通过第一个表控件中选定的班级信息，第二个表控件显示指定的班级信息的所有人员的成绩。用户可以在第一个表中选择任何行，然后对应的细节信息显示在第二个表中。第二个表必须根据对应的班级信息填充数据并绑定到了 Context 节点的 NODE_TEST 上。UI 元素 Context 绑定，如图 3-157 所示。

图 3-156   图 3-157

UI 元素编辑结果如图 3-158 所示。

成绩信息			
成绩			
学生番号	姓名	语文成绩	数学成绩
V_MAIN.NODE_CLASS.NODE_TEST.ZZSTDNO	V_MAIN.NODE_CLASS.NODE_TEST.ZZNAME	V_MAIN.NODE_CLASS.NODE_TEST.ZZTENKOK	V_MAIN.NODE_CLASS.NODE_TEST.ZZTENSAN
V_MAIN.NODE_CLASS.NODE_TEST.ZZSTDNO	V_MAIN.NODE_CLASS.NODE_TEST.ZZNAME	V_MAIN.NODE_CLASS.NODE_TEST.ZZTENKOK	V_MAIN.NODE_CLASS.NODE_TEST.ZZTENSAN
V_MAIN.NODE_CLASS.NODE_TEST.ZZSTDNO	V_MAIN.NODE_CLASS.NODE_TEST.ZZNAME	V_MAIN.NODE_CLASS.NODE_TEST.ZZTENKOK	V_MAIN.NODE_CLASS.NODE_TEST.ZZTENSAN
V_MAIN.NODE_CLASS.NODE_TEST.ZZSTDNO	V_MAIN.NODE_CLASS.NODE_TEST.ZZNAME	V_MAIN.NODE_CLASS.NODE_TEST.ZZTENKOK	V_MAIN.NODE_CLASS.NODE_TEST.ZZTENSAN

图 3-158

通过供给函数 GET_TEST 从数据库视图 ZZTEST_V 中得到数据。供给函数 GET_TEST 编辑如下。

```
METHOD GET_TEST.
* General Notes
* =============
* A common scenario for a supply method is to acquire key
* informations from the parameter <parent_element> and then
* to invoke a data provider.
* A free navigation thru the context, especially to nodes on
* the same or deeper hierachical level is strongly discouraged,
* because such a strategy may easily lead to unresolvable
* situations!!

* if necessary, get static attributes of parent element
  DATA LS_PARENT_ATTRIBUTES TYPE WD_THIS->ELEMENT_NODE_CLASS.
  PARENT_ELEMENT->GET_STATIC_ATTRIBUTES(
    IMPORTING
      STATIC_ATTRIBUTES = LS_PARENT_ATTRIBUTES ).
*
** data declaration
  DATA LT_NODE_TEST TYPE WD_THIS->ELEMENTS_NODE_TEST.
  DATA LS_NODE_TEST LIKE LINE OF LT_NODE_TEST.
* @TODO compute values
* e.g. call a data providing FuBa
  SELECT ZZSTDNO ZZTENKOK ZZTENSAN ZZTENRIK ZZTENSHA zzname
    INTO CORRESPONDING FIELDS OF TABLE LT_NODE_TEST
    FROM ZZTEST_V
      WHERE ZZCLASS = LS_PARENT_ATTRIBUTES-ZZCLASS
      AND   ZZYEAR  = LS_PARENT_ATTRIBUTES-ZZYEAR
      .
* bind all the elements
  NODE->BIND_TABLE(
```

```
            NEW_ITEMS = LT_NODE_TEST
            SET_INITIAL_ELEMENTS = ABAP_TRUE).

    ENDMETHOD.
```

上述代码变量声明及作用如下。

1）声明类型为 LT_NODE_TEST 的内部变量和 PARENT_ELEMENT 父节点的 Context 元素变量。

2）PARENT_ELEMENT 父节点中被选择元素的参数值传输到 LS_PARENT_ATTRIBUTES 内部变量。

注：关于传输供给函数用到参考类型为 IF_WD_CONTEXT_ELEMENT 的参数 PARENT_ELEMENT 是当前节点的父节点中被选择元素的一个引用，参数自动显示在供给函数的参数列表中，如图 3-159 所示。

图 3-159

3）此例子中，SELECT 语句用来从数据库中把数据导入到内表中，如对应的成绩信息。

4）最后，内表数据绑定到当前的 Context 节点，在屏幕中的表控件显示对应的值。

当用户在 TBL_CLASS 表中选择其他的表元素时，参数 PARENT_ELEMENT 的值会相应改变，Context 节点 NODE_TEST 的供给函数被调用，属性值根据选择的行重新赋值。

通过读取选择的班级信息，所有对应的考试信息显示如图 3-160 所示。

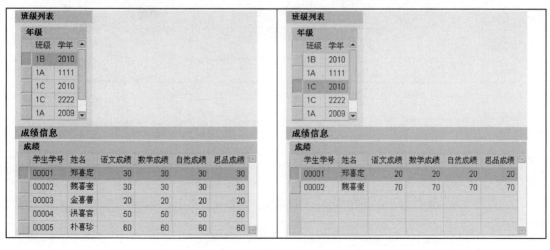

图 3-160

注：供给函数注意事项如下。

（1）供给函数只能访问的内容数据包括

1）包含在对应的当前父节点

2）包含在另外的节点，这个节点是相对于已经通过供给函数填充数据节点的更高层次的节点。

（2）尽量避免供给函数引起的异常，因为供给函数调用频繁时，这些异常不能全部处理。

（3）供给函数单独在运行时调用，所以不能决定具体的调用时间。

如果相应的 Context 节点内容被验证，供给函数也会被调用。由于性能的原因，这需要做单独的检查。从技术角度看，每个节点均可以通过供给函数填充。但是尽管如此，却很少这样用。取代供给函数的一般为钩子方法 WDDOINIT 和控制器的事件处理。对于不同情况，会在不同的事件调用，所以调用的机制需要考虑决定哪种方式可以使用。

供应函数映射的 Context 节点。供应函数一般用来处理没有被映射的 Context 节点，例如，如果视图控制器的 Context 节点已经映射到组件控制器 Context 节点时，只有组件控制器的 Context 节点被调用。视图控制器的 Context 节点即使包含有效的源文本也不会被执行，因为其 Context 节点不是原来的节点。

3.5.5 自定义方法

程序员可以为每个控制器创建和实现自己的方法，这些方法的典型用途是读取和处理数据。这些方法可以被控制器中的其他的方法调用。

示例：用方法 GET_TEST 来获取考试信息，如图 3-161 所示。

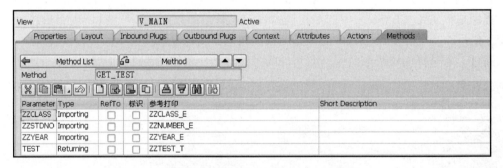

图 3-161

编码如下。

```
method GET_TEST .
   SELECT        * FROM  ZZTEST_V
            INTO   CORRESPONDING FIELDS OF TABLE TEST
            WHERE   ZZCLASS  = ZZCLASS
            AND     ZZYEAR   = ZZYEAR
            AND     ZZSTDNO  = ZZSTDNO .
endmethod.
```

在查询数据时函数编辑如下。

```
method ONACTIONSEARCH .
    DATA LO_ND_NODE_TEST TYPE REF TO IF_WD_CONTEXT_NODE.

    DATA LO_EL_NODE_TEST TYPE REF TO IF_WD_CONTEXT_ELEMENT.
    DATA LS_NODE_TEST TYPE WD_THIS->ELEMENT_NODE_TEST.
* navigate from <CONTEXT> to <NODE_TEST> via lead selection

    LO_ND_NODE_TEST = WD_CONTEXT->GET_CHILD_NODE( NAME = WD_THIS->WDCTX_NOde_test ).

* @TODO handle non existant child
* IF lo_nd_node_test IS INITIAL.
* ENDIF.

* get element via lead selection
    LO_EL_NODE_TEST = LO_ND_NODE_TEST->GET_ELEMENT( ).
* @TODO handle not set lead selection
    IF LO_EL_NODE_TEST IS INITIAL.
    ENDIF.

* get all declared attributes
    LO_EL_NODE_TEST->GET_STATIC_ATTRIBUTES(
        IMPORTING
            STATIC_ATTRIBUTES = LS_NODE_TEST ).

* @TODO fill static attributes
    LS_NODE_TEST = WD_THIS->GET_TEST(
    ZZCLASS  =   LS_NODE_TEST-ZZCLASS              "班级
    ZZSTDNO  =   LS_NODE_TEST-ZZSTDNO              "学号
    ZZYEAR   =   LS_NODE_TEST-ZZYEAR               "学年
    ).

* set all declared attributes
    LO_EL_NODE_TEST->SET_STATIC_ATTRIBUTES(
        STATIC_ATTRIBUTES = LS_NODE_TEST ).

endmethod.
```

首先取得 Context 节点的输入值，将其存放于变量 LS_NODE_TEST 中。引用变量 WD_THIS 用来调用控制器自定义的方法 GET_TEST，并把返回值传给内部变量 LS_NODE_TEST。最后一步绑定变量 LS_NODE_TEST 的 Context 节点。

应用程序开发中的自定义方法，类似事件的处理程序，参数可以强制或可选（通过多选框 标识 设定）。

Web Dynpro For ABAP 的参数不支持 ABAP 中 IS_SUPPLIED 的命令。

在组件控制器创建和定义的公用方法能够加载到组件接口。在组件控制器的 Methods 选项卡中选择 Interface 复选框，如图 3-162 所示，被选择的方法将成为组件接口控制器的一部分，对于其他组件的控制器也是有效的。

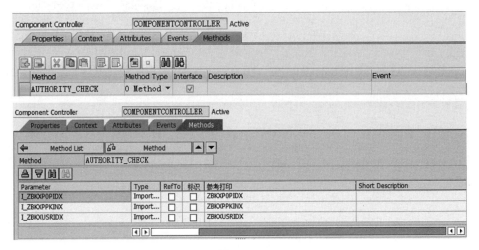

图 3-162

3.5.6 跨控制器方法调用

Web Dynpro 架构允许开发控制器以外的源代码。前文的动作事件处理程序的例子可以解释这个过程。

示例：在 Context 映射中，在跨组件的组件控制器中的视图控制器中，Context 节点（V_MAIN 视图的 NODE_TEST 节点）可以映射到已经创建好的组件（ZWD_TEST_FREEFUNCTION 组件）中，如图 3-163 所示。

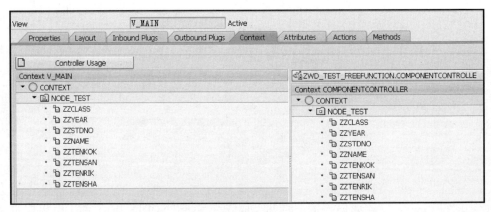

图 3-163

现在，动作的事件处理方法 GET_NAME 定义在组件控制器（ZWD_TEST_FREEFUNCTION）中，如图 3-164 所示。

Component Controller	COMPONENTCONTROLLER	Inactive		
Properties	Context	Attributes	Events	Methods

Method	Method Type	Interface	Description	Event
WDDOAPPLICATIONSTAT...	0 Method ▼	☐		
WDDOBEFORENAVIGATION	0 Method ▼	☐	Error Handling Before Navigation Through Applicati...	
WDDOEXIT	0 Method ▼	☐	Cleanup Method of Controller	
WDDOINIT	0 Method ▼	☐	Initialization Method of Controller	
WDDOPOSTPROCESSING	0 Method ▼	☐	Handling During the Context Validation of Errors O...	
GET_NAME	0 Method ▼	☐	取得学生名	
	0 Method ▼	☐		

图 3-164

（1）组件控制器的方法

```
METHOD GET_NAME .
  DATA LO_ND_NODE_TEST TYPE REF TO IF_WD_CONTEXT_NODE.

  DATA LO_EL_NODE_TEST TYPE REF TO IF_WD_CONTEXT_ELEMENT.
  DATA LS_NODE_TEST TYPE WD_THIS->ELEMENT_NODE_TEST.
  DATA LV_ZZSTDNO TYPE WD_THIS->ELEMENT_NODE_TEST-ZZSTDNO.
  DATA LV_ZZNAME   TYPE WD_THIS->ELEMENT_NODE_TEST-ZZNAME.
* 取得当前节点
  LO_ND_NODE_TEST = WD_CONTEXT->GET_CHILD_NODE( NAME = WD_THIS->WDCTX_NODE_TEST ).

* 节点是否为空
* IF lo_nd_node_test IS INITIAL.
* ENDIF.
* 取得当前节点元素
  LO_EL_NODE_TEST = LO_ND_NODE_TEST->GET_ELEMENT( ).
* 判断元素是否为空
  IF LO_EL_NODE_TEST IS INITIAL.
  ENDIF.
* 取得节点属性值
  LO_EL_NODE_TEST->GET_ATTRIBUTE(
    EXPORTING
      NAME =  'ZZSTDNO'
    IMPORTING
      VALUE = LV_ZZSTDNO ).
* 取得学生姓名
  SELECT SINGLE ZZNAME   FROM    ZMNUMBER_T
      INTO LV_ZZNAME
        WHERE  ZZNUMBER  = LV_ZZSTDNO.
```

```
* 将学生姓名赋值到属性值
  LO_EL_NODE_TEST->SET_ATTRIBUTE(
    NAME  = 'ZZNAME'
    VALUE = LV_ZZNAME ).
ENDMETHOD.
```

与前文例子相比,方法的内容相似,但是调用的方式改变了,WD_CONTEXT 属性是本地 Context 节点的引用,不再是视图的 Context,而是组件控制器的 Context 节点。

(2) 视图控制器事件处理方法中的组件控制器方法的调用

在动作的处理方法中,GET_NAME 方法将被调用。

```
METHOD ONACTIONCHECK .
  WD_COMP_CONTROLLER->GET_NAME(
  ).
ENDMETHOD.
```

或者:

```
METHOD ONACTIONCHECK .
  DATA LO_COMPONENTCONTROLLER TYPE REF TO IG_COMPONENTCONTROLLER .
  LO_COMPONENTCONTROLLER =  WD_THIS->GET_COMPONENTCONTROLLER_CTR( ).
  LO_COMPONENTCONTROLLER->GET_NAME(
  ).
ENDMETHOD.
```

WD_COMP_CONTROLLER 的属性是参考类型为 IG_COMPONENT_CONTROLLER 的引用变量,所以引用了对应的组件控制器,会自动被组件中的每个视图控制器共有,如图 3-165 所示,WD_COMP_CONTROLLER 被 V_MAIN 视图所共有。

图 3-165

3.5.7 Web Dynpro 运行时 API

程序员可以使用 Web Dynpro 的 API 来进行控制器编程。API 可以通过多种方法访问,关于架构的类和接口的详细清单以及其方法请参考相关资料。

对于不同的编程,运行时接口提供了多种方法。

1) 通过访问窗体管理器 API (IF_WD_WINDOW_MANAGER) 来根据存在的 Web Dynpro 窗体创建弹出窗体。

2)通过 API(IF_WD_PORTAL_INTERGRATION)可以访问 Portal 集成。

3)Context 节点处理。

4)创建 Messages 信息。

通过动态编程,有更多方面的应用,如下所示。

1)动态操作布局。

2)动态浏览控件。

不同类型的控制器的动态运行时 API 已经在 WD_THIS 引用变量中提到过。依赖于控制器的类型,本地控制器接口的 WD_GET_API 方法的返回值是接口的引用变量,如下所示。

1)IF_WD_VIEW_CONTROLLER(应用于所有的视图控制器)。

2)IF_WD_COMPONENT(应用于所有的组件控制器)。

3)IF_WD_CONTROLLER(应用于所有的接口控制器或者实例化的控制器)。

示例:访问本地控制器的运行时 API 的代码,此处的本地控制器指的是视图控制器。

```
METHOD MY_VIEW_CONTROLLER_METHOD.
  DATA:L_RUNTIMEAPI   TYPE REF TO IF_WD_VIEW_CONTROLLER.
  L_RUNTIMEAPI = WD_THIS->WD_GET_API( ).
END METHOD.
```

上述示例的方法中,可以通过 L_RUNTIMEAPI 属性使用运行时 API(IF_WD_VIEW_CONTROLLER)的方法。

示例:访问正在使用的控制器的运行时 API。

```
METHOD MY_CONTROLLER_METHOD.
  DATA:L_COMP_INTF   TYPE REF TO IG_COMPONENTCONTROLLER,
       L_RUNTIMEAPI   TYPE REF TO IF_WD_COMPONENT.
  L_COMP_INTF = WD_THIS->GET_COMPONENTCONTROLLER_CTR( ).
  L_RUNTIMEAPI = L_COMP_INTF->WD_GET_API( ).
ENDMETHOD.
```

上例中,部件控制器的 Component-global 接口的引用变量被创建。部件控制器的运行时 API 的引用变量通过 WD_GET_API 方法也被创建起来。

示例:由于类型 IG_COMPONENTCONTROLLER 的 WD_COMP_CONTROLLER 属性已经在开发环境中由每个视图控制器创建起来,所以访问部件控制器的运行时的 API 的代码就相对少多了,如下所示。

```
METHOD MY_VIEW_CONTROLLER_METHOD.
  DATA:L_RUNTIMEAPI   TYPE REF TO IF_WD_COMPONENT.
  L_RUNTIMEAPI = WD_COMP_CONTROLLER->WD_GET_API( ).
ENDMETHOD.
```

所有的其他运行时 Web Dynpro API 可以通过不同的方式进行访问,其中两个例子如下所示。

1)API(IF_WD_VIEW)能够通过本地视图控制器接口的 WDDOMODIFYVIEW 方法的

视图属性进行独立的访问。

2) API（IF_WD_CONTEXT_NODE 和 IF_WD_CONTEXT_NODE_INFO）可以通过 IF_WD_CONTEXT 类型的 WD_CONTEXT 属性进行访问，需要对属性设置固定值。

3.5.8 为 Context 赋值

在 Web Dynpro for ABAP 的编程中，Context 节点元素的值有着举足轻重的地位，所以，不管是给 Context 节点赋值还是改变其中的值，必须考虑周全。可以根据以下的方法来决定什么时间赋值或者更新 Context 节点。

（1）WDDOINIT

WDDOINIT 是控制器的初始化方法。Context 节点在先前只是做赋值操作，后来并没有做验证，此方法就是 Context 节点赋值的操作。对于动作和对应的事件处理而发生的相关数据的更新，也可以使用这个方法。方法如下所示。

```
method WDDOINIT.
 data: NODE type ref to IF_WD_CONTEXT_NODE,
       FLIGHTS type SPFLI_TAB.
* get node from context
 NODE = WD_CONTEXT->GET_CHILD_NODE( 'CARRIER_NODE' ).
* get connections from help class
   FLIGHTS = CL_WD_GET_SPFLI=>GET_FLIGHTS( ).
   NODE->BIND_ELEMENTS( FLIGHTS ).
endmethod.
```

注：对于那些必须要赋值的 Context 节点，只能通过 WDDOINIT 进行赋值。在此方法中给 Context 节点赋值调用的顺序相对于供给函数复杂。因为调用没有连接到 Context 节点，对应的节点作为引用必须首先被创建出来。

（2）供给函数

如果要求节点的内容必须可用时，通过供给函数给 Context 节点赋值的方法也是非常有用的。例如：单独节点的赋值。当相关的节点元素被访问时，供给函数就会被调用。从技术的角度看，通过供给函数给 Context 节点赋值是最简单的方法，因为相对应的节点已经作为一个参数可以使用了。

注：当通过供给函数更新数据的时候，总是重新创建全部的 Context 节点（不能通过供给函数给 Context 节点中独立的元素赋值）。这样会降低 Web Dynpro 应用程序的性能。

（3）动作事件处理程序

用户经常需要在动作中对 Context 节点进行赋值和更新响应，在这种情况下，需要对动作的事件处理方法中的 Context 节点进行编程，通常有以下两种选择。

第一种选择：事件处理只是对节点进行验证，所以供给函数会被自动调用。事件处理方法就会认为对应的供给函数的实现已经存在了。

第二种选择：事件处理自己赋值 Context（必须确保事件处理方法没有绑定到指定的 Context 节点，在 WDDOINIT 方法中，作为参数填充的节点不会直接可用，必须在先前的程序中按步骤创建起来）。

注：不管用哪一种方法为 Context 节点赋值，下面的规则必须遵循：在源代码中用 STRING 指定节点或者属性的名字时，必须用大写字母。

(4) Context 的性能

既然为 Context 节点提供了多种可选的设计，那么可能会有很多分割的子对象，所以需要能很好地控制 Web Dynpro 应用程序的性能。

3.6 阶段模型

通过阶段模型（Phase Model）可以更清楚地理解 Web Dynpro 应用程序的运行过程。

注：第一个请求只包含了读取元数据的描述和用户接口的初始显示。

本阶段模型中的某些阶段，可以通过动态编程改变用户界面。处理流（Process Flow）如图 3-166 所示，图中有条理地描述了数据传输的处理流程。

图 3-167 更细节地描述了事件处理流程。

(1) 数据从客户端（Client）传输到数据容器（Data Container）

用户输入的数据从客户端传输到数据容器。数据容器用作临时的数据存储，所以，在数据容器中的数据只有在运行时才有效。

(2) 用户输入验证

所有的用户输入都要被检查，如果发现输入有误，并不会中断检查，剩下的数据的传输不会中断，如果数据类型是正确的数据，甚至错误的数据也会被传输到 Context 节点。

检查中，下面的检查/转换将被执行。

1) 类型匹配检查（如输入数据字段中不允许有字母）。
2) 用户特定的转换（如数据根据用户的设置进行相应的格式调整）。
3) 数据字典的检查/转换。
① 大写转换。
② 退出转换。
③ 当 Context 节点的数据像数据字典参考货币字段时，也会进行这样的校验。
④ 检查属性集的值的设置。

对于每个包含错误的信息输入会产生一个错误信息，在数据传输到控制器 Context 后，将会显示出来。

(3) 数据从数据容器传输到 Context

此步骤之后，数据已经可以被应用程序使用了。

(4) WDDOBEFOREACTION

动作触发之前，可以通过这个方法执行验证。这个方法只对视图控制器有效，用来让组件里所有的可见视图赋值给当前阶段的模型实例，这些可见视图包含了所有的嵌入组件。

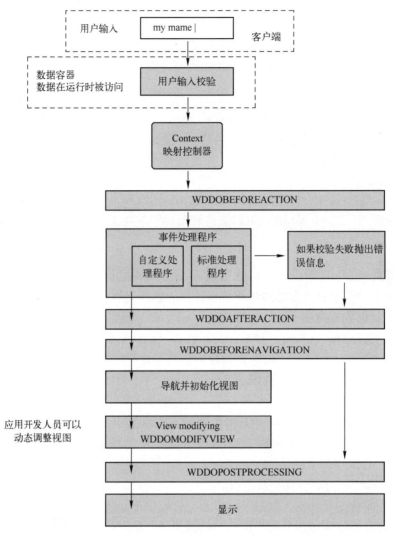

图 3-166

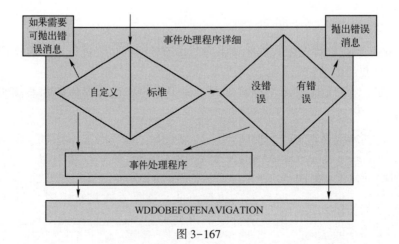

图 3-167

（5）动作和事件的处理

此步骤独立执行，完成数据容器和 Context 之间的数据传输。当用户输入的数据在验证时发现是错误的，相对应的错误信息将显示，应用开发人员能够及时更正数据。

通常，有两种不同的事件处理程序类型。

1）当用户输入的信息通过验证没有错误发生时，标准的事件处理程序将被调用。

2）当验证的时候产生错误信息，独立的验证事件处理程序将被调用。在这种情况下，相应的错误信息被创建出来，但是不显示。

导航有可能被事件处理程序触发，即事件处理程序被调用从而触发导航。

（6）WDDOAFTERACTION

这个方法在视图动作执行时被调用。此方法可以放在所有相关的事件处理程序之后处理。这就避免了事件处理程序中不必要的重复编程。

（7）WDDOBEFORENAVIGATION

在这种处理情景中，WDDOBEFORENAVIGATION 方法用来进行控制器 Context 的验证，这些在应用程序中需要的数据在请求/响应的循环中还没有被验证。这对于某些特定的、复杂的 Web Dynpro 应用程序来说非常重要。此方法只能用在组件控制器中。这个方法用来将部件赋给情景模型实例和所有的嵌入组件。

在先前事件处理的步骤中，如果出现了错误，导航步骤将被中断。我们还可以通过调用接口 IF_WD_COMPONENT 的 CANCEL_NAVIGATION 方法来中断导航。在请求/响应循环中通过这个方法调用先前的全部应用程序的导航，导航的请求在随后的情景示例中将被删除，并且必须重新初始化。

（8）导航并初始化其后的视图

正在执行的事件触发了导航，随后内部的部件视图将被调用，对应的事件处理程序将被处理。

（9）视图 Modification

一旦视图对应的 WDDOINIT 方法在运行时执行了，则相应的视图将被创建，应用程序开发人员可以修改视图的树形 UI 元素。例如，动态地增加元素节点。

WDDOMODIFYVIEW 方法用在本示例相关部件的所有可见视图和嵌入部件。

（10）WDDOPOSTPROCESSING

此方法在最后的处理过程被调用，所以可以在这里添加需要清空的处理逻辑代码。

（11）编译 Rendering

在绘制过程中，用户界面将显示在屏幕上，即树形 UI 元素的结构和元素上的数据将被呈现出来。

注：由于编译，所有的视图数据将被迭代显示。对应的 Context 可能只会在编译的时候被填充。也会用到供给函数的调用。程序员应该保证在供给函数中没有异常产生。

（12）对话框

对于每个激活的窗体，演示阶段模型的实例都存在，意思是说，每个阶段模型实例只能分给一个准确的窗体和部件。

当打开一个内部的窗体（弹出 Web Dynpro 窗体）时，增加的模型实例会自动创建。

弹出的实例异步于当前激活的窗体的模型实例,是在其后面打开的;最新的模型实例弹出以后,内部的弹出窗体同样也会异步地关闭;最后,当前激活的窗体的模型实例再次启动。

3.7 客户端实现

依赖于选择的编译设备,Web Dynpro 的核心部分和特定的实现的客户端在运行时共同工作。就浏览器情况来说,是在服务器端编译(Server-Side Rendering,SSR)的。

SSR 替代了它同客户端设备的交互工作。当用 eCATT 时,客户端通过它的 XML 版本实现,数据和格式单独分别传输(不同于浏览器)。视图的元素在用户接口的元素库中,也是 Web 用户接口。图 3-168 所示为一个客户端实现的基本流程。

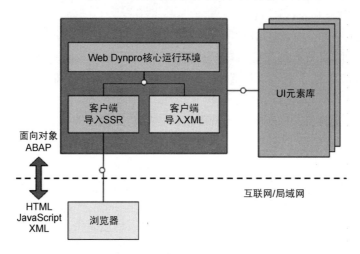

图 3-168

在 Web Dynpro for ABAP 编程中,浏览器总是用做解释设备的。数据、时间和布局信息在服务器端转换成 HTML 和 JavaScript,并且一起传输过来。在浏览器下,大部分的工作已经在服务器端完成,整个布局放到了服务器端。例如,浏览器不去做太多的工作,只是保证能够响应树节点上的节点能够展开和折叠。

当数据传输在 Web Dynpro 应用运行时被调用,特殊的适配器技术用来转换数据,事件作为请求响应循环的一部分转变成适合浏览器的格式,例如 HTML、JavaScript、XML 等。相反的情况,页面的数据也会转变成适合 ABAP 对象的数据。

3.8 Web Dynpro 窗体

上两节简单的应用程序例子只包含了一个视图在一个 Web Dynpro 部件中。本节开始将介绍通过导航链接两个视图的程序。在以后的章节中将介绍一个部件里面两个视图之间的通信。

每个 Web Dynpro 部件包含至少一个 Web Dynpro 窗体。当 Web 程序嵌入到了窗体中,所有的视图将被显示出来。窗体通过 ABAP 工作台的窗体编辑器（Window Editor）编辑。所需要的导航在窗体里面单独的视图能够被创建起来，如图 3-169 所示。

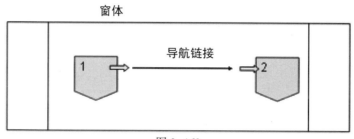

图 3-169

Web Dynpro 窗体包括了所有被显示窗体的结构，也是通过接口视图连接到 Web Dynpro 程序的。

Web Dynpro 窗体的高级功能包含以下两部分。

（1）窗体控制器和窗体出入站插头

每个 Web Dynpro 窗体都包含一个控制器，这个控制器包含节点（Context）、方法（Method）、出站插头（Outbound Plug）、入站插头（Inbound Plug）。可以用出入站插头建立交叉部件（Cross-Component）的导航。

在一个简单的程序中，导航的起始点是从启动一个视图开始的。它是在设计的时候创建的，在窗体编辑器中通过树状 Context 菜单创建。在一个比较复杂的程序中，用到的入站插头的事件处理器方法能够动态地判断哪个视图首先被显示出来。

（2）接口视图

每个窗体都会自动创建出一个带有自己标识的接口。它定义了窗体的交叉部件接口。当接口标识设置后，窗体的入站插头和出站插头会被复制到对应的接口视图。在窗体中，事件处理方法都自动实现了。接口视图的插头能够用做交叉部件导航。入站插头用来连接 Web Dynpro 应用。

3.8.1 两个视图间的导航

在一个窗体里面的视图通过导航能够互相连接。当用户调用了某个 Web Dynpro 程序，在屏幕上首先出来的是起始视图。程序员可以触发一个特殊的动作，例如，单击按钮触发导航。按顺序，现在屏幕上出现的视图消失，第二个视图在屏幕上显示出来，如图 3-170 所示。

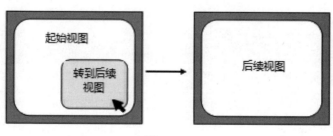

图 3-170

为了在两个视图之间建立导航，必须为第一个视图创建出站插头和另一个视图创建入站插头。插头总是作为访问一个视图或从一个视图退出的连接点，如图 3-171 所示。

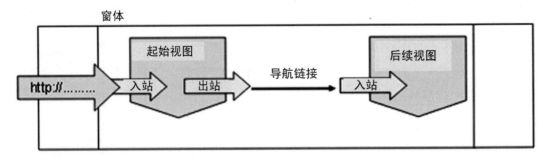

图 3-171

示例：建立两个视图，通过视图上相关 UI 元素的动作，为两个视图实现交互导航。在第一个视图的 Inbound Plugs 选项卡中创建入站插头，如图 3-172 所示

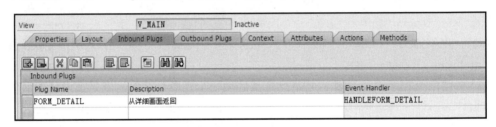

图 3-172

在第一个视图的 Outbound Plugs 选项卡中创建出站插头，如图 3-173 所示。

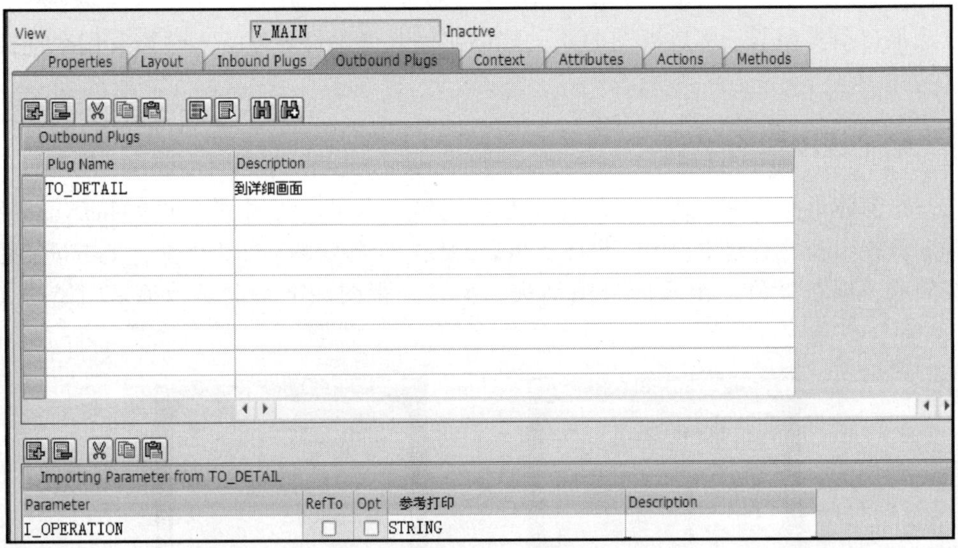

图 3-173

在第二个视图的 Inbound Plugs 选项卡中创建入站插头，如图 3-174 所示。

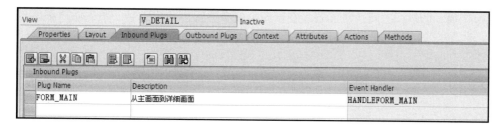

图 3-174

在第二个视图的 Outbound Plugs 选项卡中创建出站插头,如图 3-175 所示。

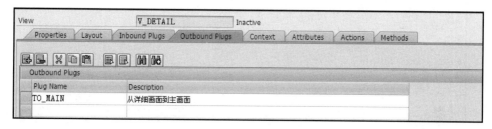

图 3-175

选择 W_TEST 窗体,打开窗体编辑器,如图 3-176 所示。

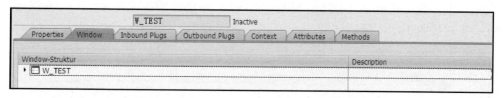

图 3-176

在 Window 选项卡中,选择窗体根节点并右击,按照图 3-177 所示菜单选项,嵌入新建视图。

注:第一个视图默认为嵌入状态。

单击 ⬜ 按钮,选择要嵌入的视图,如图 3-178 所示。

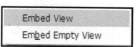

图 3-177

图 3-178

在 Window 选项卡中,选择 V_MAIN 视图的 TO_DETAIL 出站插头并右击,按照图 3-179

所示菜单选项，创建视图间导航（或者在选择出站插头后，将其拖至· [IN] 入站插头）。

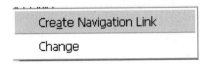

图 3-179

单击 Create Navigation Link 命令后，弹出如图 3-180 所示对话框。

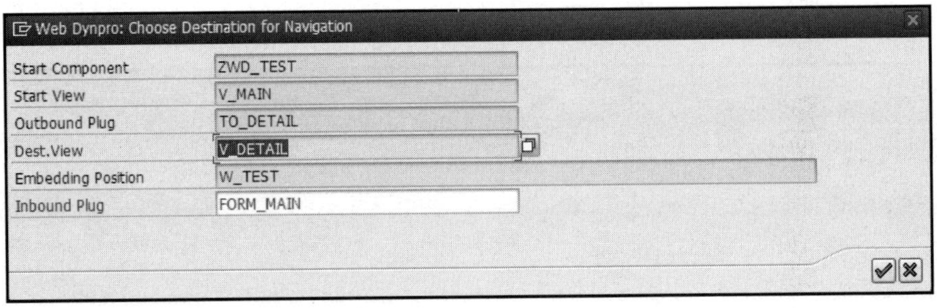

图 3-180

选择对应的视图及其导航插头，按〈Enter〉键或单击按钮☑。

按照以上步骤，选择 V_DETAIL 视图中的 [TO_MAIN] 出站插头拖至 V_MAIN 视图的· [IN] 入站插头，生成如图 3-181 所示结果。

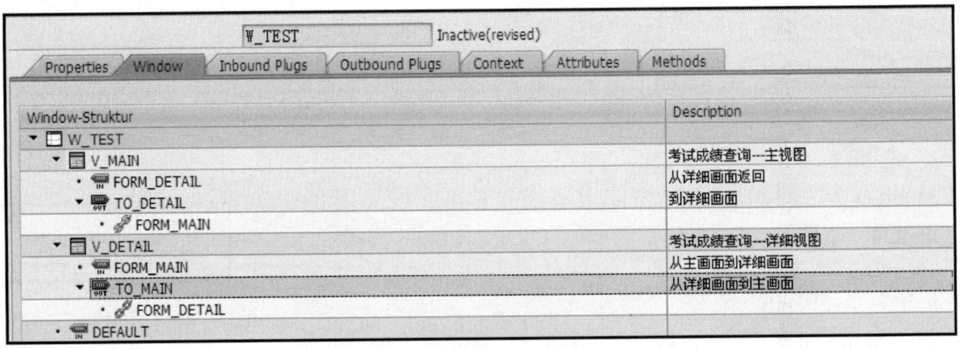

图 3-181

1. Outbound Plug

出站插头（Outbound Plug）总是下一个导航的开始。它们可以在视图控制器的任何方法中被调用，如下所示。

```
WD_THIS->FIRE_MY_OUTBOUND_PLG( ).
```

WD_THIS 属性总是视图控制器 IF_<MY_VIEW>接口的自引用。每次为视图创建一个出站插头时，FIRE_<MY_OUTBOUND_PLUG>_PLG 方法将被加载到这个接口。

如果为视图创建了 OUT1、OUT2、OUT3 三个出站插头，在 IF_<MY_VIEW>接口里面就会相应地创建出 FIRE_OUT1_PLG、FIRE_OUT2_PLG、FIRE_OUT3_PLG 三个方法。

122

注：出站插头属于视图控制器，不包含导向目标的信息。它要连接到的下一个视图的入站插头是通过在窗体布局中创建导航链接实现的。

通过调用 FIRE_<MY_OUTBOUND>方法传输参数，参数通过在参数表的 Outbound Plugs 选项卡输入。

下面的例子，EDITABLE 参数被添加到了 FIRE_<MY_OUTBOUND>_PLG 方法体中。参数类型 WDY_BOOLEAN 的取值为 X（True）或者 space（False），所以方法调用可以写成如下所示。

> WD_THIS->FIRE_MY_OUTBOUND_PLG(EDITABLE = 'X').

或者：

> WD_THIS->FIRE_MY_OUTBOUND_PLG(EDITABLE = '').

2. Inbound Plug

Web Dynpro 窗体的入站插头（Inbound Plug）总是被先前创建的导航链接直接调用。这个先前创建的链接起源于出站插头。当一个入站插头被调用时，和这个入站插头唯一相关联的事件处理方法被调用，这个方法是在入站插头创建的时候被视图控制器自动创建的。此方法在 Methods 选项卡中，通常命名规则为 HANDLEMY_INBOUND_PLUG；意思是当有一个入站插头命名为 IN 时，则有一个对应的事件处理方法 HANDLEIN 被创建。

事件处理方法刚开始是空的，可以通过写入代码实现功能。从技术角度看，这个事件处理方法和其他的方法没有什么不同之处。

入站插头的事件处理方法可以从出站插头的 FIRE_<MY_OUTBOUND>_PLG 事件处理方法中接受参数。同样名字的参数需要添加到入站插头的事件处理方法上。

如果 EDITABLE 参数通过出站插头传输过来，EDITABLE 参数必须添加到事件方法的参数列表中，并分配给入站插头读取，如图 3-182 所示。

图 3-182

这个参数就会被事件处理方法知晓，并且能够读取。

注：入站插头的事件处理器是用来处理新视图的新增信息的，而不是用来传输应用数据和调用应用逻辑的。

3. 用导航传递参数示例

第一个视图中，出站插头在动作的事件处理器中被调用，并且传输 EDITABLE 参数的值为 X。则下一个通过导航链接被连接的视图包含一个能够被编辑的元素，因为传输过来的 EDITABLE 的值为 X。

（1）在第一个视图的事件处理器中调用出站插头

在视图的出站插头被创建的同时，类型为 WDY_BOOLEAN 的 EDITABLE 参数同时被创建，如图 3-183 所示。

Importing Parameter from TO_DETAIL				
Parameter	RefTo	Opt	参考打印	Description
EDITABLE	□	□	WDY_BOOLEAN	

图 3-183

在运行时通过下面的方法传输 EDITABLE 参数的值。

```
WD_THIS->FIRE_OUT_PLG( EDITABLE = 'X' ).
```

（2）在第二个视图的入站插头的事件处理方法 HANDLEIN 中使用参数

每个 UI 元素都包含 enable 属性，这个属性能够把这个元素的功能设置为可用和不可用状态。在视图设计的属性表中，某个元素的这个属性如果没有被选中，这个元素虽然仍会显示在屏幕中，但是输入、选择和做其他任何的用户交互是不可用的。因为这个元素的属性是不可用状态（新加的 UI 元素的这个属性默认设置是可用的）。程序员在运行时有两种选择去指定 UI 元素的这个行为：

1）在视图设计器中，enable 属性能够在设计的时候，通过在属性表设置中单击复选框静态地指定。当相应的视图被调用时，UI 元素总是保持设计时的属性不变。

2）enable 属性也可以通过绑定到 Context 节点类型为 WDY_BOOLEAN 的值上，这个值在运行时传输，所以对于所有的函数可用，或者只可以显示，这取决于在程序中的指定。

下面的例子中，将演示第二种选择。

第二个视图的 Context 包含的节点除了应用数据外，还有一个节点用来为这个视图的一个或者多个 UI 元素指定 enable 属性值。此例中，节点名字叫作 STATUS，并且包含了一个类型为 WDY_BOOLEAN 的 ENABLE 属性。这个值的设置是通过第二个视图的事件处理方法 HANDLEIN 来实现的。

```
DATA: L_CONTEXT_NODE TYPE REF TO IF_WD_CONTEXT_NODE.
    L_CONTEXT_NOE = WD_CONTEXT->GET_CHILD_NODE('STATUS').
    L_CONTEXT_NODE->SET_ATTRIBUTE( NAME = 'ENABLE' VALUE = EDITABLE ).
```

传输过来的参数变量值用来指定 Context 节点的属性，接口的 IF_WD_CONTEXT_NODE 方法用在了事件处理方法中。这种情况下，SET_ATTRIBUTE 方法被调用，ENABLE 属性设置成 EDITABLE。

现在 Context 节点的 ENABLE 属性被设置成 X，这个值是通过先前视图的 WD_THIS->FIRE_OUT_PLG(EDITABLE='X')方法传输过来的。

4. 结果

如果节点 ENABLE 的属性值设置为 X，含有 ENABLE 属性并且绑定到了节点属性 ENABLE 的 UI 元素的所有功能都可以使用。当 FIRE_OUT_PLG 传输了参数的值为空时，接下来的视图的入站插头的事件处理的 ENABLE 属性的值同样设置为空，那么 UI 元素只是显示在屏幕上，它们的其他功能均不能够使用。

3.8.2 启动和退出窗体插头

与 Web Dynpro 视图一样,每个 Web Dynpro 窗体都有入站和出站的插头。每个窗体可以定义任意数量的启动或退出插头(Startup/Exit Plug)。

1. 启动插头(Startup Plug)

可以在窗体编辑器的 Inbound Plugs 选项卡中定义一个入站插头的属性为启动(Startup)属性,为入站插头声明一个实例化组件的选项,并开始一个新的应用程序。出于这个原因,启动属性的入站插头仅用于窗体接口(Window interface)。组件可以访问外部程序中被定义为启动插头的插头。如果程序员想为接口视图创建 Web Dynpro 应用程序时,可以标记该入站插头为启动插头。因此,至少有一个入站插头必须始终定义为 Web Dynpro 窗体的启动插件,在每个 Web Dynpro 应用程序的窗体 Inbound Plugs 选项卡中可以找到默认的启动插头。

2. 退出插头(Exit Plug)

退出插头是一个特殊的出站插头。如果一个 Web Dynpro 窗体想通过退出插头关闭,相关联的应用程序会自动结束。出于这个原因退出插头只能用于接口视图窗体。

注:在门户环境(Portal)中,退出插头不工作。

(1) CLOSE_WINDOW

当使用退出插头时,该框架可以通过 CLOSE_WINDOW 参数来提示是否关闭该窗体。

注:CLOSE_WINDOW 不支持火狐浏览器。另外,CLOSE_WINDOW 参数仅适用于基于 NetWeaver 7.1 的门户网站。使用 IF_WD_APPLICATION 接口的 GET_IS_CLOSE_WINDOW_SUPPORTED 方法可以查询是否满足使用 CLOSE_WINDOW 的先决条件。

下面的源代码为嵌入视图窗体控制器中的退出插头对应的事件处理程序方法,可以指定外部 URL 和 CLOSE_WINDOW。

```
METHOD ONACTIONTO_EXIT .

  DATA URL TYPE STRING.
  DATA CLOSE_WINDOW    TYPE WDY_BOOLEAN.
  DATA CLOSE_WINDOW2   TYPE STRING.

  WD_CONTEXT->GET_ATTRIBUTE( EXPORTING NAME = 'ENTERED_URL' IMPORTING VALUE = URL ).
  WD_CONTEXT->GET_ATTRIBUTE( EXPORTING NAME = 'CLOSE_WINDOW' IMPORTING VALUE = CLOSE_WINDOW ).

  WD_THIS->FIRE_TO_EXIT_PLG( URL = URL CLOSE_WINDOW = CLOSE_WINDOW ).

ENDMETHOD.
```

(2) URL 参数

退出插头具有特殊的属性，它们使用已定义的 URL 参数。在窗体编辑器中的 Outbound Plugs 选项卡的参数列表中创建 URL 参数，在退出插头的调用方法中可以指定此参数的值，该参数是可选的。

下面的源代码为嵌入视图的窗体控制器中的退出插头对应的事件处理程序方法。可以指定外部 URL。

```
METHOD ONACTIONGO_EXIT .
DATA: L_REF_MAIN_WINDOW TYPE REF TO IG_MAIN_WINDOW .
L_REF_MAIN_WINDOW =   WD_THIS->GET_MAIN_WINDOW_CTR( ).
  L_REF_MAIN_WINDOW->FIRE_MY_EXIT_PLUG_PLG(
    URL =   'HTTP://WWW.SAP.COM'                    " 字符中
  ).

ENDMETHOD. .
```

一个应用程序以这种方式关闭源组件实例，并进入到指定的 Web 应用程序。还可以悬浮一个应用程序到第二个应用程序，此时第一个应用程序没有关闭，可在稍后返回，此时需要用到挂起插头（Suspend Plug）。

3. 出入站导航参数

与所有的窗体出入站插头一样，其参数可以是强制的也可以是可选的，可以是启动或者退出插头。但是这些参数类型必须是字符串或 TIHTTPNVP 类型。

3.9 Web Dynpro 应用程序

窗体的另一个非常重要的工作就是建立视图组结构和 URL 之间的关联，其中这个 URL 可以被用户调用。窗体同时也是通过 Web Dynpro 应用程序（Application）被用户调用的单元。通常，同一时间只有一个视图显示在屏幕上。Web Dynpro 应用程序调用指定的视图作为窗体起始的默认视图，用户可以从第一个视图的导航进去下一个视图。

Web Dynpro 应用程序在 ABAP 工作台的对象列表中是个独立的对象。Web Dynpro 窗体和 Web Dynpro 应用程序之间的连接是建立在窗体的接口视图上的，如图 3-184 所示。默认情况下，接口视图是自动分配给组件的每个窗体，这个接口视图包含了一个默认的插头。

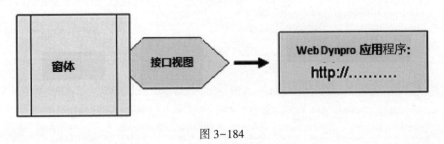

图 3-184

可以通过 ABAP 工作台显示每个接口视图。接口视图不仅仅连接应用程序和窗体，它们的出入站插头还有许多功能。作为组件接口的一部分，它们同样也用来进行多个组件之间的交流。

步骤1：在 ABAP 工作台编辑画面：创建 Web Dynpro Application。

在左侧的树形结构菜单的程序上右击，按照图 3-185 所示选项创建 Web Dynpro Application，在图 3-186 中的相应栏填入 Web Dynpro Application 的名称（Application）和描述（Description）。

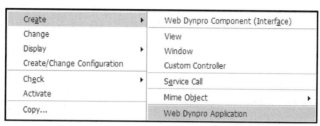

图 3-185

图 3-186

单击图 3-186 中的☑按钮，生成结果如图 3-187 所示。

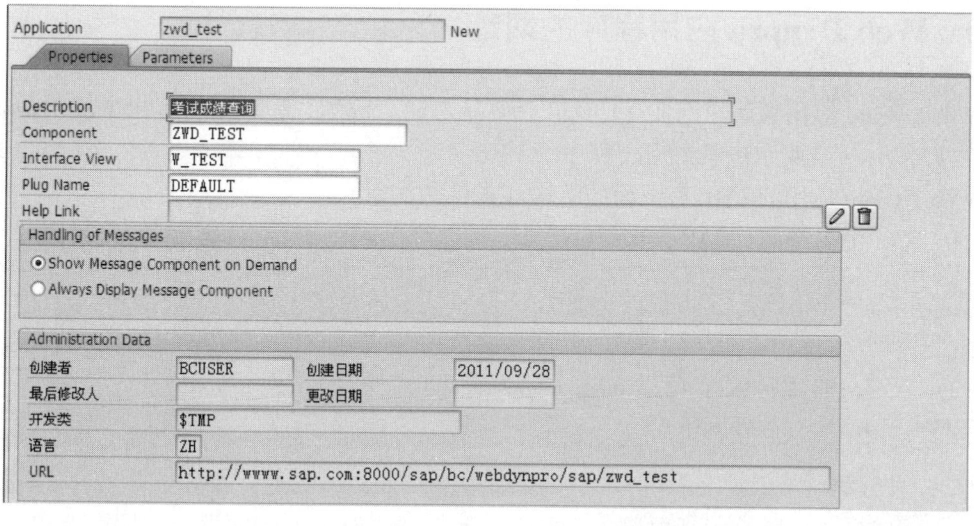

图 3-187

步骤2：ABAP 工作台编辑画面：保存 Web Dynpro Application。

单击标准工具栏中的🖫按钮，弹出对话框编辑开发类如图 3-188 所示。

127

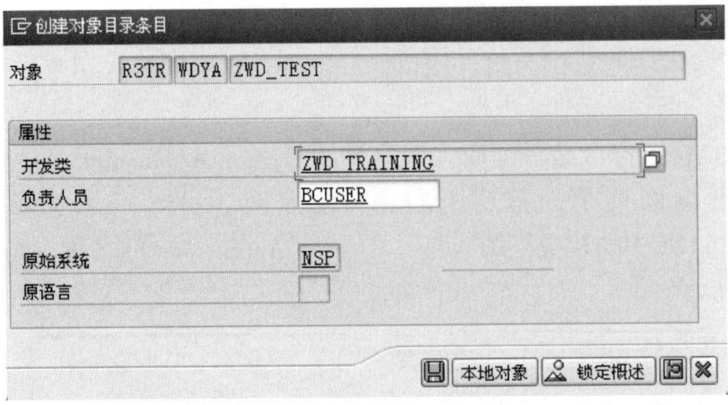

图 3-188

单击图 3-188 中的 🖫 按钮，弹出对话框编辑传输请求如图 3-189 所示。

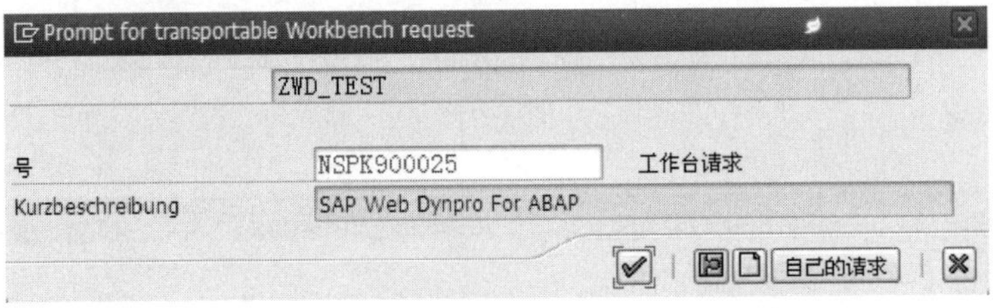

图 3-189

单击图 3-189 中的 ✔ 按钮，信息栏提示如图 3-190 所示信息。

图 3-190

3.10 Web Dynpro 应用程序的网址

Web Dynpro 应用程序的网址（URL）是系统自动生成的。程序员能够在 Web Dynpro 浏览器的 Properties 选项卡中找到应用程序的 URL。

Web Dynpro 应用的 URL 有下面的结构（默认的配置）。

（1）SAP 命名空间（SAP namespace）

<schema>://<host>.<domain>.<extension>:<port>/sap/bc/webdynpro/<namespace>/<application name>.

（2）自定义的命名空间（Customer namespace）

<schema>://<host>.<domain>.<extension>:<port>/abc/klm/xyz/<namespace>/webdynpro/<application name>.

<schema>://<host>.<domain>.<extension>:<port>/namespace>/webdynpro/<application name>.

<schema>代表 URL 结构（例如协议），这个经常是 HTTP 或者 HTTPS 协议（如果做了配置）。<host>是执行应用程序的服务器名称，<domain>和<extension>是在一个通用名字下组成的几个主机（可能是独立主机也可能是网络）。如果使用了标准的 HTTP 端口（80）或

者 HTTPS 端口（443），<port>号码可以省略。

1. SAP 命名空间的应用

Web Dynpro 应用程序存储在 ICF Internet 服务树中，路径为/sap/bc/webdynpro/<namespace>/<application name>。在 SICF 处理程序列表中，为 Web Dynpro 节点定义了处理程序 CL_WDR_MAIN_TASK。

如果只指定了组件名称，则使用标准名称空间/SAP/。SAP 应用程序始终以/SAP/名称空间交付。如果在单独的命名空间中创建 Web 应用程序，则必须在 URL 中使用它。组件以 /<namespace>/<application name>格式指定，例如/TEST40P/MYFIRSTAPP，见表 3-8。

表 3-8

应用	URL
Web Dynpro 应用 1a Web Dynpro 应用 1b	http://us4049.wdf.sap.corp:1080/sap/bc/webdynpro/sap/myfirstapp http://us4049.wdf.sap.corp:1080/sap/bc/webdynpro/sap/mysecondapp
Web Dynpro 应用 2a Web Dynpro 应用 2b	http://us4049.wdf.sap.corp:1080/sap/bc/webdynpro/test40p/myfirstapp http://us4049.wdf.sap.corp:1080/sap/bc/webdynpro/test40p/mysecondapp

图片总是用表 3-9 所示的 URL 载入。

表 3-9

应用	URL
Web Dynpro 应用 1a Web Dynpro 应用 1b	http://us4049.wdf.sap.corp:1080/sap/bc/webdynpro/sap/myfirstapp/img/gif http://us4049.wdf.sap.corp:1080/sap/bc/webdynpro/sap/mysecondapp/img/gif
Web Dynpro 应用 2a Web Dynpro 应用 2b	http://us4049.wdf.sap.corp:1080/sap/bc/webdynpro/test40p/myfirstapp/img/gif http://us4049.wdf.sap.corp:1080/sap/bc/webdynpro/test40p/mysecondapp/img/gif

对于 mysecondapp/img.gif，在 MIME 处理调用之前，新来的请求必须被改变，以便指向 myFirstApp/img.gif。

如果没有进一步的调用行动，Web Dynpro 应用通常放到/sap/bc/webdynpro 下面，为了更易理解，许多客户开发程序更喜欢放置到不同的 URL 命名空间/sap/bc。

2. 自定义的命名空间的应用

用户通常会在 ICF 因特网服务树中创建分支，把应用放到分支里。例如公司 XYZcorp 有一个注册的命名空间，并且在 ICF 创建了下面的入口：/xyzcorp/webdynpro/。Web Dynpro 处理器存储在 ICF 的节点上。用户可以在 ICF 路径下创建应用程序。对于一个新的 Web Dynpro 部件/xyzcorp/myfirstapp，用户可以在 ICF 服务树下面找到对应的路径：…/xyzcorp/webdynpro，如果这个路径存在，则应用程序存储在 ICF 树下或者在 MIME 存放，具体见表 3-10。

表 3-10

应用	URL
Web Dynpro 应用 3a Web Dynpro 应用 3b	http://us4049.wdf.sap.corp:1080/1wda/webdynpro/myfirstapp http://us4049.wdf.sap.corp:1080/1wda/webdynpro/mysecondapp

注：命名空间不允许从 HTTP 服务树的根节点开始，除了在开头的签名<namespace>/web-dynpro，可以放到 ICF 树的任何地方。例如：SCM 在命名空间/ICH/下创建了"Internet Communication Hub"项目。在这种情况下，URL 格式如下：/sap/scm/ich/webdynpro/myFirstApp。

如果在路径/sap/bc/webdynpr 下没有创建自己的命名空间节点，父节点会在同一个包中创建，在系统中，应用程序被分配到该包中。如果应用程序是一个本地对象$TMP，父节点在保存时会自动设置为$TMP。所有的应用程序在同一个命名空间中产生的新的 ICF 节点被自动分配给保存父节点的包。因此，如果被创建为一个本地对象的父节点，该节点就不能被传输。如果其子节点不是本地对象，则该节点可以被传输，但在目标系统中它不能被发现，因为在这里找不到父节点。

3. FQDN

完全全称域名（Fully Qualified Domain Name，FQDN）必须在 Web Dynpro 的 URL 中指定。

4. 载入图片

图片通常情况是经过应用程序的 URL 载入的。Web Dynpro ABAP 程序的图片存储在 MIME 仓库中。对于每个组件，总有 Web Dynpro 应用程序与其对应。例如，Component abc 分配给应用程序 abc。如果…/sap/abc（URL）分配给应用程序，则对应的图片载入路径是…/sap/abc/img.gif。

Component abc 可以被赋给第二个应用 xyz，那么这个应用程序的 URL 是…/sap/xyz，所对应的图片也需要从目录…/sap/xyz/img.gif 进行加载。即使图片存储在目录…/sap/abc/img.gif，也使用了相对路径，图片应该通过应用程序的 URL 加载，而不是通过组件名字。其有以下的优点。

（1）客户视图

应用程序的所有的组件应该存储在这个应用程序对应的相关路径下。对于客户化的使用，例如应用程序的 SalesOrder，大部分存储到 salesorder/ * 目录下。

（2）负载平衡

当使用负载平衡时，客户经常做过配置，他们用 URL 路径到达指定的计算机，拒绝指向其他路径的请求。这点非常重要，所有图片通过相应应用程序中的 URL 加载。

5. URL 中附属的标记"/"

当相应的 URLs 用来加载图片的时候，记住在浏览器中的 URLs。例如，如果一个图片 img.gif（或者 ./img.gif）通过…/sap/app 格式加载，浏览器会删掉最后一个部分并且产生一个格式为…/sap/img.gif 的新 URL。"app"部分不再存在，唯一产生正确 URLs 的方式是在 URL 的末端加上"/"字符。例如，如果一个应用程序以…/sap/sap 开始，改变 URL 成…/sap/app/，或者当架构载入时使用重置命令或者隐式。

6. 特殊情况

（1）外部 URLs

客户开发经常定义外部 URLs 在 ICF 的 HTTP 服务树，相应的 URL 见表 3-11 的示例。

表 3-11

应 用	URL
Web Dynpro 应用 1a	http://us4049.wdf.sap.corp:1080/superapp/

注：内部链接功能和在 ICF 树是一样的。只要相对的 URL 在图片中被使用，它们总是会被正确加载的。一旦应用被启动，在 ICF 树的内部名字必须用在这应用程序上，所以在它后面发生了什么是非常清楚明了的事情。

（2）主页

如果一个为首页的 Web Dynpro 应用直接在根目录的 URL 下执行，URL 格式见表 3-12 的示例。

表 3-12

应　　用	URL
Home 1a	http://us4049.wdf.sap.corp:1080/

3.10.1 完全合格域名

在 Web Dynpro For ABAP 中，客户浏览访问 AS-ABAP 时有完全合格域名（Fully Qualified Domain Name，FQDN）是非常必要的。因为当一个 ABAP 应用程序被调用时，完整的 URL 必须赋值给 Web Dynpro ABAP 程序。

域名的使用必须满足 cookie 指定的需要。为了检查 FQDN/FQHN（Fully Qualified Host Name），在 ABAP 开发环境的 Web Dynpro 浏览器中，从导航树的 Component/Interface 选择相应的 Web Dynpro 应用程序，在管理数据中检查 URL，在路径细节中检查 URL 是否包含了所有的域名和主机名。

（1）目的

以下是 FQDN 的作用。

1）Cookies 能够通过一个域设置域范围，例如 SSO2 Cookies。

2）域名需要用在交叉框架的 JavaScript，这对于 Portal 集成非常重要。

3）在 HTTPS 环境下，客户和服务器名称必须对应各自的认证和各自的协议。

（2）完全合格域名的配置

如果主机名简单指定了主机和端口，但并没有指定域名，Web Dynpro 应用程序中缩短的 URL 语法如下所示。

> <schema>://<host name>:<port>/sap/····

示例如下所示。

> http://pwdf0487:1080/sap/bc/webdynpro/sap/wdr_test_events。

而完全的 URL 语法如下所示。

> <schema>://<host name>.<domain><extension>:<port>/sap/····

示例如下所示。

> http://pwdf0487.wdf.sap-ag.de:1080/sap/bc/webdynpro/sap/wdr_test_events。

（3）不支持 IP 地址

URLs 中包含的 IP 地址并不被支持，语法如下所示。

> \<schema\>://\<ip address\>:\<port\>/sap/….

示例如下所示。

> http://10.21.81.0:1080/sap/bc/webdynpro/sap/xyz.

但下面的记号是需要的,语法如下所示。

> \<schema\>://\<host name\>.\<domain\> \<extension\>:\<port\>/sap/….

示例如下所示。

> http://hs0059i.wdf.sap.corp:1080/sap/bc/webdynpro/sap/xyz.

为了正确映射 IP 地址,下面的做法是必需的。

1)在客户位置带有 AS-ABAP 的名字和 IP 地址的映射是 DNS 最小的组成。

2)假如 AS-ABAP 名字能够被使用,HTTP 代理在防火墙进行了相应配置,URL 会映射到正确的 IP 地址。

3)可以用下面的解决方案进行简单安装:在每个工作区更新主机文件,输入行:IP 地址 hostname.domain.ext 到文件\WINNT\system32\drivers\etc\hosts。

(4)主机名中不支持下画线"_"

如果 Cookie 中的主机名称包含下画线"_",浏览器不会支持。

IE6 和 IE5.5 包含安全补丁 MS01-55 不会支持包含下画线的主机名,Cookie 会话不会被保存。如果浏览包含的 Web 应用程序时,会导致浏览中断。

示例:开发系统命名为 dev_sys,测试系统命名为 qsys。

这意味着域名为:qsys.company.co.xx 是合法的,下面的标记是非法不支持的。

1)Dev_sys.company.co.xx。

2)Qsys.my_company.co.xx。

(5)Cookie 规范协议中的域名限制

Portal 必须从域名开始,并且域名必须满足互联网标准的 Cookie 的规范,与其一致,否则 Portal 不会创建 MYSAPSSO2 Cookie。

因为浏览器能够决定 Cookie 会被发送到哪个浏览器,URL 必须包含域名规范,因为发送的决定是基于这些信息的。而相对于 Netscape Cookie 规范,Cookie 只能被设置成一个域名,由于安全机制的限制,并且一个域名包含 2 个或者 3 个点"."。××代表的 7 个顶级域名(.com、edu、.net、.org、.gov、.mil、int)中的任何一个必须至少包含一个 Domain 组件(通常是公司或者组织的名称),总计 2 个点"."。每个域名有不同的结束标记(这些标记包含顶级域名例如国家的 UK、DE、FR 等),必须有 2 个 Domain 组件。这些域名必须包含至少 3 个点。更多详细信息请查看 Cookie 规范。

有效的域名如下所示。

1)\<host\>.sap.com。顶级域名->两个 Domain 组件。

2)\<host\>.portal.sap.de。非顶级域名->三个 Domain 组件。

有些浏览器对域名只有很少的限制和约束,这违反了 Cookie 规范说明。

IE 允许下面的域名。

```
<host>.sap.de.
```

这个非顶级域名,它只有 2 个 Domain 组件。域名倒数第二部分至少包含了 3 个字符的格式是可以被认可的,否则会有问题。对于英文格式的域名,Cookie 的发送方式是有不同的限制的,具体见表 3-13 所示的示例。

表 3-13

URL	行 为 描 述
http://www.xy.com/	符合规范
http://www.xy.co.uk/	符合规范
http://<host>.epd.de	MS IE 可以
http://www.sap.de/	MS IE 可以
http://<host>.ep.de	MS IE 不可以
http://www.co.uk/	不可以(虽然符合规范)

(6) HTTPS

SSL 的用处是为了做加密的数据传输,保证服务器是可靠的连接,这些工作是通过 SSL 服务器认证实现的。对于每个 HTTPS URL,浏览器在 SSL 服务器检查 URL 所包含的完整的主机名是否符合规范。如果浏览器确认不符合,将会提出错误警告。

例如:SSL 服务器认证发布 "CN = tcs.mysap.com,OU = SAP Trust Community,O = SAP AG,L = Walldorf,C = DE",检查情况见表 3-14。

表 3-14

URL	行 为 描 述
…/com.mysap.tcs//:http	HTTPS/No SSL
…/com.mysap.tcs//:https	符合规范
…/com.mysap.01tcs//:https	错误警告

SSL 服务器发布的 "CN = mysap.com,…" 认证,所有上面列出来的 URL 均会返回错误信息。

认证授权(CA),对于组件经常有自己发布的验证规则。万用字符 " * " 在平常名字中不会被允许。

注:当使用 SSL 中断了代理(在到 Web 服务器/Application System-ABAP 之前),必须保证 SSL 代理的认证服务器对应的主机名,对于浏览器是可见的。更多信息请查看 Application System-ABAP 安全相关资料。

(7) FQDN 设置

下面的参数和变量用于设置主机名和域。

1) SAPLOCALHOST。

2) SAPLOCALHOSTFULL。

3) Icm/host_name_full。

4）ICM 设置 FQHN 符合下面的结构。

① SAPLOCALHOSTFULL 在 SAP 配置（建议高级配置使用）中有最高的优先级。如果在 SAP 的文件中做了配置，ICM 设置作为 FQHN 值。

注：SAPLOCALHOSTFULL 的系统默认值包含的主机名不含有域名，这就是为什么系统通过 ICM 默认忽略。

② 如果参数没有设置，值在 iicm/host_name_full sapurl_li 中被使用。

③ 如果这个参数也没有做设置，ICM 代替了操作系统的 FQHN。参数 SAPLOCALHOST 并不全满足，不被服务器的 ICM 使用。SAP 建议设置 SAPLOCALHOSTFULL（高级配置）和 icm/host_name_full。

3.10.2 地址和命名空间

当用户使用主机的命名空间时，在 ICF 因特网服务树（Internet Service Tree）和 MIME 仓库中有许多奇怪的路径需要注意。

当创建了自己的命名空间，应该按以下的命名规范。

通常，Web Dynpro 应用程序通过事务代码 SE80 创建或者在 SAP 命名空间中用它的简单的名字，例如，myapp。或者在客户化的命名空间用比较复杂的命名规范 /<namespace>/<application name>，例如，/test40p/myapp。相应的，ICF 路径都在 /sap/ 和自己的命名空间下，具体示例见表 3-15。

表 3-15

应用程序名称	ICF 路径
myapp	myapp/sap/webdynpro/bc/sap/
myapp/p40test/	myapp/p40test/webdynpro/bc/sap/

如果 ICF 路径结构在 SAP 命名空间（/sap/bc/webdynpro/sap/myapp）或者在客户化命名空间（sap/bc/webdynpro/acme/myapp）非常冗长，可以在默认的主机名下面的最高级别路径直接创建命名空间（/acme/webdynpro/myapp）。此操作必须满足下面的先决条件。

1) 在 ICF 中对应的最高级别的节点和 webdynpro 的子节点必须创建在相对应的命名空间。对于 webdynpro 子节点，HTTP 的请求处理器 CL_WDR_MAIN_TASK 必须在处理器列表中定义，如图 3-191 所示。

对于这个子节点的系统登录也必须做配置。一旦这个节点被配置，对于 webdynpro 的所有子节点的系统登录自动有效。如果应用程序在很长的 ICF 路径下，必须做相应的移动。在老路径下的所有应用程序，在 ICF 的路径下需要手动创建新的应用程序节点 /acme/webdynpro/myapp1，然后同时需要删除 /sap/bc/webdynpro/acme 路径下的所有子应用程序。

2) 另外，新命名空间的文件夹和 webdynpro 的子文件夹应该设置在 MIME 仓库中。一旦先决条件满足了，ICF 路径将会在最高级别，见表 3-16。

图 3-191

表 3-16

应用程序名称	ICF 路径
Myapp/wda1/	Yappm/webdynpro/wda1/
Myapp/acme/	Myapp/webdynpro/acme/

为了让 Web Dynpro 在客户命名空间中运行得平稳，必须做以下的设置工作。

步骤 1：通过事务代码 SICF 打开 ICF，如图 3-192 所示。

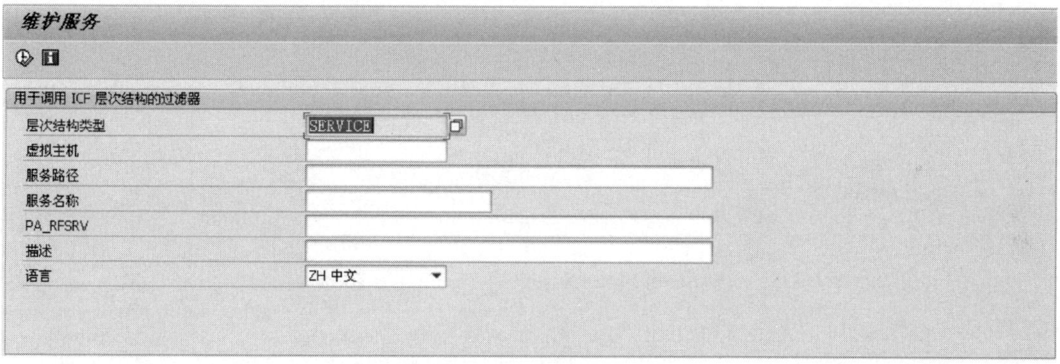

图 3-192

单击图 3-192 中的运行 按钮，弹出对话框如图 3-193 所示。

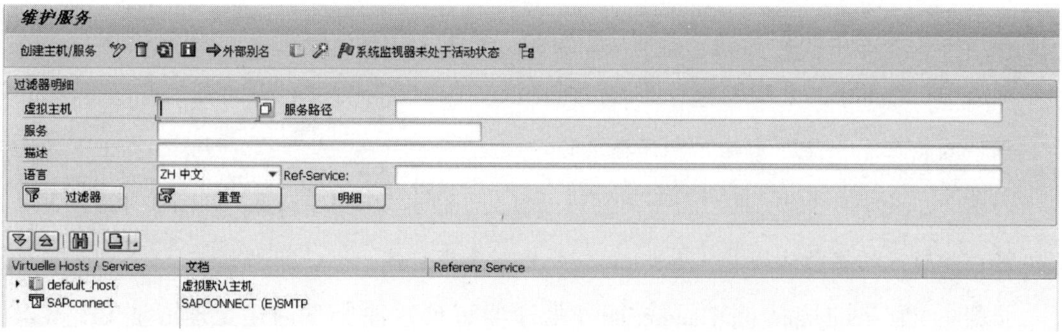

图 3-193

步骤2：为自己的命名空间创建一个根节点，在 ▶ default_host 节点上右击，按图 3-194 所示选项，创建命名空间节点。弹出的画面，如图 3-195 所示。

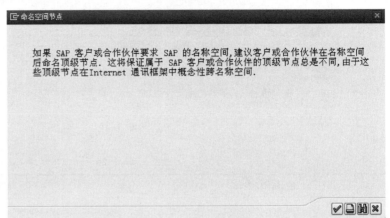

图 3-194　　　　　　　　　　　　　　　图 3-195

单击图 3-195 中的 ✔ 按钮，弹出对话框并编辑信息如图 3-196 所示。

图 3-196

单击图 3-196 中的 ✔ 按钮，创建 sdw 服务，如图 3-197 所示。

最后单击标准工具栏中的 💾 按钮进行保存。

注：只能在图 3-197 中输入和保存名称。

步骤3：在自己创建的根节点下面创建子节点，命名为 webdynpro，如图 3-198 所示。

注：子节点的名称必须是 webdynpro，并且不含有空格。

步骤4：为 webdynpro 在 Handlerlist（处理器清单）注册下创建处理方法 CL_WDR_MAIN_TASK，如图 3-199 所示。

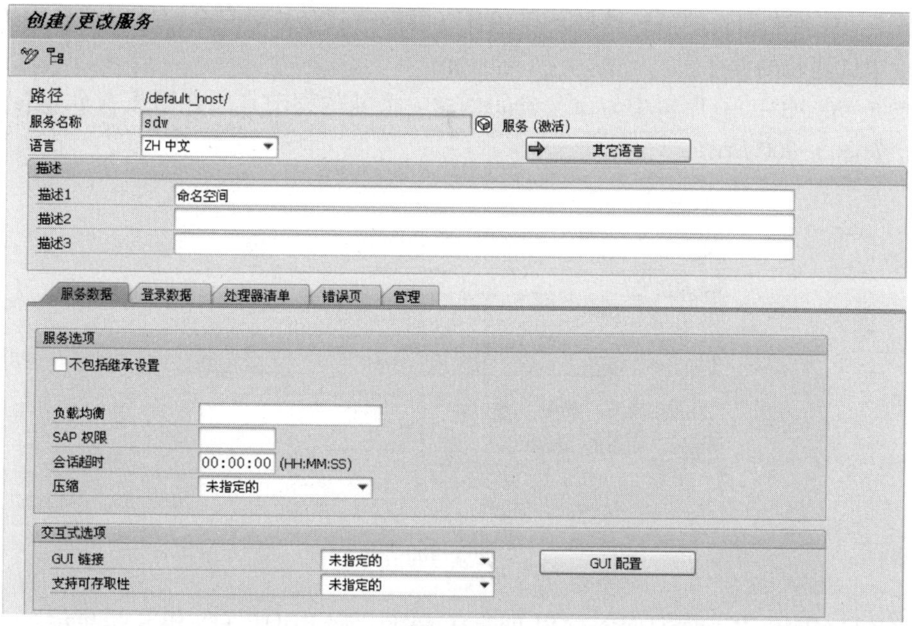

图 3-197

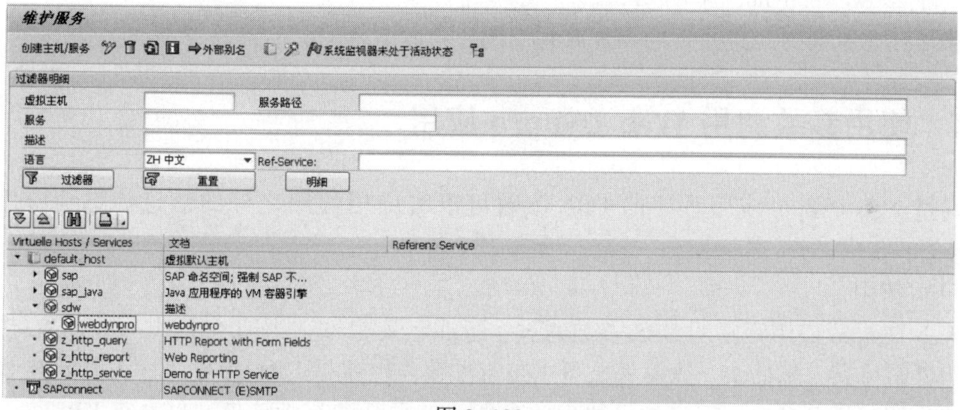

图 3-198

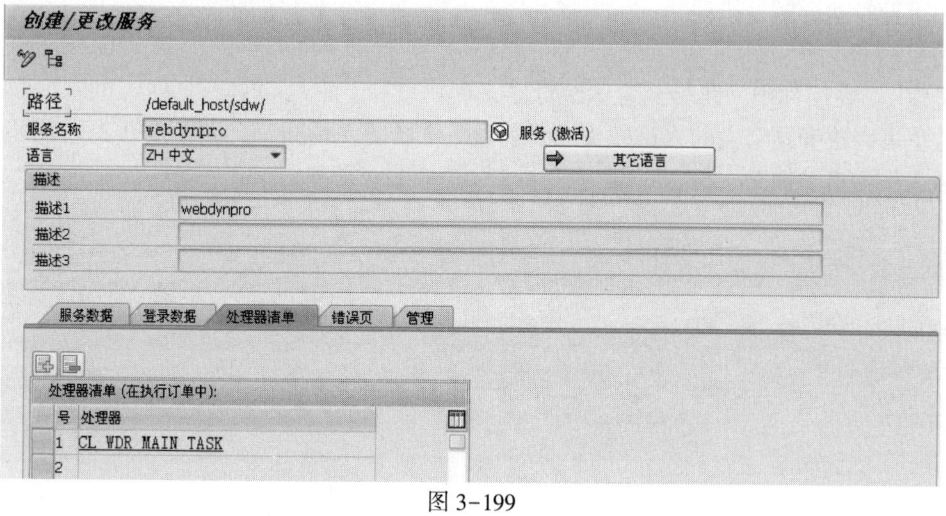

图 3-199

步骤 5：如果在很长的 ICF 路径下存在有应用程序节点，可完全删掉旧路径中的程序并在新路径中创建新的程序。

步骤 6：在 MIME 仓库树中为命名空间创建一个新的根节点，在下面有个 webdynpro 的子节点，如图 3-200 所示。

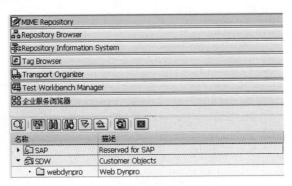

图 3-200

将类 CL_MIME_REPOSITORY_API 的方法 CREATE_ROOT_FOLDER 提供给 SAP，用来访问路径 /sdw/webdynpro 下的 MIME。

移动存在原来旧的路径下的图片放到 MIME 仓库中新的对应的路径下。

3.11 使用参数调用 Web Dynpro 应用

通过 Web Dynpro 应用程序的 URL 参数可以将应用程序之外的信息传递到应用程序内部。

（1）使用

Web Dynpro 应用程序的 URL 参数通过主组件定义。

组件窗体有入站插头。入站插头可以带有参数，也就是 URL 参数。默认值能被 URL 参数的值重写，可以在应用程序中设置这些参数。如果既没有默认值，也没有 URL 参数进行指定，运行时就会触发错误。

（2）过程

步骤 1：在组件中，跳转到窗体编辑器。

这里可以改变预定义的入站插头或者创建一个新的入站插头。图 3-201 所示为指定 Default 插头作为启动插头（Startup）。

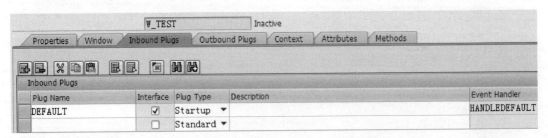

图 3-201

步骤2：编辑该入站插头的处理程序。

添加参数如图3-202所示。数据类型为String，因为这里并不进行数据转换和数据检查。

Parameter	Type	RefTo	标识	参考打印	Short Description
WDEVENT	Importing	✓	□	CL_WD_CUSTOM_EVENT	
YEAR	Importing	□	□	STRING	输入参数
	Importing	□	□		

图3-202

处理程序代码如下所示。

```
METHOD HANDLEDEFAULT .

    DATA LO_COMPONENTCONTROLLER TYPE REF TO IG_COMPONENTCONTROLLER .
    LO_COMPONENTCONTROLLER =   WD_THIS->GET_COMPONENTCONTROLLER_CTR( ).

    DATA LO_API_COMPONENTCONTROLLER TYPE REF TO IF_WD_COMPONENT.
    DATA LO_API_CONTEXT TYPE REF TO  IF_WD_CONTEXT.
    DATA LO_ND_NODE_ROOT TYPE REF TO IF_WD_CONTEXT_NODE.
    DATA LO_ND_NODE_CONDITION TYPE REF TO IF_WD_CONTEXT_NODE.
    DATA LO_EL_NODE_CONDITION TYPE REF TO IF_WD_CONTEXT_ELEMENT.
    DATA LS_NODE_CONDITION TYPE LO_COMPONENTCONTROLLER->ELEMENT_NODE_CONDITION.
    LO_API_COMPONENTCONTROLLER = LO_COMPONENTCONTROLLER->WD_GET_API( ).
    LO_API_CONTEXT = LO_API_COMPONENTCONTROLLER->GET_CONTEXT( ).
    LO_ND_NODE_ROOT =    LO_API_CONTEXT->ROOT_NODE.
*     navigate from <CONTEXT> to <NODE_CONDITION> via lead selection
    LO_ND_NODE_CONDITION = LO_ND_NODE_ROOT->GET_CHILD_NODE( NAME = LO_COMPONENTCONTROLLER->WDCTX_NODE_CONDITION ).

*    get element via lead selection
    LO_EL_NODE_CONDITION = LO_ND_NODE_CONDITION->GET_ELEMENT( ).
    LS_NODE_CONDITION-ZZYEAR = YEAR.
*     set all declared attributes
    LO_EL_NODE_CONDITION->SET_STATIC_ATTRIBUTES(
      EXPORTING
```

```
            STATIC_ATTRIBUTES = LS_NODE_CONDITION ).

    ENDMETHOD.
```

步骤 3：激活组件。

在左侧的树形结构菜单的程序上右击，按照图 3-203 所示选项进行激活。选择要激活的组件及其各部件元素如图 3-204 所示。

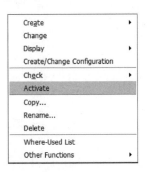

图 3-203

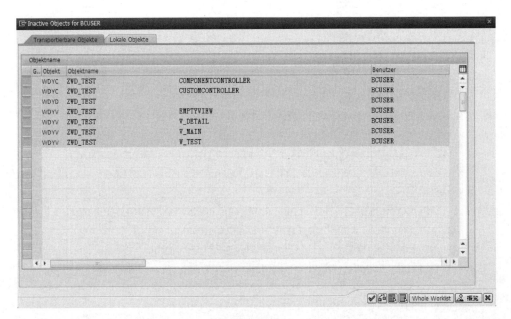

图 3-204

按〈Enter〉键或单击☑按钮，信息栏提示如图 3-205 所示。

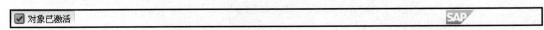

图 3-205

步骤 4：为这个程序调用的组件窗体的启动插头指定自定义参数。

指定参数及其值，如图 3-206 所示。

图 3-206

注：和默认参数不同，启动插头参数也是可用的，也可以在处理程序中添加参数，在这个参数上可以赋一个初始值。如果没有指定默认值，当调用这个程序时，参数将会被指定为 URL 参数。

步骤 5：调用应用程序。

在左侧的树形结构菜单的程序上右击，按照图 3-207 所示的选项选择调试命令。此步骤中，URL 参数重写了应用程序中的参数，结果如图 3-208 所示。

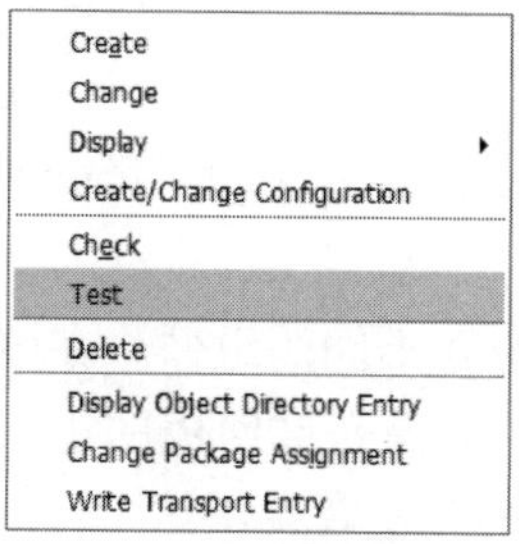

图 3-207 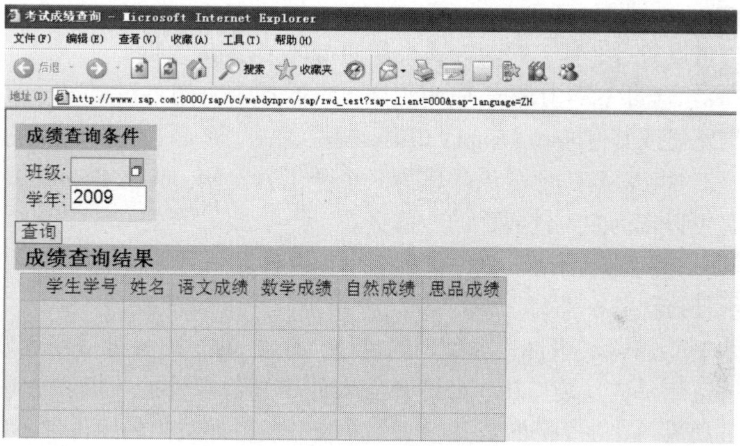　　　　　　　　　　　图 3-208

第 4 章　Web Dynpro for ABAP 跨组件编程

Web Dynpro 组件可以构建复杂的 Web 应用、构建可复用的互动程序。它们可以在大型应用中互相嵌套。

Web Dynpro 组件是其他 UI 元素和程序的容器。

跟 UI 元素相关的有窗体和视图。视图的布局就是页面上的方形区域在客户端的显示。视图包含多个 UI 元素，比如输入框和按钮等。在客户端显示的整个页面可以是一个视图也可以是多个视图，视图的组合以及视图之间的迁移是通过窗体来定义的。一个窗体可以包含任意数量的视图，一个视图可以被任意窗体所包含。

Web Dynpro 组件的源代码位于 Web Dynpro 控制器中，控制器的全局变量的层级则存储为 Context 及 Attribute。

可以通过 3 种不同的方式来使用 Web Dynpro 组件。

1）通过 Web Dynpro 应用程序，Web Dynpro 组件可以与 URL 建立关系，然后就可以通过浏览器或其他 Web Dynpro Client 调用。

2）将 Web Dynpro 组件作为一个子组件复用。Web Dynpro 组件的可视界面（视图、窗体）可以作为主组件界面的一部分。

3）将 Web Dynpro 组件作为一个子组件复用时，在组件接口中定义的方法和变量能够被主组件访问。

Web Dynpro 组件是可重用的模块，允许 Web Dynpro 应用程序包含不同的组件。在 Web Dynpro 组件内，接口功能允许开发者使用其他组件的数据和方法，前提是被使用的组件必须被激活。在一个分布式开发工程中，开发一些共同的组件被不同的开发者调用是可行的。

在开发中，创建单独的组件为其他组件提供数据也是很有用的，这样的组件不能单独运行，也称为模块组件。这使得几个相关组件无论什么时候都可以访问到相同的应用数据，模块组件没有图像元素，但是具有控制器的所有功能。

这种 Web Dynpro 框架还可以为具体组件单独定义组件接口，这些不同的接口会在同一应用组件中被使用、实例化，其优点在于所有被使用的组件可能会有一个统一的接口，并且至少一部分是统一的。在其应用中使用类似组件的开发者可以依赖组件接口中存在的这种特定元素。

4.1　Web Dynpro 组件的控制器

Web Dynpro 组件的控制器可分为组件控制器、接口控制器、自定义控制器、视图控制器和窗体控制器。

1. 组件控制器

组件控制器提供数据和程序流逻辑，这些数据和逻辑用来显示或更新组件中的视图。

组件控制器有以下 3 个接口。

1）接口 IF_<controller_name>用于控制器自身编程。

2）接口 IG_<controller_name>用于当前组件内跨控制器编程。

3）接口 IWCI_<component_name>在 ABAP 语言等级上代表接口控制器，用于跨组件编程。

在组件内，任何组件控制器中 Context 间的映射都是有可能的。

在组件内所有被调用的方法都可以访问该组件控制器的公共属性，否则，这些属性的可见性仅限于组件控制器。被分配到组件控制器的事件和方法通过组件都是可见的。例如，某个组件中视图的任何动作都可以调用组件控制器中的此类方法。

在组件控制器中，一定数量可见的方法、事件和 Context 节点向组件之外延伸，进而形成该组件的接口控制器。

2. 接口控制器

接口控制器用于跨组件通信，它定义了 Web Dynpro 组件接口的控制器部分。接口控制器自身不包含任何实例。

1）对于 Web Dynpro 控制器的接口控制器，其方法已经在相应的组件控制器中被实例化。

2）对于组件接口定义的接口控制器，在组件控制器被绑定的过程中被实例化。

每一个接口控制器都有与 ABAP 相关联的接口 IWCI_<component_name> 或者 IWCI_<Comp. Interf. Def-Name>。

（1）组件的接口控制器

组件控制器的事件、方法及 Context 节点可以被其他组件访问，前提是将复选框属性 Interface 选中，并将其分配到组件接口。这些对象会自动包含到 ABAP 接口 IWCI_<component_name>中，如图 4-1 所示。

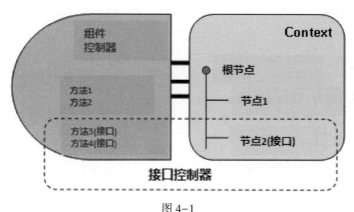

图 4-1

在 ABAP 工作台的对象列表中，这些特殊的组件控制器元素显示在组件控制器节点下，并且它们不能变更。

按照图中设定的情况，对于来自另一个组件的控制器 Context 元素，可以定义到分配给组件接口的组件控制器 Context 的元素的映射上。

在 ABAP 工作台的对象列表中，接口控制器作为与 Web Dynpro 组件关联的对象被单独显示，尽管组件的接口控制器作为接口控制器的一部分被编辑和实例化。

（2）组件接口的接口控制器

只有当接口控制器是组件接口的一部分时，并且控制器编辑器在变更状态，其 Context、事件和方法才会被直接编辑、实例化。

全局接口 IWCI_<Comp. Interface-Name>保存在类库中，可以使用事务 SE24 进行显示。

3. 自定义控制器

自定义控制器的使用对那些组件控制器来说可以相应地作为可选项被追加其中，它们对所有的组件元素都是可见的，并且元素的生命周期即是组件的生命周期。在一组件内自定义控制器展现给程序员结构化的功能和数据的选项。如果组件内一定数量的视图配备了特殊的功能和数据集，创建和维护自定义控制器就显得尤为重要。

4. 视图控制器

在一个视图中，布局和逻辑流是紧密关联的。作为视图的一部分，视图控制器不是在控制器编辑器中进行编辑，相反，必要的工具已经被集成到视图编辑器中，这使得可以把视图作为整体来编辑。就像组件控制器，视图控制器包含数据和功能方法，并且视图控制器还有 IF_<Controllername>接口，这些数据和功能仅在同一视图中是可见的。

控制器各元素的生命周期受限于视图的生命周期。创建一个简单的 Web Dynpro 应用，维护组件控制器和视图控制器就足够了。这两个控制器使用时都是可选的，它可以帮助程序员组建复杂的组件和应用，从而提高它们的可重用性。

5. 窗体控制器

对于每一个在 Web Dynpro 组件中被创建的窗体来说，窗体控制器同步生成。窗体控制器在整个组件中都是可见的（就像组件和自定义控制器）。作为 Web Dynpro 窗体的一部分，窗体控制器就像视图控制器，不在控制器编辑器中编辑，而在窗体编辑器中编辑。

4.2 组件使用

组件使用（Component Usage）的编程可以将应用程序模块化，以避免单个应用程序规模过大。

1. 嵌入被使用组件（Used Component）

为了用一个外部的组件（无论它是一个无界面组件还是一个完整的组件），程序员必须事先定义一个组件使用。

注：依据 SAP 官方文档的说法，对于主组件来说叫作组件使用，对于子组件来说，叫作被使用组件。

2. 操作

步骤 1：图 4-2 所示，在对象列表中双击组件，弹出组件编辑器对话框。

步骤 2：在组件编辑器中选择新的应用组件添加到列表中，如图 4-3 所示。

注：程序员应该考虑以下几点。

1）如果此外部组件被单个视图使用，则此视图控制器方法中需建立此外部组件的实例。

2）如果此外部组件被多个视图使用，此外部组件的实例应该在一个本地组件控制器中创建，例如，在组件控制器中的 WDDOINIT 方法中创建。

无论是选择单个视图的控制器还是多个视图的控制器作为外部组件的安装点，此外部组件必须被添加到使用其对象控制器中的组件选项卡中。

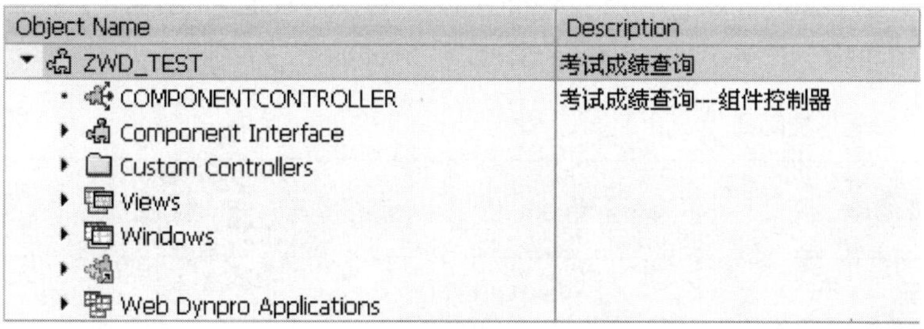

图 4-2

图 4-3

步骤 3：在对象列表中双击对象（视图或控制器），弹出视图编辑器或组件编辑器对话框。选择 Properties 选项卡，单击 □ 新建按钮，在 Used Controller/Components 列表中创建组件应用，如图 4-4 所示。

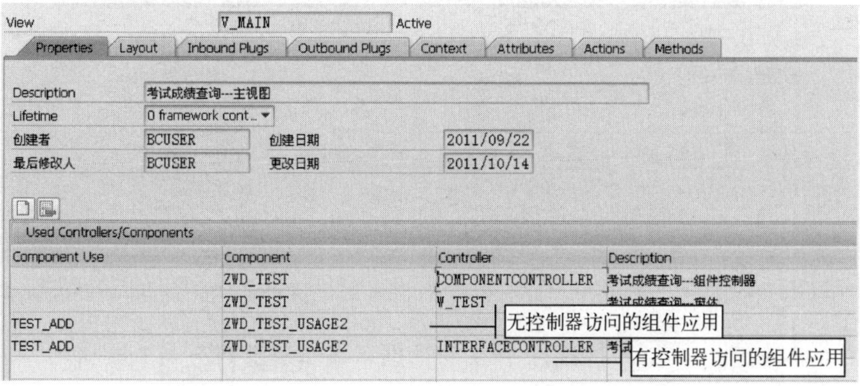

图 4-4

4.2.1 无控制器访问的组件使用

可以通过两种途径使用外部组件。如果只想显示外部组件，但是不改变其接口控制器的数据和使用其功能方法，可以省略声明外部接口控制器。在这种情况下，在当前编辑控制器中简单地声明外部组件的使用就可以了，如图 4-5 所示。

图 4-5

这仅仅在表中添加了组件使用，可以从当前组件中调用此组件用于显示。

1. 使用组件初始化

无论是否进行控制器访问，都必须在所选择的方法中对使用的组件进行实例化。

（1）前提：新建使用组件

步骤 1：创建 Web Dynpro 组件。

选择下拉列表项 Web Dynpro Comp. / Intf. ▼，在相应的输入栏填入程序的名称，如图 4-6 所示。

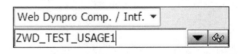

图 4-6

单击图 4-6 中的 按钮，弹出对话框如图 4-7 所示。

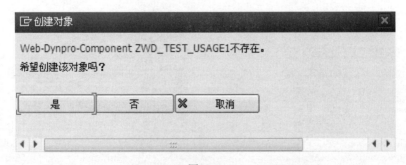

图 4-7

单击图 4-7 中的 是 按钮，弹出对话框，编辑信息如图 4-8 所示。

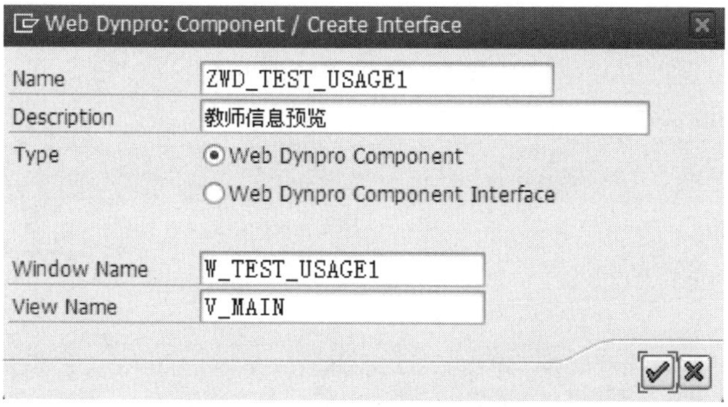

图 4-8

单击图 4-8 中的☑按钮，弹出对话框，输入要保存的开发类信息如图 4-9 所示。

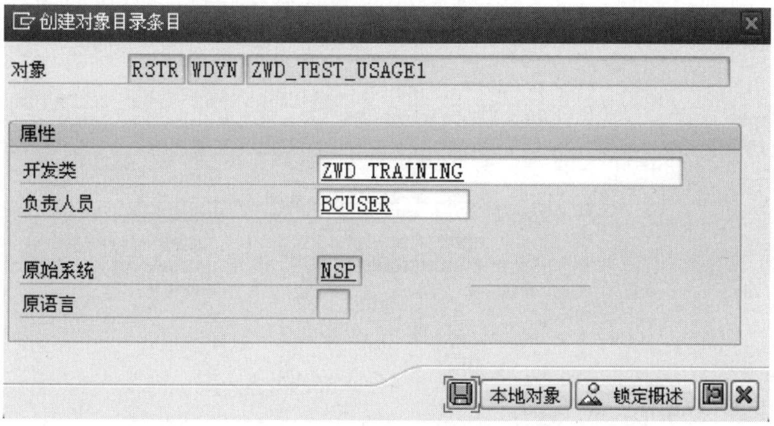

图 4-9

单击图 4-9 中的💾按钮，保存新建组件并编辑信息，如图 4-10 所示。

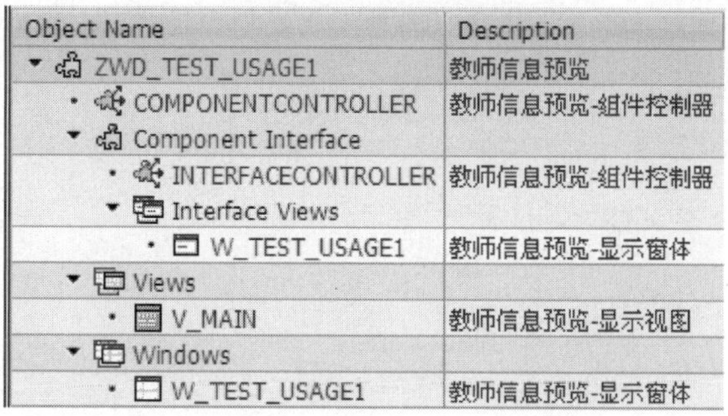

图 4-10

步骤 2：编辑 Web Dynpro 组件接口。

在左侧的树形结构菜单上双击窗体及组件，并在窗体及组件的 Properties 选项卡中设定 Interface 选项，窗体属性如图 4-11 所示。

147

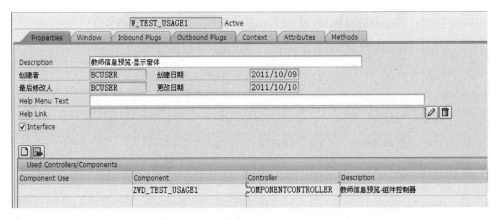

图 4-11

双击组件控制器，转到 Attributes 选项卡，添加 TEACHER_ID 公有属性，如图 4-12 所示。

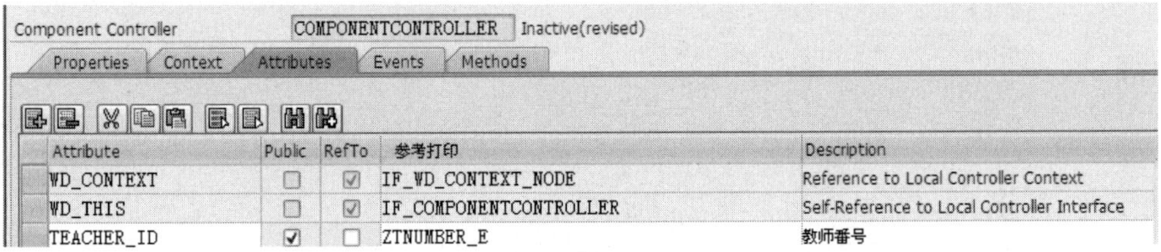

图 4-12

步骤 3：编辑 Web Dynpro 视图。

双击 V_MAIN 视图，转到 Context 选项卡上，在 Context 上创建 NODE_TEACHER 节点，如图 4-13 所示。

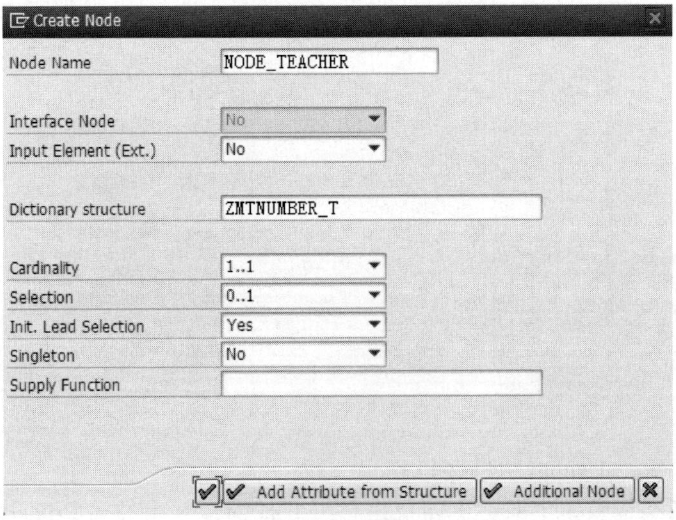

图 4-13

单击图 4-13 中的 ✓ Add Attribute from Structure 按钮，弹出对话框如图 4-14 所示。

图 4-14

转到 Layout 选项卡上，添加 UI 元素 Group，如图 4-15 所示。

图 4-15

为 UI 元素创建 Container Form，如图 4-16 所示。

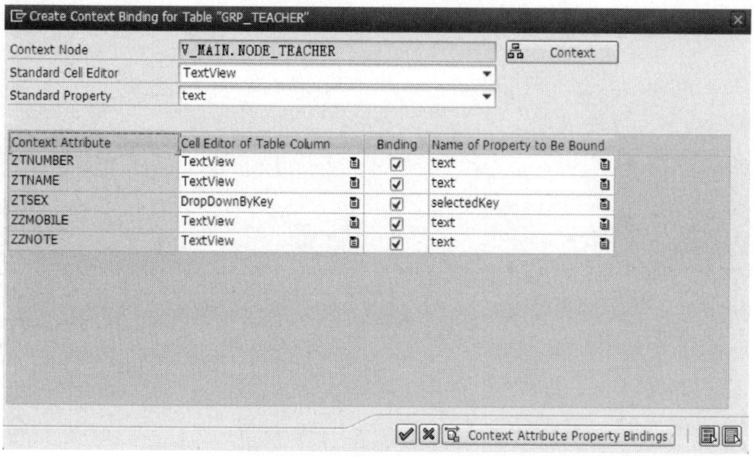

图 4-16

Form 编辑结果如图 4-17 所示。

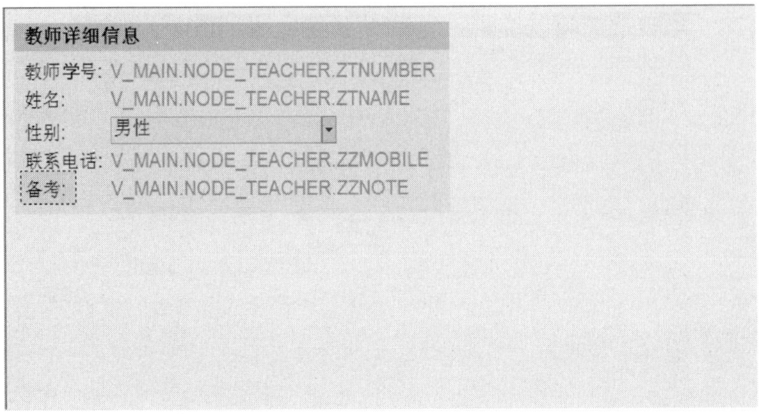

图 4-17

注：使用 MatrixLayout，Label 框设定为 MatrixHeadData，TextView 框设定为 MatrixData。

步骤 4：编辑 Web Dynpro 组件功能代码。

转到 Methods 选项卡，编辑钩子方法 WDDOINIT 如下所示。

```
METHOD WDDOINIT .
   DATA LO_ND_NODE_TEACHER TYPE REF TO IF_WD_CONTEXT_NODE.

   DATA LO_EL_NODE_TEACHER TYPE REF TO IF_WD_CONTEXT_ELEMENT.
   DATA LS_NODE_TEACHER TYPE WD_THIS->ELEMENT_NODE_TEACHER.

* 使用当前节点
   LO_ND_NODE_TEACHER = WD_CONTEXT->GET_CHILD_NODE( NAME = WD_THIS->WDCTX_NODE_TEACHER ).

* 判断节点是否为初始状态
* IF lo_nd_node_teacher IS INITIAL.
* ENDIF.

* 取得当前节点元素
   LO_EL_NODE_TEACHER = LO_ND_NODE_TEACHER->GET_ELEMENT( ).

* 元素是否为初始值
   IF LO_EL_NODE_TEACHER IS INITIAL.
   ENDIF.

* 相关属性赋值
*  ls_node_teacher = xxx->get_yyy( ).
```

```
   SELECT single * FROM  ZMTNUMBER_T into CORRESPONDING FIELDS OF LS_NODE_TEACHER
     WHERE  ZTNUMBER  = WD_COMP_CONTROLLER->TEACHER_ID.

*  赋值到节点
   LO_EL_NODE_TEACHER->SET_STATIC_ATTRIBUTES(
     STATIC_ATTRIBUTES = LS_NODE_TEACHER ).

   ENDMETHOD.
```

(2) 使用新建组件

步骤1：在当前组件中添加组件使用声明。

选择 Web Dynpro Component：ZWD_TEST。在左侧的树形结构菜单上双击组件 ZWD_TEST，转到 Used Components 选项卡，添加组件 ZWD_TEST_USAGE1，如图 4-18 所示。

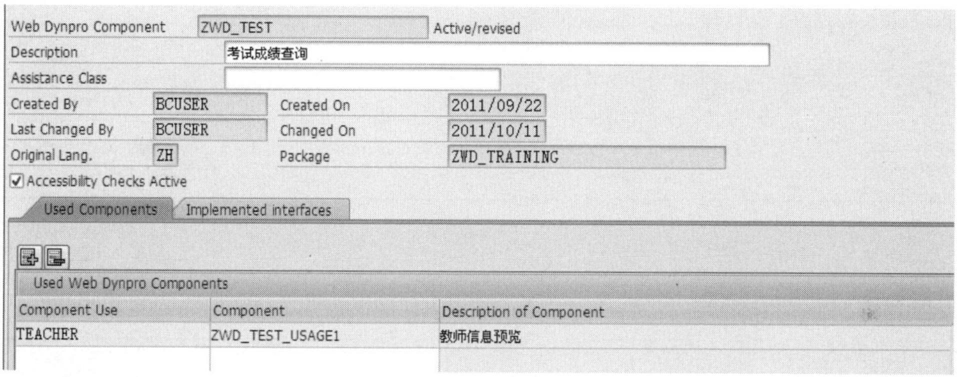

图 4-18

步骤2：在组件控制器中添加组件使用。

在左侧的树形结构菜单上双击组件控制器 COMPONENTCONTROLLER，转到 Properties 选项卡，单击按钮，添加组件使用 TEACHER，如图 4-19 所示。

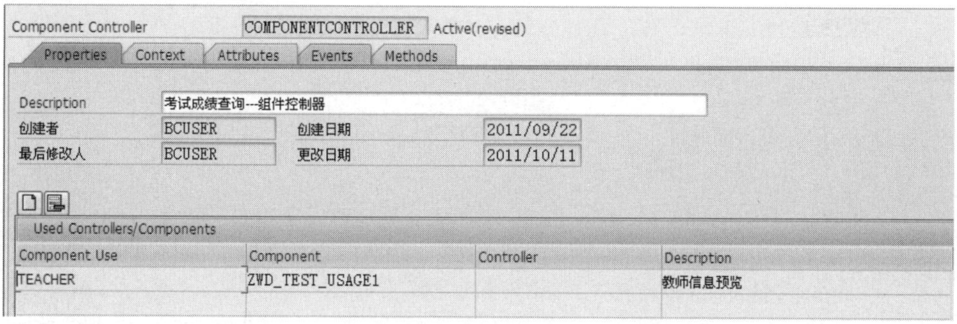

图 4-19

转到 Methods 选项卡，添加方法 SET_TEACHER_ID，为使用组件赋值，如图 4-20

所示。

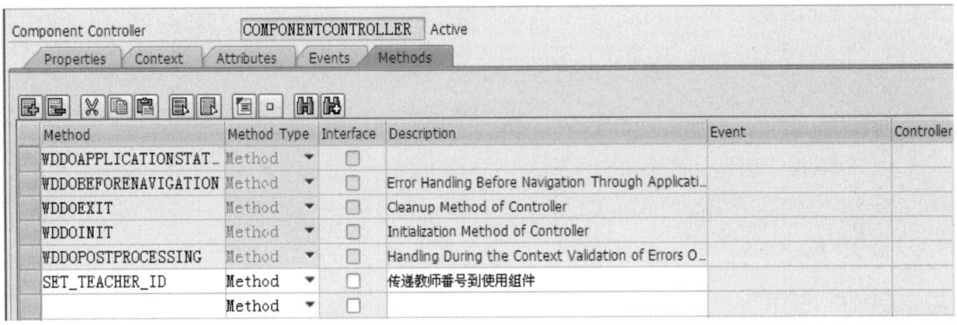

图 4-20

编辑方法属性如图 4-21 所示。

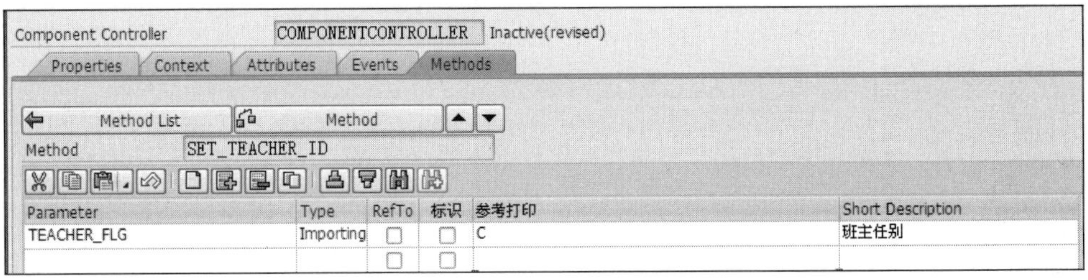

图 4-21

方法编辑如下所示。

```
METHOD SET_TEACHER_ID .
*  定义使用组件变量
   DATA LO_CMP_USAGE TYPE REF TO IF_WD_COMPONENT_USAGE.
   DATA LO_OBJ TYPE REF TO OBJECT.
   FIELD-SYMBOLS <L_DAT> TYPE ANY.
   DATA LV_ATTRIBUTE TYPE STRING VALUE 'IG_COMPONENTCONTROLLER~TEACHER_ID'.
*  取得使用组件及属性
   LO_CMP_USAGE =   WD_THIS->WD_CPUSE_TEACHER( ).
   IF LO_CMP_USAGE->HAS_ACTIVE_COMPONENT( ) IS INITIAL.
     LO_CMP_USAGE->CREATE_COMPONENT( ).
   ENDIF.

   LO_OBJ  = LO_CMP_USAGE->GET_INTERFACE_CONTROLLER( ).
   ASSIGN   LO_OBJ->(LV_ATTRIBUTE)   TO <L_DAT>.
*  取得视图 Context 教师 ID
   DATA LO_ND_NODE_CONDITION TYPE REF TO IF_WD_CONTEXT_NODE.
   DATA LO_EL_NODE_CONDITION TYPE REF TO IF_WD_CONTEXT_ELEMENT.
   DATA LS_NODE_CONDITION TYPE WD_THIS->ELEMENT_NODE_CONDITION.
```

```
* 取得当前节点
  LO_ND_NODE_CONDITION = WD_CONTEXT->GET_CHILD_NODE( NAME = WD_THIS->
WDCTX_NODE_CONDITION ).
* 取得当前节点元素
  LO_EL_NODE_CONDITION = LO_ND_NODE_CONDITION->GET_ELEMENT( ).

* 取得当前节点属性的值
  LO_EL_NODE_CONDITION->GET_STATIC_ATTRIBUTES(
    IMPORTING
      STATIC_ATTRIBUTES = LS_NODE_CONDITION ).

* 根据教师类别传值
  CASE TEACHER_FLG.
    WHEN 1.
      MOVE LS_NODE_CONDITION-ZZTEANOM TO <L_DAT>.
    WHEN 2.
      MOVE LS_NODE_CONDITION-ZZTEANOS TO <L_DAT>.
    WHEN OTHERS.
  ENDCASE.

ENDMETHOD.
```

注：方法 WD_CPUSE_<MY_COMPONENT_USAGE> 包含在每个控制器的本地接口中，主要为控制器声明使用外部组件。该方法返回一个类型为 IF_WD_COMPONENT_USAGE 的引用变量。

步骤3：在视图上添加工具栏，完成显示功能。

在左侧的树形结构菜单上双击视图 · V_DETAIL，转到 Layout 选项卡，在右上侧 UI 元素结构中选择 Group：GRP_CONDITION，右击按照图4-22所示的选项添加工具栏。

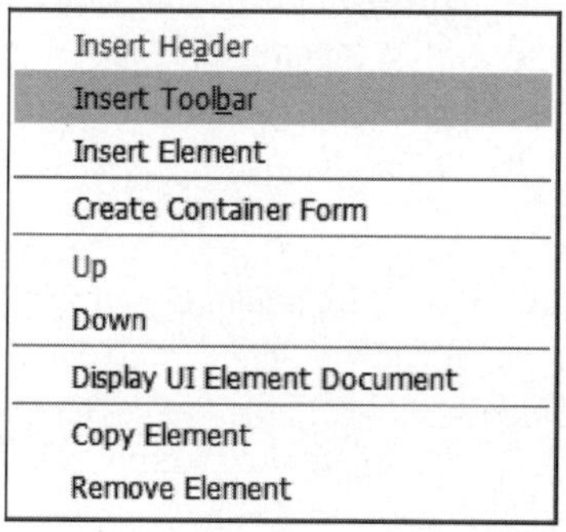

图4-22

编辑工具栏见表4-1。

表 4-1

布　　局	UI 元素
选择班级信息 班主任信息　副班主任信息	▼ 🗂 GRP_CONDITION 　• **T** CAPTION [Header] 　▼ ⚏ TOOLBAR [ToolBar] 　　• ⚏ DSPTCHR1 　　• ⚏ SEPARATOR 　　• ⚏ DSPTCHR2

步骤 4：为各项工具栏编辑属性 Action，实现显示功能。

为工具栏 DSPTCHR1 添加动作 DISPLAY_TEACHER；为工具栏 DSPTCHR2 添加动作 DISPLAY_TEACHER_VICE。动作处理方法 DISPLAY_TEACHER 编辑如下所示。

```
METHOD ONACTIONDISPLAY_TEACHER .
*  传递班主任 ID
  DATA LO_COMPONENTCONTROLLER TYPE REF TO IG_COMPONENTCONTROLLER .
  LO_COMPONENTCONTROLLER =   WD_THIS->GET_COMPONENTCONTROLLER_CTR( ).

   LO_COMPONENTCONTROLLER->SET_TEACHER_ID(
     TEACHER_FLG =     '1'                    " c
   ).

*  弹出组件接口视图
DATA LO_WINDOW_MANAGER TYPE REF TO IF_WD_WINDOW_MANAGER.
DATA LO_API_COMPONENT   TYPE REF TO IF_WD_COMPONENT.
DATA LO_WINDOW          TYPE REF TO IF_WD_WINDOW.

LO_API_COMPONENT   = WD_COMP_CONTROLLER->WD_GET_API( ).
LO_WINDOW_MANAGER = LO_API_COMPONENT->GET_WINDOW_MANAGER( ).
LO_WINDOW          = LO_WINDOW_MANAGER->CREATE_WINDOW_FOR_CMP_USAGE(
              INTERFACE_VIEW_NAME       = 'W_TEST_USAGE1'
              COMPONENT_USAGE_NAME      = 'TEACHER'
*             title                     =
*             close_in_any_case         = abap_true
              MESSAGE_DISPLAY_MODE      = IF_WD_WINDOW=>CO_MSG_DISPLAY_
MODE_SELECTED
            ).

LO_WINDOW->OPEN( ).
ENDMETHOD.
```

动作处理方法 DISPLAY_TEACHER_VICE 编辑如下所示。

```
METHOD ONACTIONDISPLAY_TEACHER_VICE .
*   传递副班主任 ID
    DATA LO_COMPONENTCONTROLLER TYPE REF TO IG_COMPONENTCONTROLLER .
    LO_COMPONENTCONTROLLER =    WD_THIS->GET_COMPONENTCONTROLLER_CTR( ).

    LO_COMPONENTCONTROLLER->SET_TEACHER_ID(
      TEACHER_FLG =      '2'                     " c
    ).

*   弹出组件接口视图
    DATA LO_WINDOW_MANAGER TYPE REF TO IF_WD_WINDOW_MANAGER.
    DATA LO_API_COMPONENT   TYPE REF TO IF_WD_COMPONENT.
    DATA LO_WINDOW          TYPE REF TO IF_WD_WINDOW.

    LO_API_COMPONENT    = WD_COMP_CONTROLLER->WD_GET_API( ).
    LO_WINDOW_MANAGER = LO_API_COMPONENT->GET_WINDOW_MANAGER( ).
    LO_WINDOW          = LO_WINDOW_MANAGER->CREATE_WINDOW_FOR_CMP_USAGE(
                           INTERFACE_VIEW_NAME     = 'W_TEST_USAGE1'
                           COMPONENT_USAGE_NAME    = 'TEACHER'
*                          title                   =
*                          close_in_any_case       = abap_true
                           MESSAGE_DISPLAY_MODE    = IF_WD_WINDOW=>CO_MSG_DISPLAY_MODE_SELECTED
                         ).
    LO_WINDOW->OPEN( ).

ENDMETHOD.
```

效果图如图 4-23 所示。

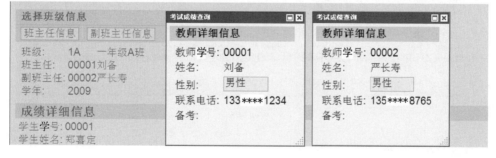

图 4-23

2. 调用被使用组件（Used Component）

要显示外部组件，可以将外部组件的任何窗体的接口视图，嵌入到当前的组件窗体中。此过程完全对应嵌入视图到当前组件窗体。通过设立当前组件某个视图的一个出站导航，到外部组件的窗体对应的接口视图中的入站插头，从而显示外部组件，如图 4-24 所示。

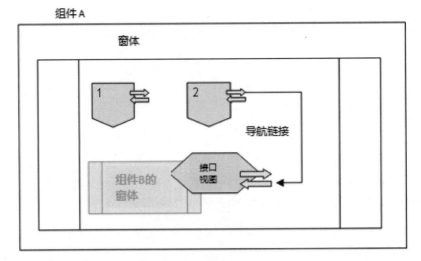

图 4-24

每个被使用组件的接口视图可以嵌入到其他组件的窗体中，并且只能嵌入一次。如果想嵌入某个组件的某个特定的接口视图到外部窗体中多次，有多少组件使用，就必须首先声明多少个。在设计时通常不知道这一数据，因为它取决的确定因素只有在运行时才能知道。

4.2.2 有控制器访问的组件使用

如果想从当前组件中访问外部组件的接口控制器，也就是说想改变这个控制器的数据或者使用其功能方法，在 Properties 选项卡上必须选择选定控制器的使用范例→Foreign_component→接口控制器。这样组件和接口控制器均被明确纳入图 4-25 所示的表中。

组件使用	组件	控制器
MYCOMPUSAGE	FOREIGN_COMPONENT	
MYCOMPUSAGE	FOREIGN_COMPONENT	InterfaceController

图 4-25

1. 实装被使用组件

必须在适当的方法中对所使用的组件进行实例化。

2. 实施调用被使用组件的控制器方法

如果想要访问所使用控制器的 Context 的内容或者想要使用此控制器的方法，必须在当前控制器的 Properties 选项卡上加入使用组件接口控制器。

(1) 新建被使用组件。

步骤1：创建 Web Dynpro 组件。

选择下拉列表项 Web Dynpro Comp. / Intf. ▼，在相应的输入栏填入程序的名称，如图 4-26 所示。

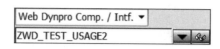

图 4-26

单击图 4-26 中的 ![] 按钮，弹出对话框并编辑信息，如图 4-27 所示。

单击图 4-27 中的 ![] 按钮，保存组件并编辑信息，如图 4-28 所示。

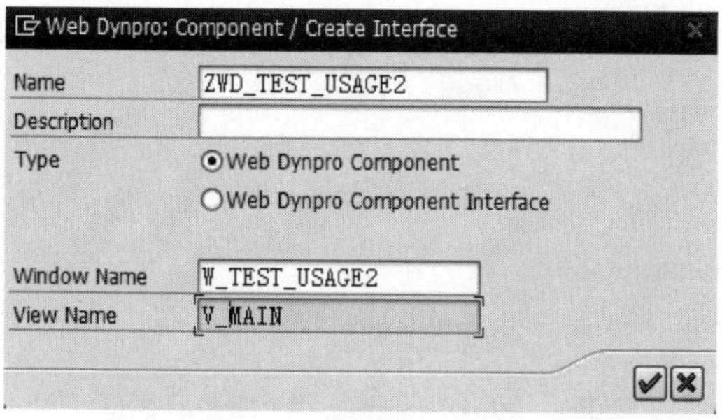

图 4-27 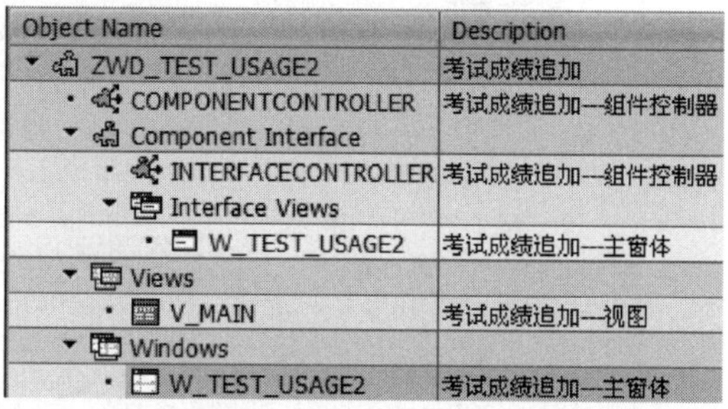　　　　　　　　　　　图 4-28

步骤2：创建 Web Dynpro 组件接口。

在左侧的树形结构菜单上双击窗体及组件（注：双击后会弹出相应的对话框）后，并在窗体及组件的 Properties 选项卡中设定 Interface 选项，窗体属性如图 4-29 所示。

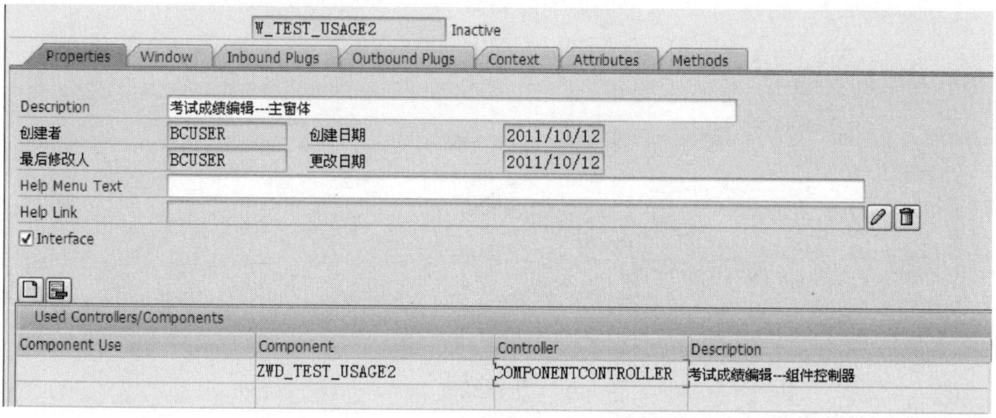

图 4-29

在左侧的树形结构菜单上双击组件控制器 · COMPONENTCONTROLLER，转到 Events 选项卡上，在列表中创建 OK 接口事件，如图 4-30 所示。

转到 Methods 选项卡上，在列表中创建 FIRE_EVENT_OK 接口方法，如图 4-31 所示。

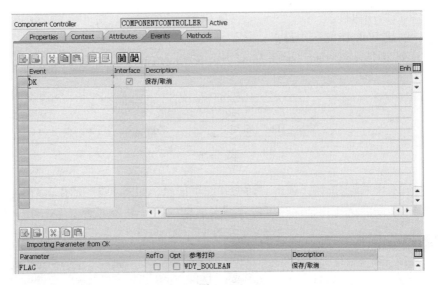

图 4-30

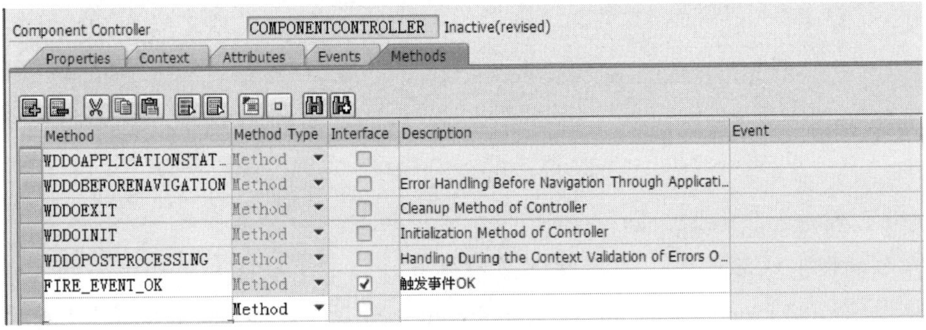

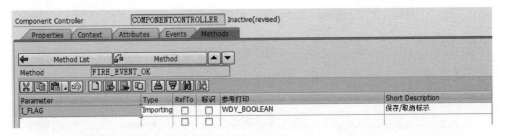

图 4-31

编辑方法属性如图 4-32 所示。

图 4-32

具体的方法编辑如下所示。

```
METHOD FIRE_EVENT_OK .
    WD_THIS->FIRE_OK_EVT(
        FLAG =   I_FLAG                           " wdy_boolean
```

```
    ).
ENDMETHOD.
```

步骤3：编辑 Web Dynpro 视图。

双击 V_MAIN 视图，转到 Context 选项卡上，在 Context 上创建 NODE_SELECT_ADD 节点，如图 4-33 所示。

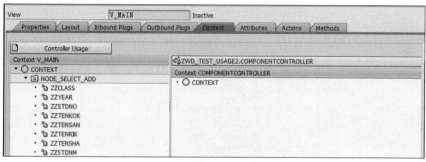

图 4-33

转到 Layout 选项卡，创建容器类 UI 元素，在标签页中右击并按图 4-34 所示选项创建 Form。

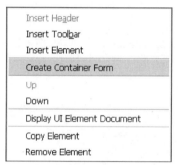

图 4-34

绑定信息如图 4-35 所示。

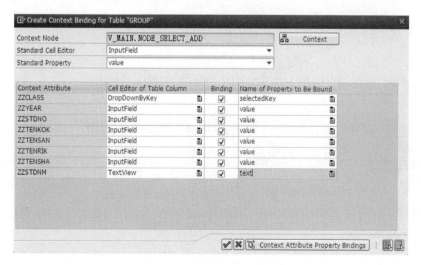

图 4-35

编辑结果如图 4-36 所示。

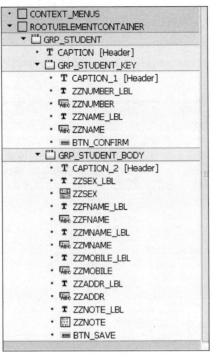

图 4-36

视图布局设计如图 4-37 所示。

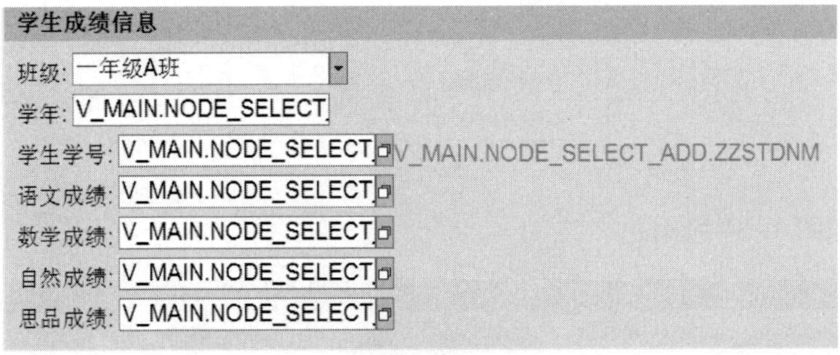

图 4-37

转到 Methods 选项卡，编辑方法 SAVE_CANCEL 如图 4-38 所示。

图 4-38

方法 SAVE_CANCEL 编辑如下所示。

```
METHOD SAVE_CANCEL .
  CASE   FLAG.
* 确定键按下场合
    WHEN ABAP_TRUE.
* 取得输入值
        DATA LO_ND_NODE_SELECT_ADD TYPE REF TO IF_WD_CONTEXT_NODE.
        DATA LO_EL_NODE_SELECT_ADD TYPE REF TO IF_WD_CONTEXT_ELEMENT.
        DATA LS_NODE_SELECT_ADD TYPE WD_THIS->ELEMENT_NODE_SELECT_ADD.
* 取得当前节点
        LO_ND_NODE_SELECT_ADD = WD_CONTEXT->GET_CHILD_NODE( NAME = WD_
THIS->WDCTX_NODE_SELECT_ADD ).


* 取得当前节点元素
        LO_EL_NODE_SELECT_ADD = LO_ND_NODE_SELECT_ADD->GET_ELEMENT( ).


* 取得当前节点属性的值
        LO_EL_NODE_SELECT_ADD->GET_STATIC_ATTRIBUTES(
          IMPORTING
            STATIC_ATTRIBUTES = LS_NODE_SELECT_ADD ).


* 加锁数据库
        CALL FUNCTION 'ENQUEUE_EZTTEST_T'
          EXPORTING
            MODE_ZTTEST_T    = 'E'
            MANDT            = SY-MANDT
            ZZCLASS          = LS_NODE_SELECT_ADD-ZZCLASS
            ZZYEAR           = LS_NODE_SELECT_ADD-ZZYEAR
            ZZSTDNO          = LS_NODE_SELECT_ADD-ZZSTDNO
            X_ZZCLASS        = ' '
            X_ZZYEAR         = ' '
            X_ZZSTDNO        = ' '
            _SCOPE           = '2'
            _WAIT            = ' '
            _COLLECT         = ' '
          EXCEPTIONS
            FOREIGN_LOCK     = 1
            SYSTEM_FAILURE   = 2.
* 更新数据库
* 解锁数据库
```

```
        CALL FUNCTION 'DEQUEUE_EZTTEST_T'
          EXPORTING
            MODE_ZTTEST_T = 'E'
            MANDT         = SY-MANDT
            ZZCLASS       = LS_NODE_SELECT_ADD-ZZCLASS
            ZZYEAR        = LS_NODE_SELECT_ADD-ZZYEAR
            ZZSTDNO       = LS_NODE_SELECT_ADD-ZZSTDNO
            X_ZZCLASS     = ' '
            X_ZZYEAR      = ' '
            X_ZZSTDNO     = ' '
            _SCOPE        = '3'
            _SYNCHRON     = ' '
            _COLLECT      = ' '.
         WD_THIS->CLOSE_WINDOW(
         ).
*    取消键按下的场合
         WHEN ABAP_FALSE.
           WD_THIS->CLOSE_WINDOW(
           ).

       ENDCASE.
     ENDMETHOD.
```

方法 CLOSE_WINDOW 编辑如下所示。

```
   METHOD CLOSE_WINDOW .
     DATA LO_API_MAIN TYPE REF TO IF_WD_VIEW_CONTROLLER.
     DATA LO_API_MAIN_WIN TYPE REF TO  IF_WD_WINDOW_CONTROLLER.
     DATA LO_API_WIN TYPE REF TO IF_WD_WINDOW.

     LO_API_MAIN = WD_THIS->WD_GET_API( ).
     LO_API_MAIN_WIN =  LO_API_MAIN->GET_EMBEDDING_WINDOW_CTLR( ).
     LO_API_WIN =   LO_API_MAIN_WIN->GET_WINDOW( ).

     LO_API_WIN->CLOSE( ).
   ENDMETHOD.
```

(2) 使用新建组件

步骤1：在当前组件中添加组件使用声明。

选择 Web Dynpro Component：ZWD _ TEST，在左侧的树形结构菜单上双击组件 ZWD_TEST，转到 Used Components 选项卡，添加组件 ZWD_TEST_USAGE2，如图 4-39 所示。

步骤2：在视图控制器中添加组件使用。

图 4-39

在左侧的树形结构菜单上双击视图,转到 Properties 选项卡,单击 按钮,添加组件使用如图 4-40 所示。

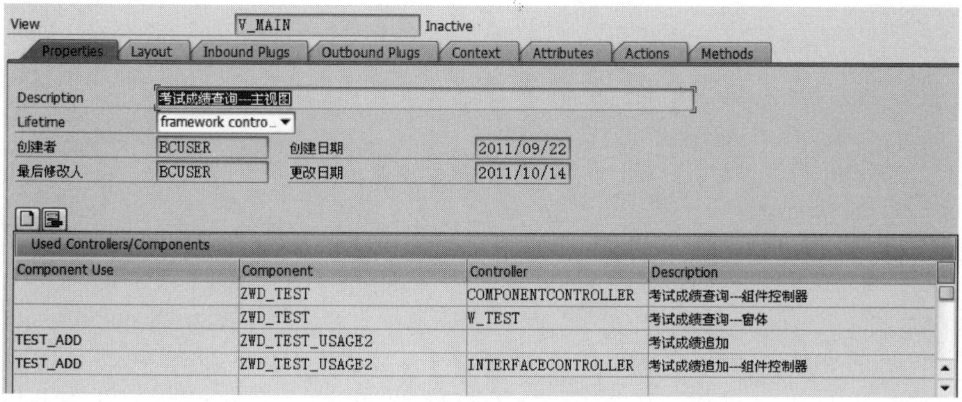

图 4-40

步骤 3:在视图上添加工具栏,完成显示功能。

转到 Layout 选项卡,在右上侧 UI 元素结构中选择 Table:TBL_RESULT,右击按照图 4-41所示的选项添加工具栏选项 TBLRA_ADD,并为 TBLRA_ADD 添加动作 ADD,如图 4-42 所示。

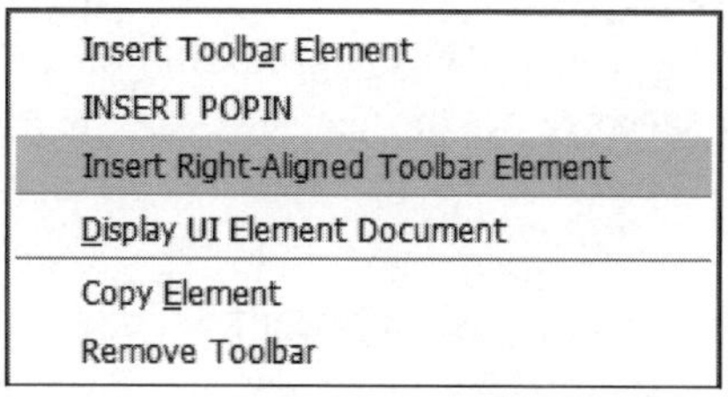

图 4-41

图 4-42

编辑动作方法如下所示。

```
METHOD ONACTIONADD .
*
* 实例化使用组件
  DATA LO_CMP_USAGE TYPE REF TO IF_WD_COMPONENT_USAGE.

  LO_CMP_USAGE =   WD_THIS->WD_CPUSE_TEST_ADD( ).
  IF LO_CMP_USAGE->HAS_ACTIVE_COMPONENT( ) IS INITIAL.
    LO_CMP_USAGE->CREATE_COMPONENT( ).
  ENDIF.
* 生成弹出窗体
  DATA: L_REF_INTERFACECONTROLLER TYPE REF TO ZIWCI_WD_TEST_USAGE2,
        L_API_INTERFACECONTROLLER TYPE REF TO IF_WD_CONTROLLER.

        L_REF_INTERFACECONTROLLER = WD_THIS->WD_CPIFC_TEST_ADD( ).
        L_API_INTERFACECONTROLLER = L_REF_INTERFACECONTROLLER->WD_GET_API( ).
  DATA LO_API_COMPONENT   TYPE REF TO IF_WD_COMPONENT.
  LO_API_COMPONENT  = L_API_INTERFACECONTROLLER->GET_COMPONENT( ).
  DATA LO_WINDOW_MANAGER TYPE REF TO IF_WD_WINDOW_MANAGER.
  DATA LO_WINDOW         TYPE REF TO IF_WD_WINDOW.

  LO_WINDOW_MANAGER =  LO_API_COMPONENT->GET_WINDOW_MANAGER( ).
  LO_WINDOW         = LO_WINDOW_MANAGER->CREATE_WINDOW(
                      WINDOW_NAME          = 'W_TEST_USAGE2'
*                     title                = '考试成绩'
*                     close_in_any_case    = abap_true
                      MESSAGE_DISPLAY_MODE = IF_WD_WINDOW=>CO_MSG_DISPLAY_MODE_SELECTED
*                     close_button         = abap_true
                      BUTTON_KIND          = IF_WD_WINDOW=>CO_BUTTONS_OKCANCEL
```

```
                        MESSAGE_TYPE           = IF_WD_WINDOW=>CO_MSG_TYPE
_NONE
                        DEFAULT_BUTTON         = IF_WD_WINDOW=>CO_BUTTON_OK
                      ).

* 为弹出窗体添加按钮
  DATA LO_API_V_MAIN TYPE REF TO IF_WD_VIEW_CONTROLLER.
  LO_API_V_MAIN = WD_THIS->WD_GET_API( ).

  CALL METHOD LO_WINDOW->SUBSCRIBE_TO_BUTTON_EVENT
    EXPORTING
      BUTTON             =  IF_WD_WINDOW=>CO_BUTTON_OK
    BUTTON_TEXT    = '保存'
*   TOOLTIP        =
      ACTION_NAME        = 'SAVE'
      ACTION_VIEW        =     LO_API_V_MAIN
*   IS_DEFAULT_BUTTON = ABAP_FALSE
      .

  CALL METHOD LO_WINDOW->SUBSCRIBE_TO_BUTTON_EVENT
    EXPORTING
      BUTTON             =  IF_WD_WINDOW=>CO_BUTTON_CANCEL
    BUTTON_TEXT    = '取消'
*   TOOLTIP        =
      ACTION_NAME        =   'CANCEL'
      ACTION_VIEW        =     LO_API_V_MAIN
"   IS_DEFAULT_BUTTON = ABAP_FALSE
      .

  LO_WINDOW->OPEN( ).

ENDMETHOD.
```

视图布局编辑如图 4-43 所示。

	自然成绩	思品成绩	追加
ZZTENSAN	V_MAIN.NODE_SELECT.ZZTENRIK	V_MAIN.NODE_SELECT.ZZTENSHA	
ZZTENSAN	V_MAIN.NODE_SELECT.ZZTENRIK	V_MAIN.NODE_SELECT.ZZTENSHA	
ZZTENSAN	V_MAIN.NODE_SELECT.ZZTENRIK	V_MAIN.NODE_SELECT.ZZTENSHA	
ZZTENSAN	V_MAIN.NODE_SELECT.ZZTENRIK	V_MAIN.NODE_SELECT.ZZTENSHA	
ZZTENSAN	V_MAIN.NODE_SELECT.ZZTENRIK	V_MAIN.NODE_SELECT.ZZTENSHA	

图 4-43

转到 Actions 选项卡,为了响应接口处理,编辑动作 SAVE 及 CANCEL 如图 4-44 所示。

图 4-44

动作处理方法 SAVE 编辑如下所示。

```
METHOD ONACTIONSAVE .
    DATA LO_INTERFACECONTROLLER TYPE REF TO ZIWCI_WD_TEST_USAGE2 .
    LO_INTERFACECONTROLLER =   WD_THIS->WD_CPIFC_TEST_ADD( ).

    LO_INTERFACECONTROLLER->FIRE_EVENT_OK(
      I_FLAG =    abap_true                       " wdy_boolean
    ).

ENDMETHOD.
```

动作处理方法 CANCEL 编辑如下所示。

```
METHOD ONACTIONCANCEL .
    DATA LO_INTERFACECONTROLLER TYPE REF TO ZIWCI_WD_TEST_USAGE2 .
    LO_INTERFACECONTROLLER =   WD_THIS->WD_CPIFC_TEST_ADD( ).

    LO_INTERFACECONTROLLER->FIRE_EVENT_OK(
      I_FLAG =     ABAP_FALSE                     " wdy_boolean
    ).

    WD_THIS->INVALIDATE_SELECT_NODE(
    ).

ENDMETHOD.
```

处理效果如图 4-45 所示。

3. 方法 WD_CPIFC_<MY_COMPONENT_USAGE>

如果组件及与之相关的接口控制器的使用已在其他相关组件的 Properties 选项卡上被声明，本地控制器的方法列表会自动生成扩展的方法 WD_CPIFC_<MY_COMPONENT_USAGE>。此方法返回一个引用变量的类型 IWCI_<USED_COMPONENT>，它是所使用组件的 ABAP 全局接口的类型。

示例：分配组件 MY_USABLE_COMPONENT 的组件使用 MY_COMP_USAGE 到当前组件。本地控制器接口的方法 WD_CPIFC_MY_COMP_USAGE 可以存取接口控制器所使用的组件 MY_USABLE_COMPONENT 的方法。例如，可以使用它的方法 WD_GET_API 来访问其使用的接口控制器的方法的运行时 API。

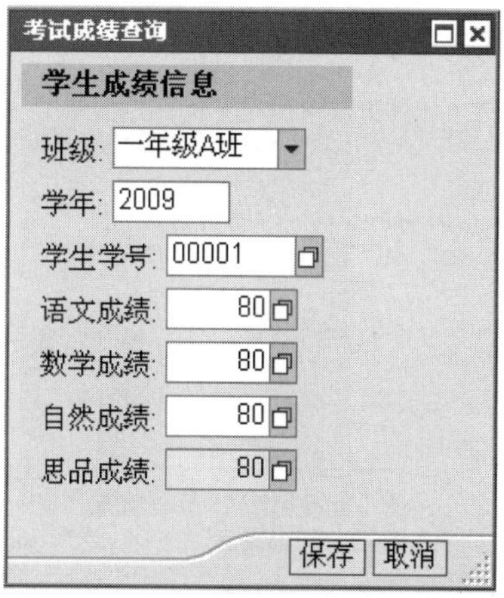

图 4-45

```
METHOD MY_CONTROLLER_METHOD .
    DATA: L_REF_INTERFACECONTROLLER TYPE REF TO IWCI_MY_USABLE_COMPO-
NENT,
    L_API_INTERFACECONTROLLER TYPE REF TO IF_WD_CONTROLLER.
    L_REF_INTERFACECONTROLLER = WD_THIS->WD_CPIFC_MY_COMP_USAGE( ).
    L_API_INTERFACECONTROLLER = L_REF_INTERFACECONTROLLER->WD_GET_API(
).
    ENDMETHOD.                    "MY_CONTROLLER_METHOD
```

4.2.3 通过窗体插头导航

在程序运行时可以改变某个连接，要做到这一点，需通过窗体的导航控制事件处理程序，如入站控制事件的处理程序。在这种方式下，在一个嵌入式组件的窗体内可以在运行时控制导航，如确定首先要显示的是哪个嵌入式窗体的视图。

（1）新建被使用组件

步骤1：创建 Web Dynpro 组件。

选中下拉列表项 Web Dynpro Comp. / Intf.，在相应的输入栏填入程序的名称，如图 4-46 所示。

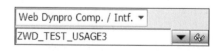

图 4-46

单击图 4-46 中的 按钮，弹出对话框，编辑信息如图 4-47 所示。

单击图 4-47 中的按钮，保存组件并编辑信息如图 4-48 所示。

步骤2：创建 Web Dynpro 组件接口。

在左侧的树形结构菜单上双击组件，并在组件的 Context 选项卡中设定 Interface 选项，将 NODE_SELECT 节点设定为 Interface-Knoten，如图 4-49 所示。

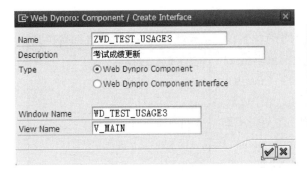

图 4-47   图 4-48

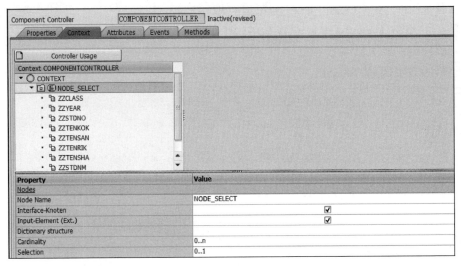

图 4-49

在左侧的树形结构菜单上双击窗体，转到 Inbound Plugs 和 Outbound Plugs 选项卡，设置接口插头。

入站插头设置如图 4-50 所示。

图 4-50

出站插头设置如图 4-51 所示。

图 4-51

步骤 3：编辑视图。

在左侧程序的树形结构菜单上双击视图，并在视图的 Properties 选项卡中设置窗体控制器为被使用的组件控制器，如图 4-52 所示。

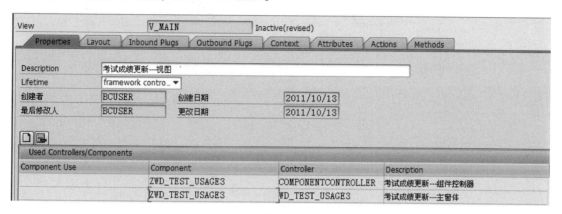

图 4-52

转到 Context 选项卡上，创建节点并与组件控制器中的节点建立映射，结果如图 4-53 所示。

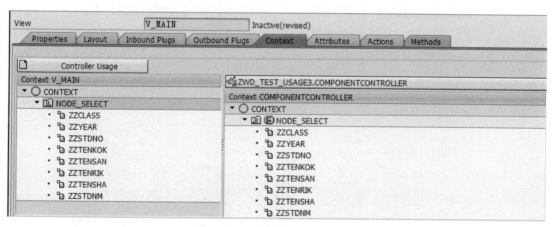

图 4-53

转到 Layout 选项卡，创建容器类 UI 元素，并在容器类 UI 元素上右击，按图 4-54 所示选项创建 Form。

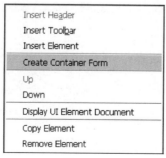

图 4-54

所有绑定如下所示。

Key（关键信息）部分，如图 4-55 所示。

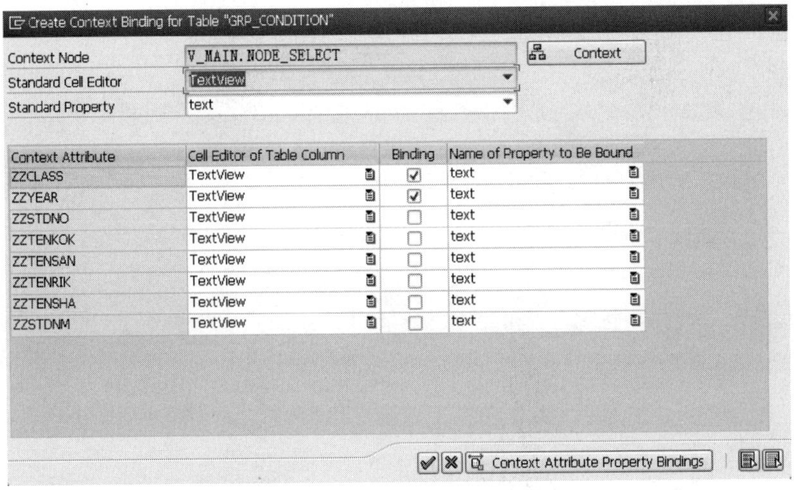

图 4-55

Body（主要信息）部分，如图 4-56 所示。

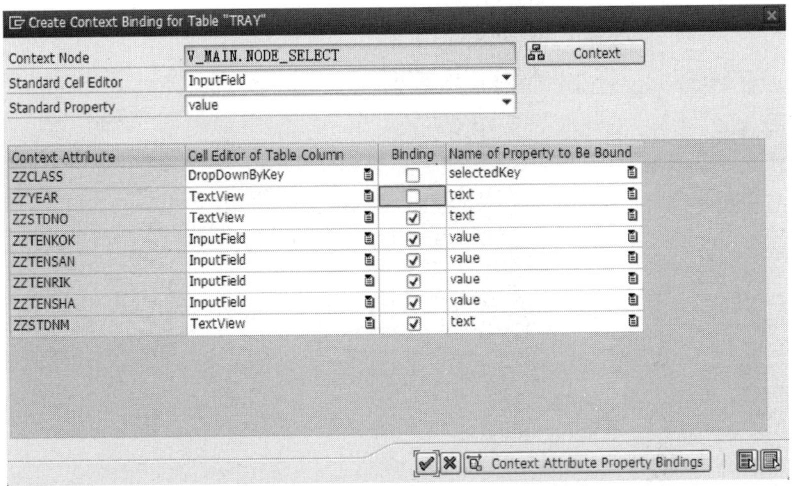

图 4-56

创建按钮 UI 元素并分配动作 UPDATE，如图 4-57 所示。

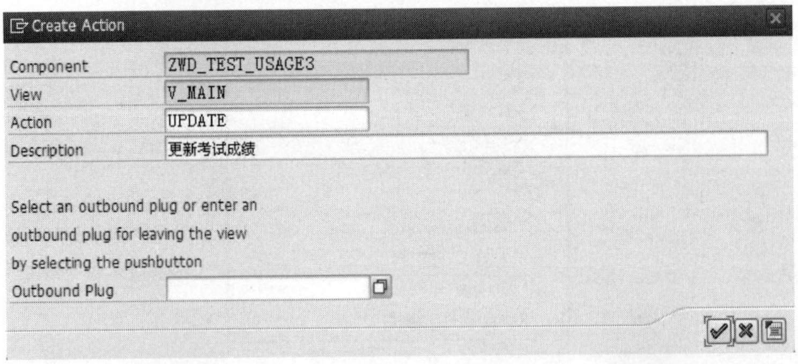

图 4-57

编辑结果如图 4-58 所示。

编辑视图布局如图 4-59 所示。

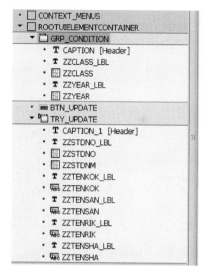

图 4-58

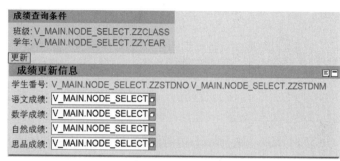

图 4-59

（2）使用新建组件

步骤 1：在当前组件中添加组件使用声明。

选择 Web Dynpro Component：ZWD_TEST，在左侧的树形结构菜单上双击组件 ZWD_TEST，转到 Used Components 选项卡，添加组件 ZWD_TEST_USAGE3，如图 4-60 所示。

图 4-60

步骤 2：在视图控制器中添加组件使用，如图 4-61 所示。

▼ TEST_UPDATE	
• INTERFACECONTROLLER_USAGE	

图 4-61

在左侧的树形结构菜单上（如图 4-61 所示）双击控制器使用。转到 Properties 选项卡，单击 按钮，添加组件使用如图 4-62 所示。

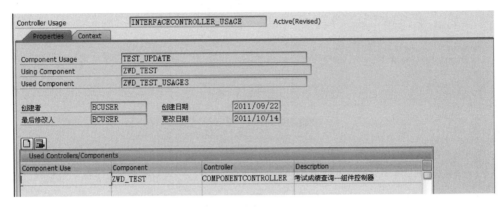

图 4-62

转到 Context 选项卡与组件控制器中相对应的节点做外部映射，结果如图 4-63 所示。

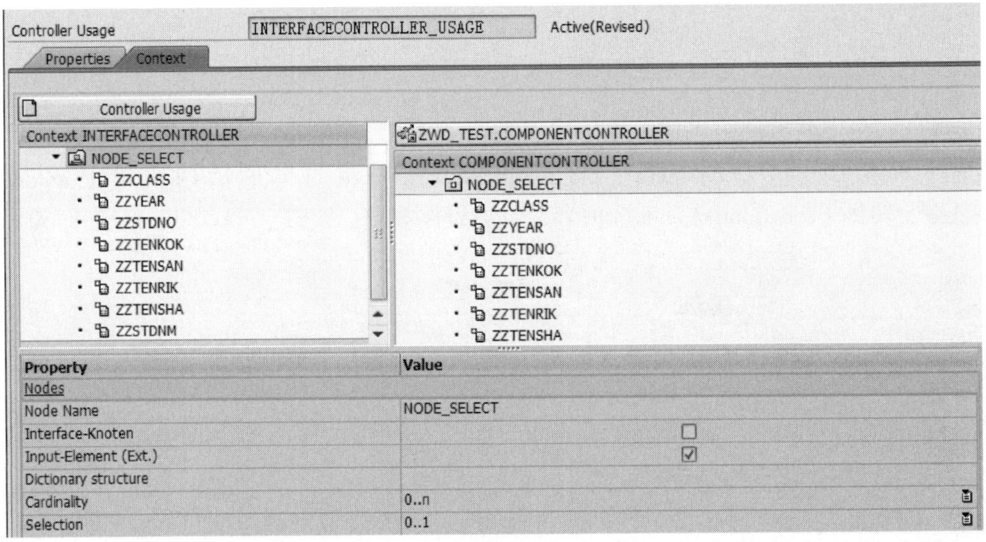

图 4-63

步骤 3：在视图上添加工具栏，完成显示功能。

转到视图 Layout 选项卡，在右上侧 UI 元素结构中选择 Table：TBL_RESULT，右击相关选项添加工具栏选项 TBLTA_UPDATE，如图 4-64 所示。

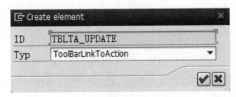

图 4-64

并为 TBLTA_UPDATE 添加动作 UPDATE，如图 4-65 所示。

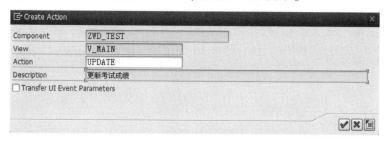

图 4-65

转到 Inbound Plugs 和 Outbound Plugs 选项卡，为导航接口视图设置插头。
入站插头设置如图 4-66 所示。

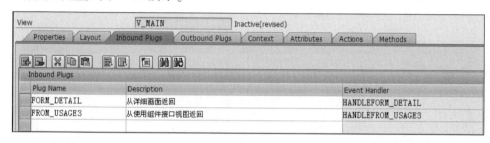

图 4-66

出站插头设置如图 4-67 所示。

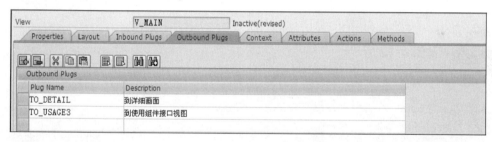

图 4-67

步骤 4：在窗体中添加接口视图，完成导航设定功能。
转到窗体 Window 选项卡，选择根节点并右击，按照图 4-68 所示的选项添加接口视图。
在弹出的对话框中选择接口视图，如图 4-69 所示。

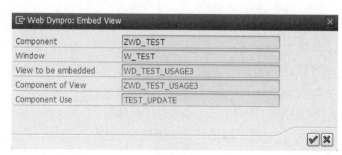

图 4-68　　　　　　　　　　图 4-69

设定到接口视图的出站导航，如图 4-70 所示。

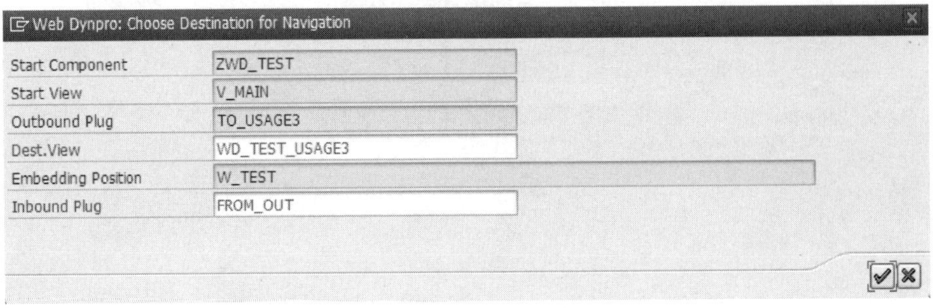

图 4-70

设定接口视图的入站导航，如图 4-71 所示。

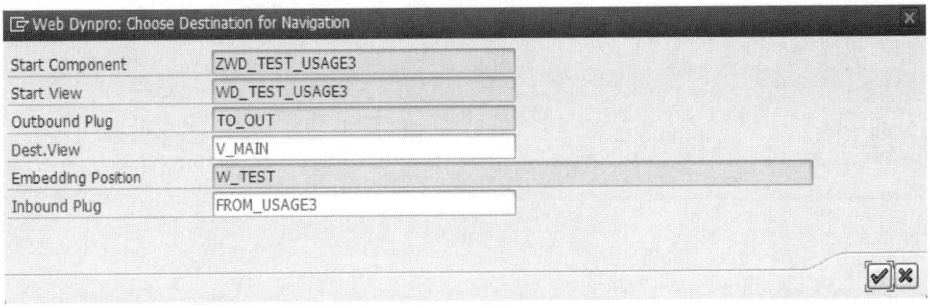

图 4-71

设定结果如图 4-72 所示。

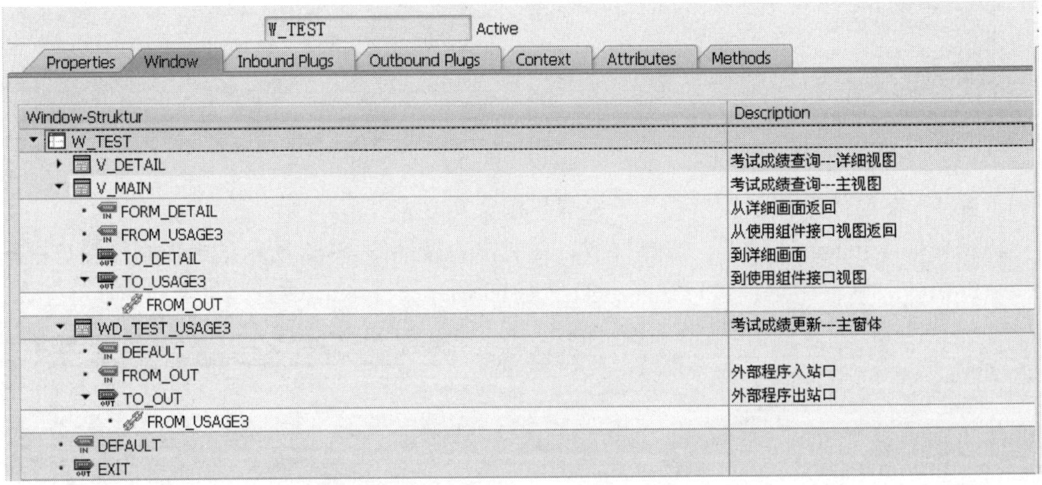

图 4-72

步骤 5：在视图上编辑代码完成相应功能。
转到视图 Methods 选项卡编辑动作 UPDATE 的处理程序如下所示。

```
METHOD ONACTIONUPDATE .
* 转到应用组件 USAGE3
  WD_THIS->FIRE_TO_USAGE3_PLG(
    ).

ENDMETHOD.
```

转到组件 ZWD_TEST_USAGE3 中的 V_MAIN 视图,编辑器对应的动作 UPDATE 处理程序如下所示。

```
METHOD ONACTIONUPDATE .
* 读取更新结果
  DATA LO_ND_NODE_SELECT TYPE REF TO IF_WD_CONTEXT_NODE.

  DATA LO_EL_NODE_SELECT TYPE REF TO IF_WD_CONTEXT_ELEMENT.
  DATA LS_NODE_SELECT TYPE WD_THIS->ELEMENT_NODE_SELECT.

* 取得当前节点
  LO_ND_NODE_SELECT = WD_CONTEXT->GET_CHILD_NODE( NAME = WD_THIS->WDCTX_NODE_SELECT ).
* 取得当前节点元素
  LO_EL_NODE_SELECT = LO_ND_NODE_SELECT->GET_ELEMENT( ).
*
* 取得当前节点属性的值
  LO_EL_NODE_SELECT->GET_STATIC_ATTRIBUTES(
    IMPORTING
      STATIC_ATTRIBUTES = LS_NODE_SELECT ).

* 加锁数据库
    CALL FUNCTION 'ENQUEUE_EZTTEST_T'
      EXPORTING
        MODE_ZTTEST_T   = 'E'
        MANDT           = SY-MANDT
        ZZCLASS         = LS_NODE_SELECT-ZZCLASS
        ZZYEAR          = LS_NODE_SELECT-ZZYEAR
        ZZSTDNO         = LS_NODE_SELECT-ZZSTDNO
        X_ZZCLASS       = ' '
        X_ZZYEAR        = ' '
        X_ZZSTDNO       = ' '
        _SCOPE          = '2'
        _WAIT           = ' '
        _COLLECT        = ' '
      EXCEPTIONS
```

```
                FOREIGN_LOCK        = 1
                SYSTEM_FAILURE      = 2.
*   更新数据库
        DATA ZTTEST_T TYPE ZTTEST_T.
        MOVE-CORRESPONDING LS_NODE_SELECT   TO ZTTEST_T.
        update   ZTTEST_T    from ZTTEST_T .
*   解锁数据库
        CALL FUNCTION 'DEQUEUE_EZTTEST_T'
          EXPORTING
            MODE_ZTTEST_T       = 'E'
            MANDT               = SY-MANDT
            ZZCLASS             = LS_NODE_SELECT-ZZCLASS
            ZZYEAR              = LS_NODE_SELECT-ZZYEAR
            ZZSTDNO             = LS_NODE_SELECT-ZZSTDNO
            X_ZZCLASS           = ' '
            X_ZZYEAR            = ' '
            X_ZZSTDNO           = ' '
            _SCOPE              = '3'
            _SYNCHRON           = ' '
            _COLLECT            = ' '.
*   返回调用组件
        DATA LO_WD_TEST_USAGE3 TYPE REF TO IG_WD_TEST_USAGE3 .
        LO_WD_TEST_USAGE3 =    WD_THIS->GET_WD_TEST_USAGE3_CTR( ).

        LO_WD_TEST_USAGE3->FIRE_TO_OUT_PLG(
        ).

    ENDMETHOD.
```

在导航编辑中有一个必要的操作步骤，就是在导航事件控制程序中添加一个导航控制参数。在窗体编辑器中除了连接视图出站插头到随后的视图之外，视图的出站插头也要与被嵌入窗体的入站插头相连。

注： 每个窗体默认有一个入站插头，也可以在窗体编辑器中为一个窗体创建任意数量的自定义的入站和出站插头。在窗体编辑器中，窗体的出/入站插头以树状结构显示，在此也可以进行其他事项的处理。

此外，为窗体所需的每个导航选项创建出站插头。在窗体的编辑器中设置相应的导航链接。在这种方式下，所有可能的导航必须提前考虑并设计。导航可以在运行时控制，起始视图的出站插头必须通过参数传递给窗体的输入插头。在窗体入站插头的事件处理程序中，根据传递的参数值，系统会控制窗体的哪一个出站插头在运行时调用，如图4-73所示。这意味着导航路径的执行被实时控制了。

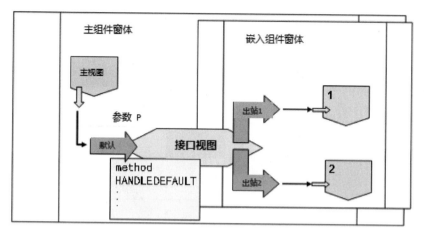

图 4-73

4.3 跨组件 Context 映射

组件使用内容的第三个方法是使用组件接口控制器的跨组件 Context 映射。

按照前面几个章节的操作步骤，只要声明组件接口控制器的使用并实例化外部组件，所属外部接口控制器的 Context 映射便是可用的。在控制器的 Context 选项卡中，Context 作为外部接口控制器的使用已声明，在 Context 编辑器的右侧可以看到此接口控制器，可以为当前组件控制器的 Context 节点定义到接口控制器 Context 节点的映射，如图 4-74 所示。

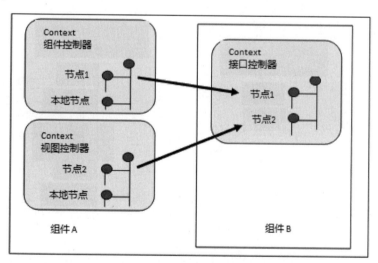

图 4-74

跨组件 Context 映射描述了 Web Dynpro 组件边界之间的映射机制。为了更好地理解，图 4-75 再次显示了简单的 Context 映射原理。在示例中，组件 A 参照作为组件使用的组件 B 在组件控制器 Context 之间为同名的节点 1 定义映射，这两个组件在设计时是已知的。

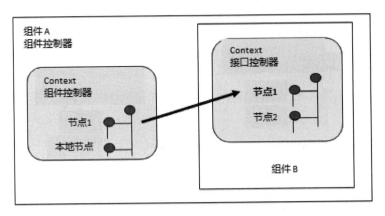

图 4-75

映射定义在运行时，提供了组件 A 的组件控制器 Context 的值，该值是从组件 B 的接口控制器 Context 节点值映射而来，接口控制器 Context 的节点在这个映射关系中是源节点。

这种类型的映射的一个例子就是：一个没有用户界面的组件，该组件仅用于提供针对所使用的组件，该组件只是定义了一个画面，画面上的值需要从外部组件取得。

外部组件映射的信息流恰恰相反：所使用的组件 B 在其接口控制器 Context 中定义一个被释放的节点用于外部组件映射。在组件控制器的编辑器中，将 Context 属性设置为输入元素 Input Element (Ext.)，如图 4-76 所示。当创建一个接口控制器的节点时，组件控制器 Context 节点的属性要明确标记为接口。

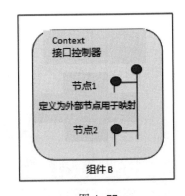

图 4-76　　　　　　　　　　　　图 4-77

在这样的方式下，接口控制器的 Context 节点属性标记为 Interface Node，并且为 Input Element (Ext.)，如图 4-77 所示。这样的节点可以与使用组件 Context 节点相连接，然后在运行时接收组件 A 的组件控制器中 Context 节点的相关值，如图 4-78 所示。组件 A 的组件控制器的节点 1 是源节点，运行时确定的值（程序所赋予的数据）也为组件 B 具有相同名称的接口控制器的节点所用。

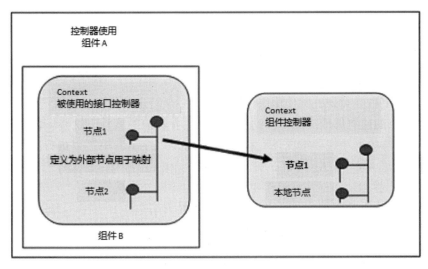

图 4-78

注：Context 映射定义在相关控制器的 Context 中，相关联的控制器属于当前编辑的组件，映射路径从当前编辑的组件控制器 Context 到所使用的接口控制器的节点。反之，外部的 Context 映射定义在使用组件控制器内，为正在使用的"外部"接口控制器的相匹配的节点定义外部映射，映射路径从使用的接口控制器中 Context 的节点指向当前编辑的组件控制器 Context。

外部 Context 映射到一个使用的组件 Context 的目的是提供一个经常使用其他各种组件的 UI 架构。

通常情况下，在创建过程中，被映射到外部的节点应被全部指定，在设计时就应确定外部节点包含哪个节点和哪个属性。在有关的控制器中可以静态地编辑参照到这个节点，这些参照包括 UI 元素连接的节点。

1. 示例

在一个大型应用程序中，一个组件是专为显示地址而设计的。在设计时，该组件 Context 将被选中的地址完全开放，而属于地址显示的模型内容是未知的。由于地址组件只是显示一个地址，该地址可以在设计视图布局时创建，所以可以构建组件来显示一个国家具体的地址，并绑定组件的显示 UI 元素到外部可映射的节点上。该组件现在可以被其他各种组件使用，通过设置了一个外部映射，地址以附带相关数据的形式显示。

注：不能在相同的控制器中同时建立正常映射和外部映射，因为会产生映射循环，并导致运行时错误。

2. 正常映射和外部映射的区别

对于应用程序中是否使用外部 Context 映射的问题，答案是不确定的。从技术的角度来看，根据相应的应用程序进行重新设计，通过正常的映射可以达到期望的结果。然而，在设计理念上存在着根本的差异：一旦为外部可映射的节点建立了一个外部映射，已经显式编码的供给函数的实时调用可能被跳过，此时此节点的属性值只有通过使用组件的 Context 节点提供。

3. 高级概念

当创建的节点映射到外部，就可以将节点类型公开化。在这种情况下，该节点从其映射的外部 Context 节点接收到完整的输入信息。这样的节点只能动态设定相关的控制器，因为它的结构在设计时是未知的。

如果该节点要被映射到外部使用组件，这需要一个特定的结构，这种结构必须包含使用组件 Context 节点的所有属性。此外，此节点可以包含其他的属性，这些属性对于组件 B 的接口控制器是未知的。在这种情况下，在组件 B 的接口控制器中可以进行编码控制，编码控制步骤如下。

1）给定一个静态结构，并且结构要包含映射内容以外的属性。
2）通过视图属性动态编程，可以添加一个映射。

一个节点，已被定义为外部映射，可以不再使用赋值方法。

4.4 Web Dynpro 组件接口的使用

在每一个 Web Dynpro 组件中，通过创建过程实现一个接口。该组件接口正好包含一个接口控制器和一个接口视图，如图 4-79 所示，接口控制器中包含 Context 节点、事件和方法。

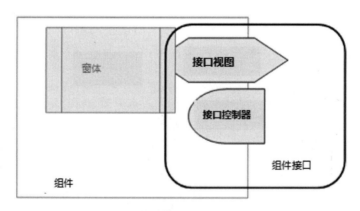

图 4-79

组件接口的接口视图没有直接连接接口控制器，它们是在组件内创建窗体时自动生成的。组件接口只在与它相关的组件中实现，不能在其他组件中实现。

现在 Web Dynpro 编程环境可以通过实现额外接口以增强方式预实现接口，其中额外接口是一个相对独立的组件。

1. 自定义组件接口

自定义组件接口一般定义一个统一的界面结构，该结构适用于各种应用程序组件。此过程的优点在于：在一个分布式系统的开发过程中，所有组件的接口必须是可靠的，该接口的定义须包含控制器的一些特定、可靠的元素（如方法、Context 元素等）和接口视图，其中一些元素可以通过开发组件得到解决的。一个使用组件的开发者并不需要知道所使用的实际接口的实现，这可以在运行时动态确定。可以使用对象浏览器来创建、编辑组件的接口定义以及类似的组件。

自定义组件接口的接口控制器和组件的接口控制器是不同的两个项目，具体区别见表 4-2。

表 4-2

自定义组件接口的接口控制器	组件的接口控制器
该控制器可以编辑	控制器可以显示，但不能编辑。要编辑元素，必须调用相关组件控制器和接口控制器
可以在编辑器中定义方法，但不能在编辑器中编写方法体，方法体在实现的组件接口定义的 Web Dynpro 组件中编辑	它的方法可以在相关组件控制器的编辑器中创建，然后在 ABAP 编辑器进行编辑

除了接口控制器是必需组件，还可以添加任意数量的接口视图到组件接口定义。

2. 实现自定义组件接口

单独定义的组件接口可以添加到实现的组件接口中。在组件中随着组件接口定义的实施，单独定义的接口控制器的元素会添加到实现的组件的组件控制器中，如图 4-80 所示。在此实施的组件中，接口控制器的方法可以被编辑，当然这只涉及了定义具体组件。对于大的编程项目，这将导致一个较高的接口构架下的可重用性。

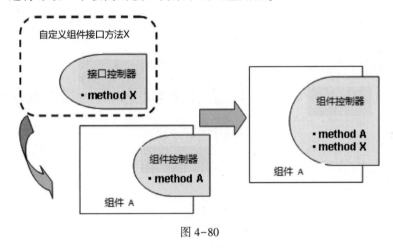

图 4-80

除了自定义组件接口的接口控制器，还可以包含接口视图的定义，如图 4-81 所示。

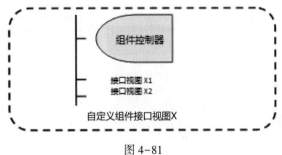

图 4-81

当实现了一个自定义组件接口，这些接口视图会添加到实现组件的现有视图文件夹中。相关的窗体会生成并存储在相应文件夹的对象列表中。此时它们是空的，然后就可以布置嵌入组件（如视图等）了，如图 4-82 所示。

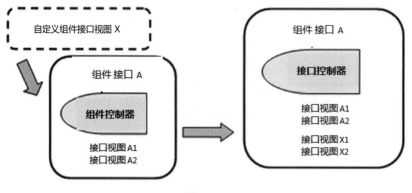

图 4-82

4.4.1 创建 Web Dynpro 组件接口

定义 Web Dynpro 组件接口时，既可以定义 Context 为接口，也可以定义方法为接口，还可以定义事件为接口。

步骤 1：创建 Web Dynpro 组件接口。

选择下拉列表项 Web Dynpro Comp. / Intf.，在相应的输入栏填入程序的名称，如图 4-83 所示。

单击图 4-83 中的 按钮，弹出对话框，如图 4-84 所示。

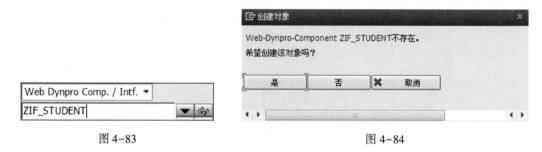

图 4-83　　　　　　　　　　　　　图 4-84

按〈Enter〉键或单击图 4-84 中的 是 按钮，弹出对话框，编辑信息如图 4-85 所示。

图 4-85

选择图 4-85 所示的复选框选项，单击图 4-85 中的 按钮，保存后生成 ZIF_STUDENT 和 ZIWCI_IF_STUDENT 类，结果如图 4-86 所示。

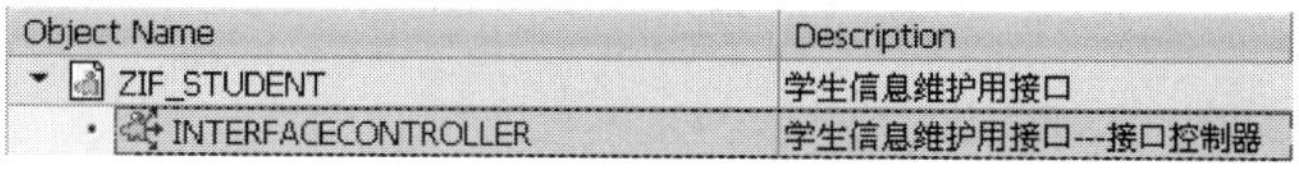

Object Name	Description
ZIF_STUDENT	学生信息维护用接口
INTERFACECONTROLLER	学生信息维护用接口---接口控制器

图 4-86

步骤 2：创建新的接口视图。

在图标 ZIF_STUDENT 上右击，按照图 4-87 所示菜单选项创建接口视图。

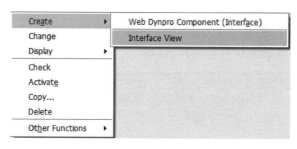

图 4-87

弹出画面，编辑信息如图 4-88 所示。

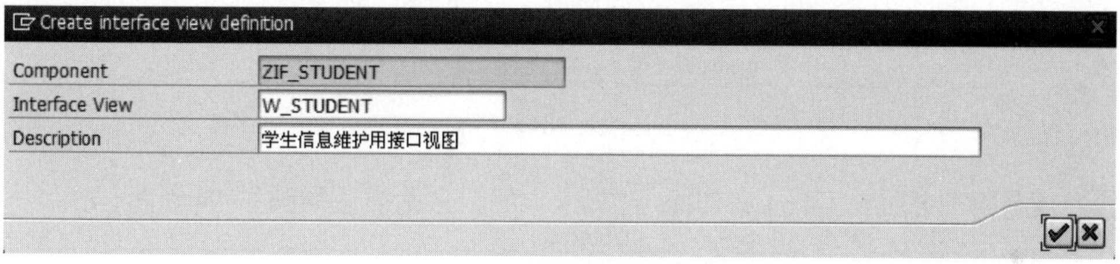

Create interface view definition	
Component	ZIF_STUDENT
Interface View	W_STUDENT
Description	学生信息维护用接口视图

图 4-88

单击图 4-88 中的 ✓ 按钮，创建结果如图 4-89 所示。

步骤 3：编辑接口控制器及视图。

转到接口控制器并选择 Context 选项卡，编辑 Context 节点，如图 4-90 所示。

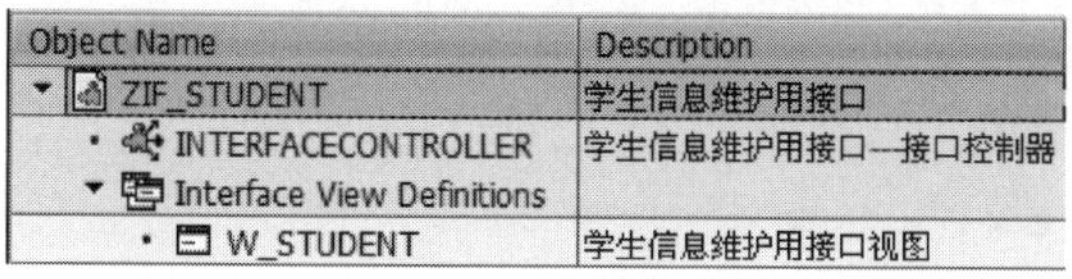

Object Name	Description
ZIF_STUDENT	学生信息维护用接口
INTERFACECONTROLLER	学生信息维护用接口---接口控制器
Interface View Definitions	
W_STUDENT	学生信息维护用接口视图

图 4-89

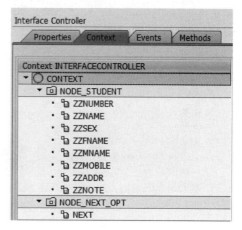

图 4-90

转到 Methods 选项卡，编辑方法如图 4-91 所示。

图 4-91

方法 GET_STUDENT 参数设定如图 4-92 所示。

图 4-92

方法 SET_OPTION 参数设定如图 4-93 所示。

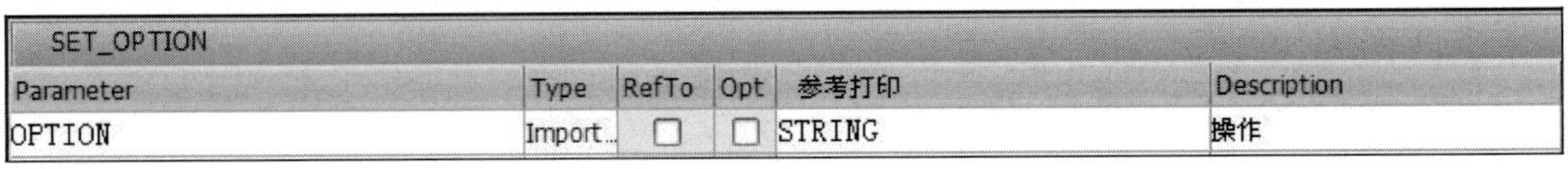

图 4-93

转到接口视图并选择 Inbound Plugs 选项卡，编辑入站插头如图 4-94 所示。

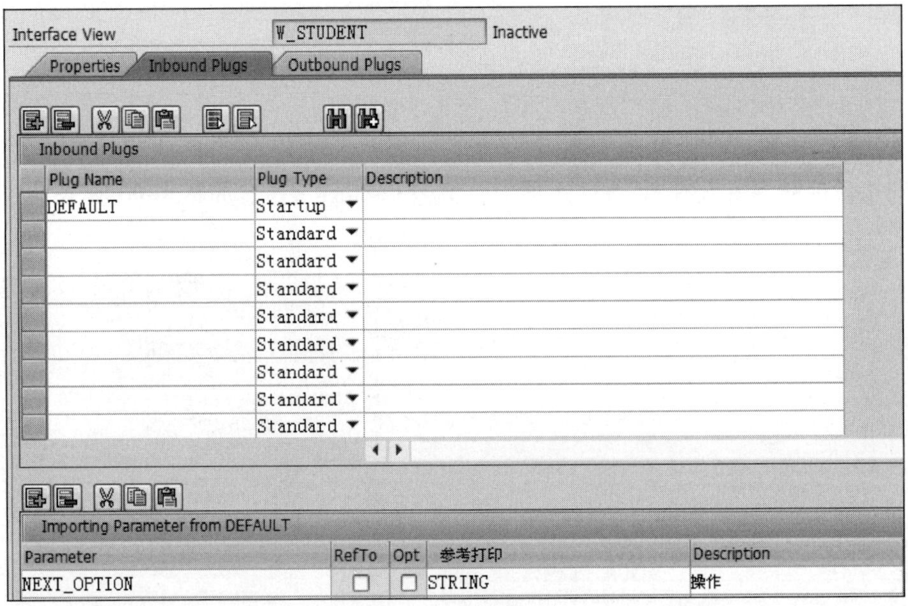

图 4-94

转到 Outbound Plugs 选项卡，编辑出站插头如图 4-95 所示。

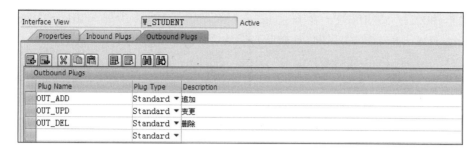

图 4-95

将编辑结果保存并激活。

4.4.2 实例化 Web Dynpro 接口定义

要实现 Web Dynpro 中的一个组件接口定义,需将其输入到组件编辑器的接口列表中。

步骤 1:创建 Web Dynpro 组件。

选择下拉列表项 Web Dynpro Comp. / Intf. ▼,在相应的输入栏中填入程序的名称,如图 4-96 所示。

单击图 4-96 中的 ✅ 按钮,弹出对话框,定义组件如图 4-97 所示。单击图中的 ✅ 按钮,完成组件定义。

图 4-96   图 4-97

在左侧树形菜单中选择窗体 W_STUDENT 并右击,按照图 4-98 所示选项将窗体 W_STUDENT 删掉。

编辑结果如图 4-99 所示。

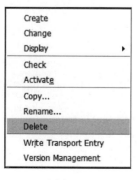

图 4-98   图 4-99

双击组件 ZWD_STUDENT，在 Implemented Interfaces 选项卡中加入 ZIF_STUDENT 并单击 Neu implementieren 按钮将其激活，激活后如图 4-100 所示。

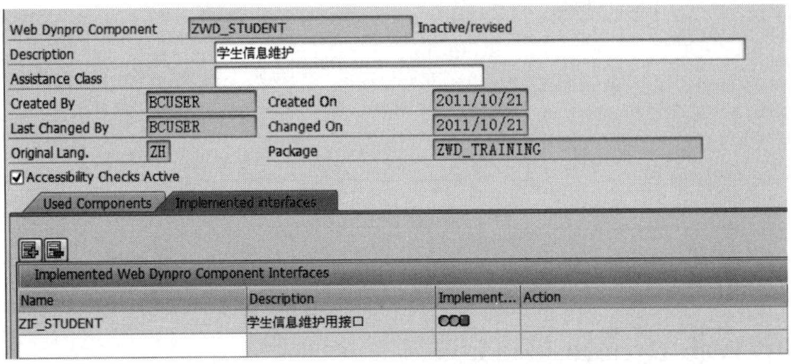

图 4-100

将组件激活，结果如图 4-101 所示。
步骤 2：编辑视图。
在图标 V_MAIN 上右击，按照图 4-102 所示选项重命名视图为 V_STUDENT_ADD。

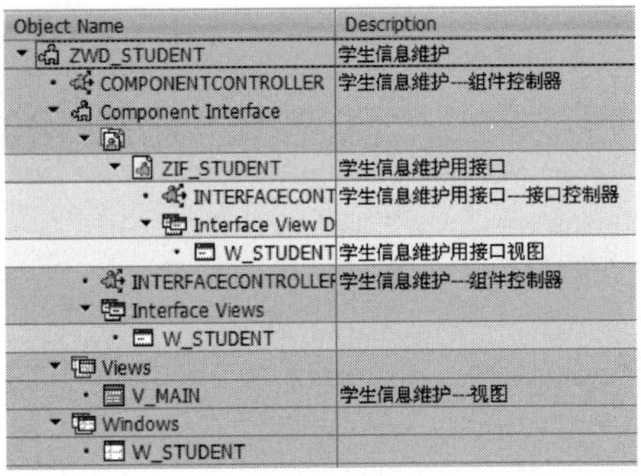

图 4-101 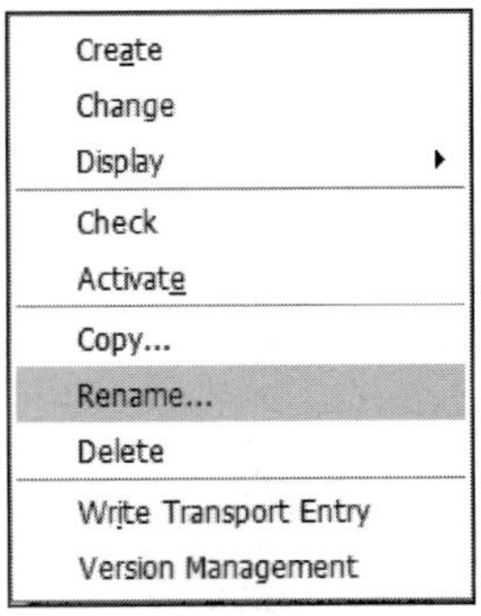   图 4-102

转到视图 Context 选项卡，编辑视图 V_STUDENT_ADD 的 Context 节点 NODE_STUDENT，映射组件控制器中同名的节点，并编辑 NODE_CONFIG，结果如图 4-103 所示。

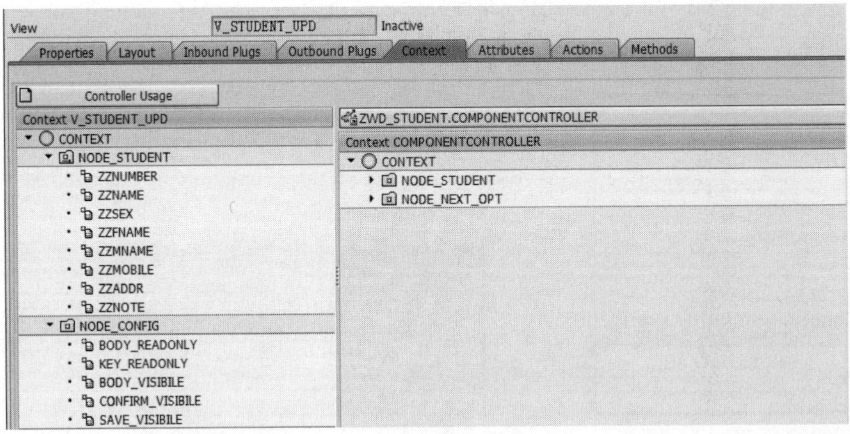

图 4-103

注：节点 NODE_CONFIG 的属性 BODY_READONLY、KEY_READONLY 的类型为 WDY_BOOLEAN，其余三个属性类型为 WDUI_VISIBILITY，用来控制 UI 元素的布局及显示。

创建 UI 元素 Key（关键信息）绑定，如图 4-104 所示。

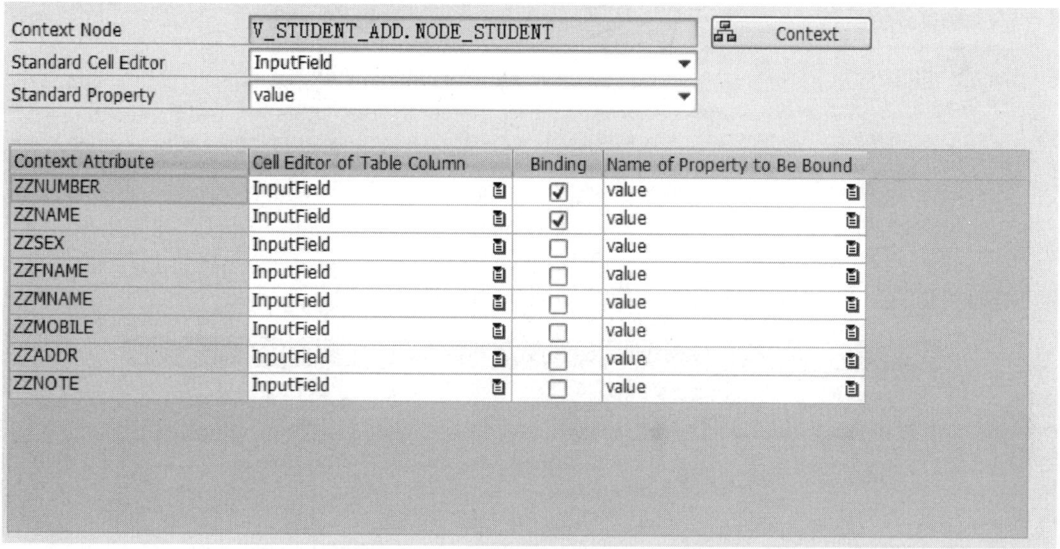

Context Attribute	Cell Editor of Table Column	Binding	Name of Property to Be Bound
ZZNUMBER	InputField	✓	value
ZZNAME	InputField	✓	value
ZZSEX	InputField	☐	value
ZZFNAME	InputField	☐	value
ZZMNAME	InputField	☐	value
ZZMOBILE	InputField	☐	value
ZZADDR	InputField	☐	value
ZZNOTE	InputField	☐	value

Context Node: V_STUDENT_ADD.NODE_STUDENT
Standard Cell Editor: InputField
Standard Property: value

图 4-104

创建 UI 元素 Body（主要信息）绑定，如图 4-105 所示。

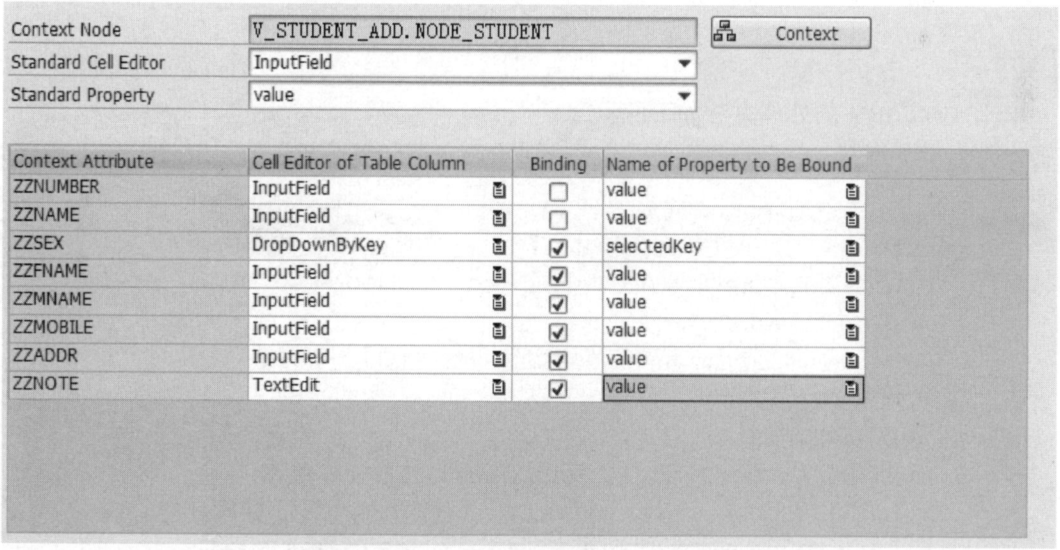

Context Attribute	Cell Editor of Table Column	Binding	Name of Property to Be Bound
ZZNUMBER	InputField	☐	value
ZZNAME	InputField	☐	value
ZZSEX	DropDownByKey	✓	selectedKey
ZZFNAME	InputField	✓	value
ZZMNAME	InputField	✓	value
ZZMOBILE	InputField	✓	value
ZZADDR	InputField	✓	value
ZZNOTE	TextEdit	✓	value

Context Node: V_STUDENT_ADD.NODE_STUDENT
Standard Cell Editor: InputField
Standard Property: value

图 4-105

其中学生学号 ZZNUMBER 的 ReadOnly 属性 NODE_CONFIG 下的 KEY_READONLY，其余的（如 ZZNAME）ReadOnly 属性 NODE_CONFIG 下的 BODY_READONLY，如图 4-106 所示。

187

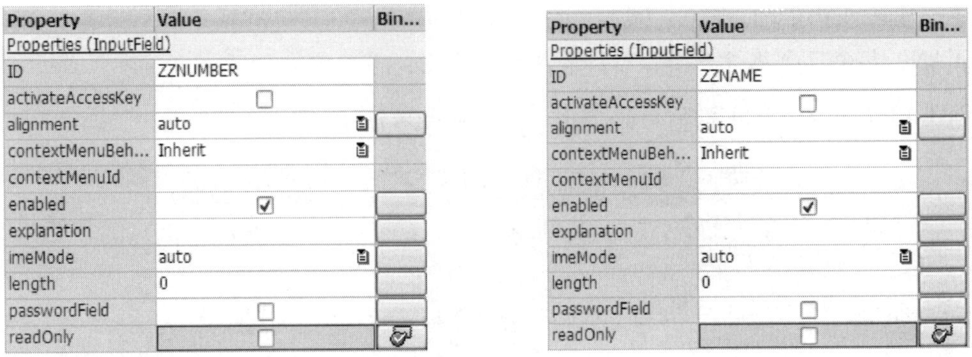

图 4-106

添加"确定"按钮并编辑按钮动作,如图 4-107 所示。

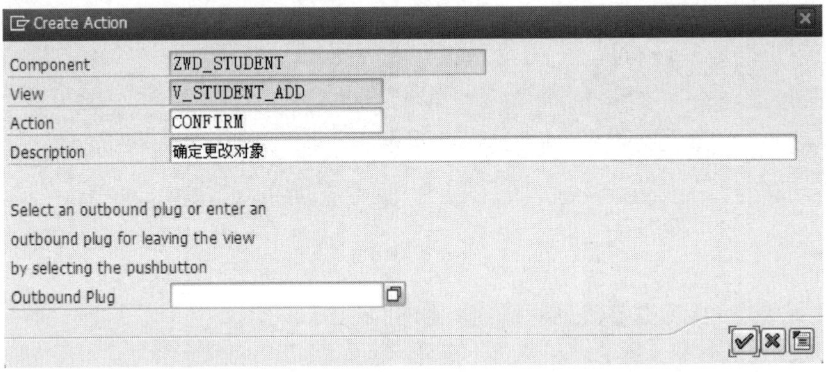

图 4-107

动作 CONFIRM 的处理方法如下所示。

```
METHOD ONACTIONCONFIRM .
   DATA LO_ND_NODE_CONFIG TYPE REF TO IF_WD_CONTEXT_NODE.
   DATA LO_EL_NODE_CONFIG TYPE REF TO IF_WD_CONTEXT_ELEMENT.
   DATA LS_NODE_CONFIG TYPE WD_THIS->ELEMENT_NODE_CONFIG.
*  取得当前节点 NODE_CONFIG
   LO_ND_NODE_CONFIG = WD_CONTEXT->GET_CHILD_NODE( NAME = WD_THIS->WDCTX_NODE_CONFIG ).
*  取得当前节点元素
   LO_EL_NODE_CONFIG = LO_ND_NODE_CONFIG->GET_ELEMENT( ).


   DATA LO_ND_NODE_STUDENT TYPE REF TO IF_WD_CONTEXT_NODE.

   DATA LO_EL_NODE_STUDENT TYPE REF TO IF_WD_CONTEXT_ELEMENT.
   DATA LS_NODE_STUDENT TYPE WD_THIS->ELEMENT_NODE_STUDENT.

*  取得当前节点 NODE_STUDENT
```

```abap
  LO_ND_NODE_STUDENT = WD_CONTEXT->GET_CHILD_NODE( NAME = WD_THIS->
WDCTX_NODE_STUDENT ).
* 取得当前节点元素
  LO_EL_NODE_STUDENT = LO_ND_NODE_STUDENT->GET_ELEMENT( ).
* 取得当前节点元素属性
  LO_EL_NODE_STUDENT->GET_STATIC_ATTRIBUTES(
    IMPORTING
      STATIC_ATTRIBUTES = LS_NODE_STUDENT ).

  SELECT  SINGLE    * FROM  ZMNUMBER_T
         INTO    CORRESPONDING FIELDS OF LS_NODE_STUDENT
       WHERE  ZZNUMBER  = LS_NODE_STUDENT-ZZNUMBER .

* 下一个操作
  CASE WD_THIS->NEXT_OPT.
    WHEN 'ADD'.

    WHEN 'UPD'.
      LS_NODE_CONFIG-BODY_READONLY = ABAP_FALSE.
      LS_NODE_CONFIG-KEY_READONLY  = ABAP_TRUE.
      LS_NODE_CONFIG-BODY_VISIBILE = CL_WD_GROUP=>E_VISIBLE-VISIBLE.
      LS_NODE_CONFIG-CONFIRM_VISIBILE = CL_WD_GROUP=>E_VISIBLE-NONE .
      LS_NODE_CONFIG-SAVE_VISIBLE  = CL_WD_GROUP=>E_VISIBLE-VISIBLE.
      LO_EL_NODE_STUDENT->sET_STATIC_ATTRIBUTES(
    exPORTING
      STATIC_ATTRIBUTES = LS_NODE_STUDENT ).
     WHEN OTHERS.
      LS_NODE_CONFIG-BODY_READONLY = ABAP_TRUE.
      LS_NODE_CONFIG-KEY_READONLY  = ABAP_TRUE.
      LS_NODE_CONFIG-BODY_VISIBILE  =  CL_WD_GROUP=>E_VISIBLE-VISIBLE.
      LS_NODE_CONFIG-CONFIRM_VISIBILE = CL_WD_GROUP=>E_VISIBLE-NONE .
      LS_NODE_CONFIG-SAVE_VISIBLE   = CL_WD_GROUP=>E_VISIBLE-VISIBLE.
       LO_EL_NODE_STUDENT->sET_STATIC_ATTRIBUTES(
    exPORTING
      STATIC_ATTRIBUTES = LS_NODE_STUDENT ).
  ENDCASE.

* 赋值当前节点
  LO_EL_NODE_CONFIG->SET_STATIC_ATTRIBUTES(
    STATIC_ATTRIBUTES = LS_NODE_CONFIG ).

* 加锁
```

```
        CALL FUNCTION 'ENQUEUE_EZMNUMBER_T'
          EXPORTING
            MODE_ZMNUMBER_T  = 'E'
            MANDT            = SY-MANDT
            ZZNUMBER         = LS_NODE_STUDENT-ZZNUMBER
            X_ZZNUMBER       = ' '
            _SCOPE           = '2'
            _WAIT            = ' '
            _COLLECT         = ' '
          EXCEPTIONS
            FOREIGN_LOCK     = 1
            SYSTEM_FAILURE   = 2.

        ENDMETHOD.
```

其中"确定"按钮的 Visible 属性绑定 NODE_CONFIG 下的 CONFIRM_VISIBILE，结果如图 4-108 所示。

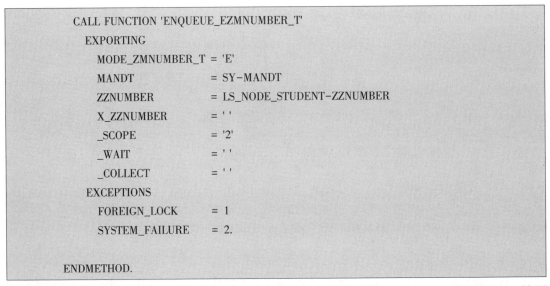

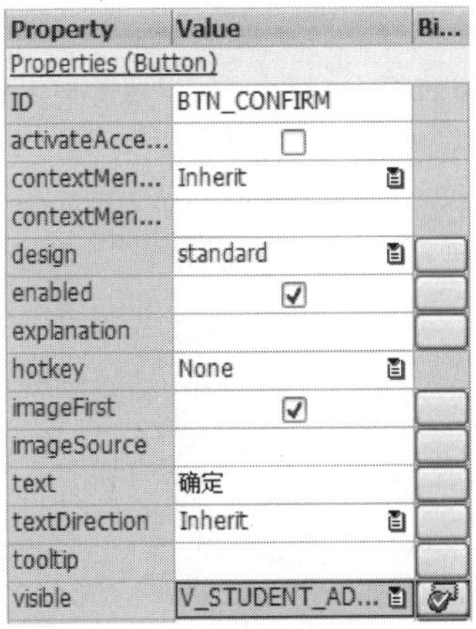

图 4-108

添加"保存"按钮并编辑按钮动作，如图 4-109 所示。

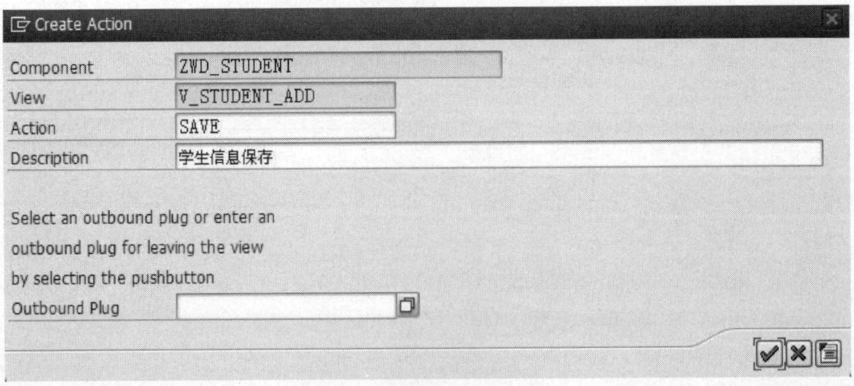

图 4-109

动作 SAVE 的处理方法如下所示。

```abap
METHO DONACTIONSAVE .
  DATA LO_COMPONENTCONTROLLER TYPE REF TO IG_COMPONENTCONTROLLER .
  LO_COMPONENTCONTROLLER =    WD_THIS->GET_COMPONENTCONTROLLER_CTR( ).
  DATA LS_STUDENT TYPE ZMNUMBER_T.
  LO_COMPONENTCONTROLLER->GET_STUDENT(
    IMPORTING
      STUDENT =    LS_STUDENT                              " zmnumber_t
  ).
  DATA LO_ND_NODE_CONFIG TYPE REF TO IF_WD_CONTEXT_NODE.
  DATA LO_EL_NODE_CONFIG TYPE REF TO IF_WD_CONTEXT_ELEMENT.
  DATA LS_NODE_CONFIG TYPE WD_THIS->ELEMENT_NODE_CONFIG.

* 取得当前节点 NODE_CONFIG
  LO_ND_NODE_CONFIG = WD_CONTEXT->GET_CHILD_NODE( NAME = WD_THIS->WDCTX_NODE_CONFIG ).

* 取得当前节点元素
  LO_EL_NODE_CONFIG = LO_ND_NODE_CONFIG->GET_ELEMENT( ).

  CASE WD_THIS->NEXT_OPT.
    WHEN 'ADD'.
      INSERT ZMNUMBER_T FROM LS_STUDENT.
      LS_NODE_CONFIG-BODY_READONLY = ABAP_FALSE.
      LS_NODE_CONFIG-KEY_READONLY   = ABAP_FALSE.
      LS_NODE_CONFIG-BODY_VISIBILE    =   CL_WD_GROUP=>E_VISIBLE-VISIBLE.
      LS_NODE_CONFIG-CONFIRM_VISIBILE = CL_WD_GROUP=>E_VISIBLE-NONE .
      LS_NODE_CONFIG-SAVE_VISIBILE   = CL_WD_GROUP=>E_VISIBLE-VISIBLE.
    WHEN 'UPD'.
      UPDATE   ZMNUMBER_T FROM LS_STUDENT.
      LS_NODE_CONFIG-BODY_READONLY = ABAP_FALSE.
      LS_NODE_CONFIG-KEY_READONLY   = ABAP_FALSE.
      LS_NODE_CONFIG-BODY_VISIBILE    =   CL_WD_GROUP=>E_VISIBLE-NONE.
      LS_NODE_CONFIG-CONFIRM_VISIBILE = CL_WD_GROUP=>E_VISIBLE-VISIBLE.
      LS_NODE_CONFIG-SAVE_VISIBILE   = CL_WD_GROUP=>E_VISIBLE-NONE.
    WHEN OTHERS.
      DELETE   ZMNUMBER_T FROM LS_STUDENT.
      LS_NODE_CONFIG-BODY_READONLY = ABAP_TRUE.
      LS_NODE_CONFIG-KEY_READONLY   = ABAP_FALSE.
   LS_NODE_CONFIG-BODY_VISIBILE    =   CL_WD_GROUP=>E_VISIBLE-NONE.
      LS_NODE_CONFIG-CONFIRM_VISIBILE = CL_WD_GROUP=>E_VISIBLE-VISIBLE.
```

```
        LS_NODE_CONFIG-SAVE_VISIBILE    = CL_WD_GROUP=>E_VISIBLE-NONE.
    ENDCASE.
* 赋值当前节点
    LO_EL_NODE_CONFIG->SET_STATIC_ATTRIBUTES(
       STATIC_ATTRIBUTES = LS_NODE_CONFIG ).
* 解锁
    CALL FUNCTION 'DEQUEUE_EZMNUMBER_T'
       EXPORTING
          MODE_ZMNUMBER_T = 'E'
          MANDT           = SY-MANDT
          ZZNUMBER        = LS_STUDENT-ZZNUMBER
          X_ZZNUMBER      = ' '
          _SCOPE          = '3'
          _SYNCHRON       = ' '
          _COLLECT        = ' '.
    DATA LO_API_COMPONENTCONTROLLER TYPE REF TO IF_WD_CONTROLLER.
    LO_API_COMPONENTCONTROLLER ? = LO_COMPONENTCONTROLLER->WD_GET_API(
).
    DATA LO_ND_CONTEXT TYPE REF TO IF_WD_CONTEXT.
    LO_ND_CONTEXT = LO_API_COMPONENTCONTROLLER->GET_CONTEXT( ).
    LO_ND_CONTEXT->ROOT_NODE->INVALIDATE( ).

    ENDMETHOD.
```

其中"保存"按钮的 Visible 属性绑定 NODE_CONFIG 下的 SAVE_VISIBILE，结果如图 4-110 所示。

Property	Value	Bi...
Properties (Button)		
ID	BTN_SAVE	
activateAcces...	☐	
contextMenu...	Inherit	
contextMenuId		
design	standard	
enabled	☑	
explanation		
hotkey	None	
imageFirst	☑	
imageSource		
text	保存	
textDirection	Inherit	
tooltip		
visible	V_STUDENT_ADD....	

图 4-110

UI 元素 GRP_STUDENT_BODY 的 Visible 属性绑定 NODE_CONFIG 下的 BODY_VISIBILE，结果如图 4-111 所示。

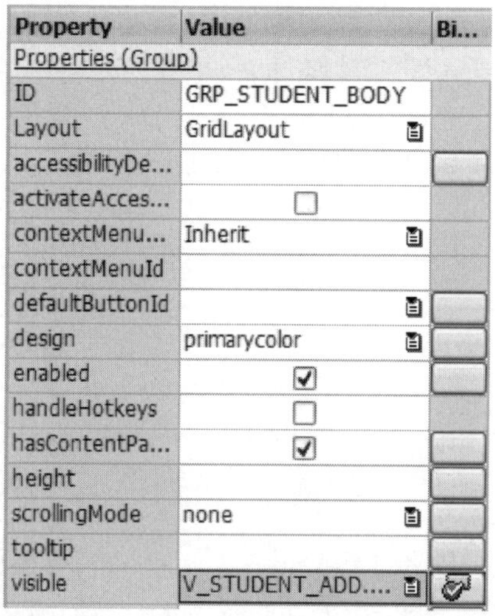

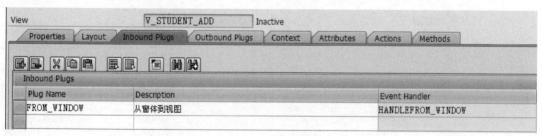

图 4-111

转到 Attributes 选项卡，添加属性如图 4-112 所示。

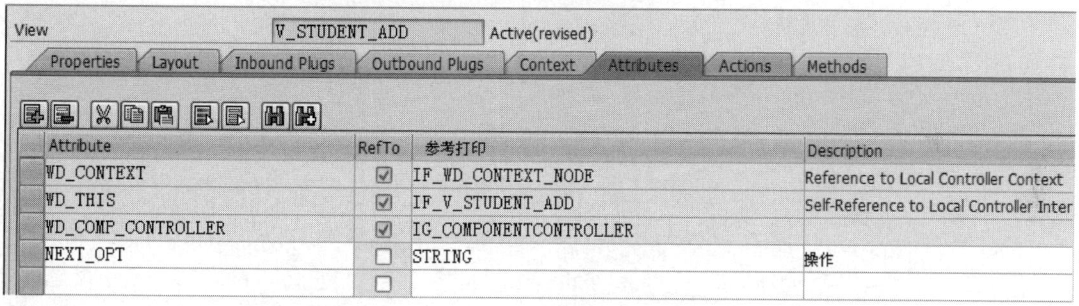

图 4-112

转到 Inbound Plugs 选项卡，添加入站插头如图 4-113 所示。

图 4-113

编辑入站处理方法如下所示。

```
METHOD HANDLEFROM_WINDOW .
    DATA LO_COMPONENTCONTROLLER TYPE REF TO IG_COMPONENTCONTROLLER .
```

```
     LO_COMPONENTCONTROLLER =    WD_THIS->GET_COMPONENTCONTROLLER_CTR( ).

  DATA LO_API_COMPONENTCONTROLLER TYPE REF TO IF_WD_CONTROLLER.
  LO_API_COMPONENTCONTROLLER ? = LO_COMPONENTCONTROLLER->WD_GET_API(
).
  DATA LO_ND_CONTEXT TYPE REF TO IF_WD_CONTEXT.
  LO_ND_CONTEXT = LO_API_COMPONENTCONTROLLER->GET_CONTEXT( ).

* 取得操作值
  DATA LO_ND_NODE_NEXT_OPT TYPE REF TO IF_WD_CONTEXT_NODE.

  DATA LO_EL_NODE_NEXT_OPT TYPE REF TO IF_WD_CONTEXT_ELEMENT.
  DATA LS_NODE_NEXT_OPT TYPE LO_COMPONENTCONTROLLER->ELEMENT_NODE_NEXT
_OPT.
  DATA LV_NEXT TYPE LO_COMPONENTCONTROLLER->ELEMENT_NODE_NEXT_OPT-
NEXT.
* 取得当前节点 NODE_NEXT_OPT
  LO_ND_NODE_NEXT_OPT =   LO_ND_CONTEXT->ROOT_NODE->GET_CHILD_NODE(
NAME = LO_COMPONENTCONTROLLER->WDCTX_NODE_NEXT_OPT ).
* 取得当前节点元素
  LO_EL_NODE_NEXT_OPT = LO_ND_NODE_NEXT_OPT->GET_ELEMENT( ).
* 赋值
  LO_EL_NODE_NEXT_OPT->GET_ATTRIBUTE(
    EXPORTING
      NAME  = 'NEXT'
    IMPORTING
      VALUE  = LV_NEXT
         ).
* 保存操作
  WD_THIS->NEXT_OPT = LV_NEXT.
* 根据操作值编辑画面
  DATA LO_ND_NODE_CONFIG TYPE REF TO IF_WD_CONTEXT_NODE.
  DATA LO_EL_NODE_CONFIG TYPE REF TO IF_WD_CONTEXT_ELEMENT.
  DATA LS_NODE_CONFIG TYPE WD_THIS->ELEMENT_NODE_CONFIG.

* 取得当前节点 NODE_CONFIG
  LO_ND_NODE_CONFIG = WD_CONTEXT->GET_CHILD_NODE( NAME = WD_THIS->
WDCTX_NODE_CONFIG ).
* 取得当前节点元素
  LO_EL_NODE_CONFIG = LO_ND_NODE_CONFIG->GET_ELEMENT( ).
* 下一个操作
  CASE LV_NEXT.
```

```
        WHEN 'ADD'.
            LS_NODE_CONFIG-BODY_READONLY   = ABAP_FALSE.
            LS_NODE_CONFIG-KEY_READONLY    = ABAP_FALSE.
            LS_NODE_CONFIG-BODY_VISIBILE   =  CL_WD_GROUP=>E_VISIBLE-VISIBLE.
            LS_NODE_CONFIG-CONFIRM_VISIBILE = CL_WD_GROUP=>E_VISIBLE-NONE .
            LS_NODE_CONFIG-SAVE_VISIBILE   = CL_WD_GROUP=>E_VISIBLE-VISIBLE.
        WHEN 'UPD'.
            LS_NODE_CONFIG-BODY_READONLY   = ABAP_FALSE.
            LS_NODE_CONFIG-KEY_READONLY    = ABAP_FALSE.
            LS_NODE_CONFIG-BODY_VISIBILE   =  CL_WD_GROUP=>E_VISIBLE-NONE.
            LS_NODE_CONFIG-CONFIRM_VISIBILE = CL_WD_GROUP=>E_VISIBLE-VISIBLE.
            LS_NODE_CONFIG-SAVE_VISIBILE   = CL_WD_GROUP=>E_VISIBLE-NONE.
        WHEN OTHERS.
            LS_NODE_CONFIG-BODY_READONLY   = ABAP_TRUE.
            LS_NODE_CONFIG-KEY_READONLY    = ABAP_FALSE.
            LS_NODE_CONFIG-BODY_VISIBILE   =  CL_WD_GROUP=>E_VISIBLE-NONE.
            LS_NODE_CONFIG-CONFIRM_VISIBILE = CL_WD_GROUP=>E_VISIBLE-VISIBLE.
            LS_NODE_CONFIG-SAVE_VISIBILE   = CL_WD_GROUP=>E_VISIBLE-NONE.
    ENDCASE.
* 赋值当前节点
    LO_EL_NODE_CONFIG->SET_STATIC_ATTRIBUTES(
        STATIC_ATTRIBUTES = LS_NODE_CONFIG ).
    ENDMETHOD.
```

编辑结果如图 4-114 所示。

视图布局编辑如图 4-115 所示。

图 4-114

图 4-115

复制视图 V_STUDENT_ADD 到 V_STUDENT_UPD 和 V_STUDENT_DEL，结果如图 4-116 所示。

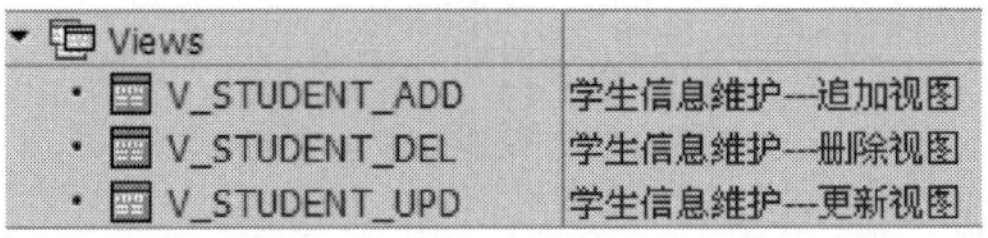

图 4-116

步骤 3：编辑组件控制器。

在左侧的树形结构菜单上双击组件控制器，转到 Methods 选项卡，实现组件接口中的方法，如图 4-117 所示。

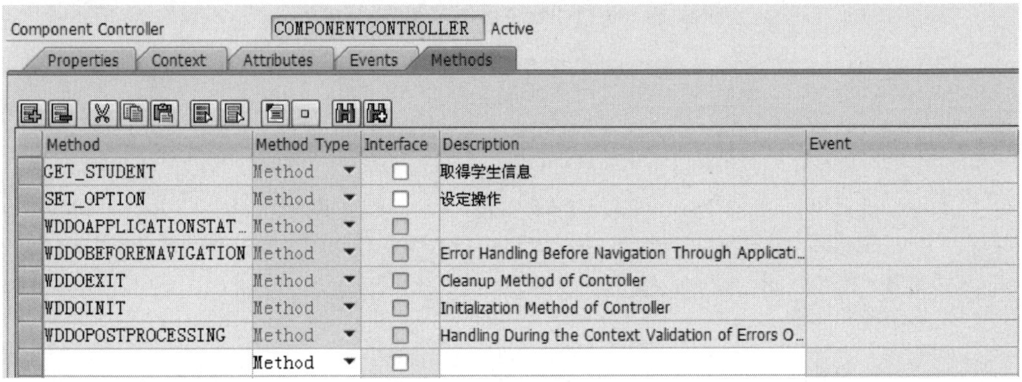

图 4-117

方法 GET_STUDENT 编辑如下所示。

```
METHOD GET_STUDENT .
* 取得 Context 值
  DATA LO_ND_NODE_STUDENT TYPE REF TO IF_WD_CONTEXT_NODE.
  DATA LO_EL_NODE_STUDENT TYPE REF TO IF_WD_CONTEXT_ELEMENT.
  DATA LS_NODE_STUDENT TYPE WD_THIS->ELEMENT_NODE_STUDENT.
* 取得当前节点 NODE_STUDENT
  LO_ND_NODE_STUDENT = WD_CONTEXT->GET_CHILD_NODE( NAME = WD_THIS->WDCTX_NODE_STUDENT ).
* 取得当前节点元素
  LO_EL_NODE_STUDENT = LO_ND_NODE_STUDENT->GET_ELEMENT( ).
* 取得当前节点元素属性
  LO_EL_NODE_STUDENT->GET_STATIC_ATTRIBUTES(
    IMPORTING
      STATIC_ATTRIBUTES = LS_NODE_STUDENT ).
* 将值返回传出参数
  MOVE-CORRESPONDING LS_NODE_STUDENT TO STUDENT.
ENDMETHOD.
```

方法 SET_OPTION 编辑如下所示。

```
METHOD SET_OPTION .
* 为操作赋值
  DATA LO_ND_NODE_NEXT_OPT TYPE REF TO IF_WD_CONTEXT_NODE.
  DATA LO_EL_NODE_NEXT_OPT TYPE REF TO IF_WD_CONTEXT_ELEMENT.
  DATA LS_NODE_NEXT_OPT TYPE WD_THIS->ELEMENT_NODE_NEXT_OPT.
  DATA LV_NEXT TYPE WD_THIS->ELEMENT_NODE_NEXT_OPT-NEXT.
* 取得当前节点 NODE_NEXT_OPT
  LO_ND_NODE_NEXT_OPT = WD_CONTEXT->GET_CHILD_NODE( NAME = WD_THIS->
WDCTX_NODE_NEXT_OPT ).
* 取得当前节点元素
  LO_EL_NODE_NEXT_OPT = LO_ND_NODE_NEXT_OPT->GET_ELEMENT( ).
* 下一步操作
  LV_NEXT = OPTION.
* 赋值
  LO_EL_NODE_NEXT_OPT->SET_ATTRIBUTE(
    NAME  =  'NEXT'
    VALUE = LV_NEXT ).


ENDMETHOD.
```

步骤 4：编辑窗体。

在左侧的树形结构菜单上双击窗体 W_STUDENT 弹出属性页面，编辑属性页面如图 4-118 所示。

图 4-118

转到 Window 选项卡，嵌入视图，并对各视图编辑导航，如图 4-119 所示。
转到 Context 选项卡，编辑映射 NODE_NEXT_OPT，如图 4-120 所示。

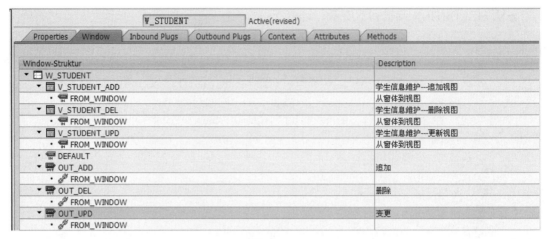

图 4-119

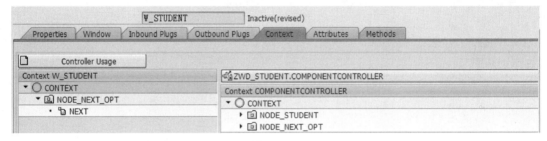

图 4-120

转到 Inbound Plugs 选项卡，如图 4-121 所示。

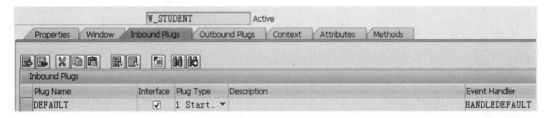

图 4-121

双击 DEFAULT，编辑 DEFAULT 导航处理程序如下所示。

```
METHOD HANDLEDEFAULT .
* 保存操作
  DATA LO_ND_NODE_NEXT_OPT TYPE REF TO IF_WD_CONTEXT_NODE.
  DATA LO_EL_NODE_NEXT_OPT TYPE REF TO IF_WD_CONTEXT_ELEMENT.
  DATA LS_NODE_NEXT_OPT TYPE WD_THIS->ELEMENT_NODE_NEXT_OPT.
  DATA LV_NEXT TYPE WD_THIS->ELEMENT_NODE_NEXT_OPT-NEXT.
* 取得当前节点
  LO_ND_NODE_NEXT_OPT = WD_CONTEXT->GET_CHILD_NODE( NAME = WD_THIS->WDCTX_NODE_NEXT_OPT ).
* 取得当前节点元素
```

```abap
    LO_EL_NODE_NEXT_OPT = LO_ND_NODE_NEXT_OPT->GET_ELEMENT( ).
* 下一步操作
  LV_NEXT = NEXT_OPTION.
* 赋值
  LO_EL_NODE_NEXT_OPT->SET_ATTRIBUTE(
    NAME  =  'NEXT'
    VALUE = LV_NEXT ).
* 判断
  CASE LV_NEXT.
    WHEN 'ADD'.
      WD_THIS->FIRE_OUT_ADD_PLG(
        ).
    WHEN 'UPD'.
      WD_THIS->FIRE_OUT_UPD_PLG(
        ).
    WHEN OTHERS.
      WD_THIS->FIRE_OUT_DEL_PLG(
        ).
  ENDCASE.
ENDMETHOD.
```

步骤5：创建 Web Dynpro Application（应用）。

创建 Web Dynpro 应用 zwd_student_add，参数设置如图 4-122 所示。

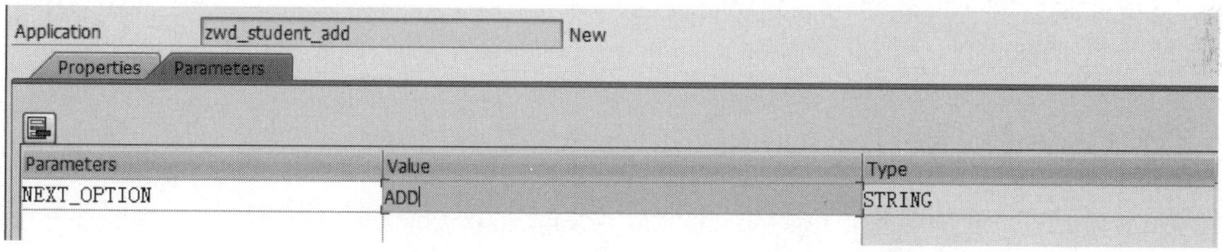

图 4-122

创建 Web Dynpro 应用 zwd_student_upd，参数设置如图 4-123 所示。

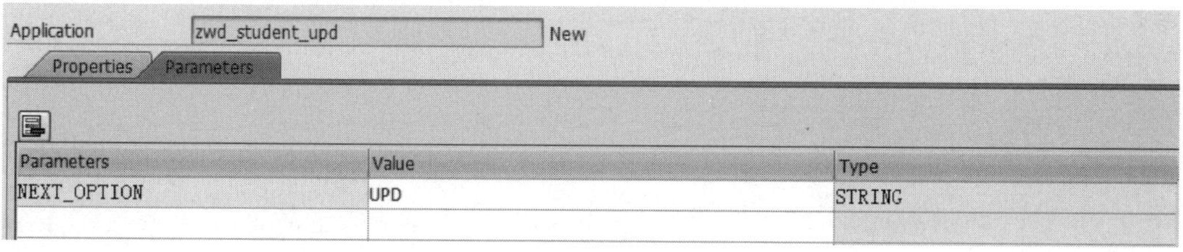

图 4-123

创建 Web Dynpro 应用 zwd_student_del，参数设置如图 4-124 所示。

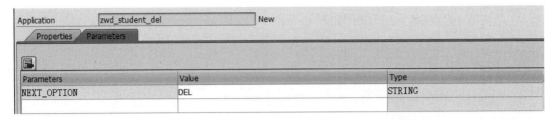

图 4-124

结果编辑如图 4-125 所示。

步骤 6：测试 Web Dynpro 应用程序。

运行 Web Dynpro 应用 zwd_student_add，结果如图 4-126 所示。

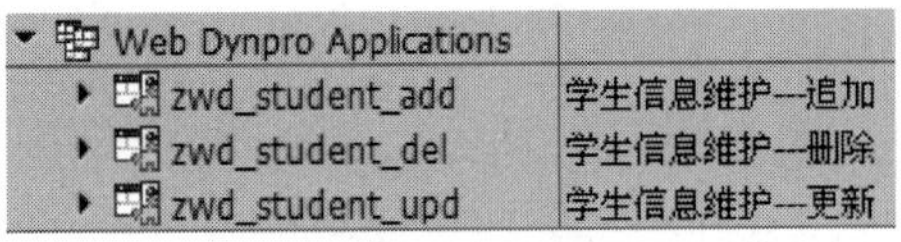

图 4-125

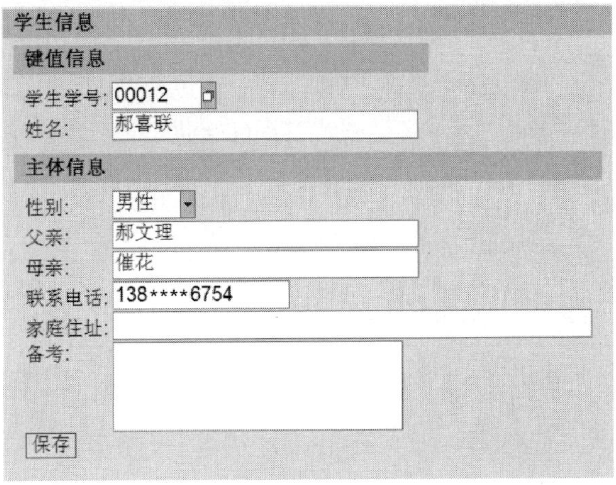

图 4-126

运行 Web Dynpro 应用 zwd_student_upd，结果如图 4-127 所示。

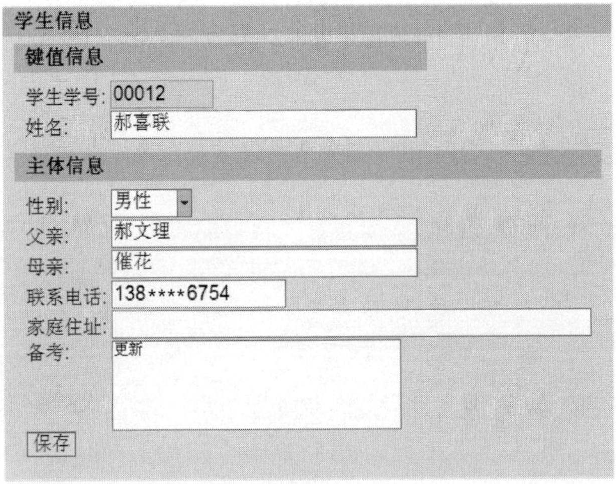

图 4-127

运行 Web Dynpro 应用 zwd_student_del，结果如图 4-128 所示。

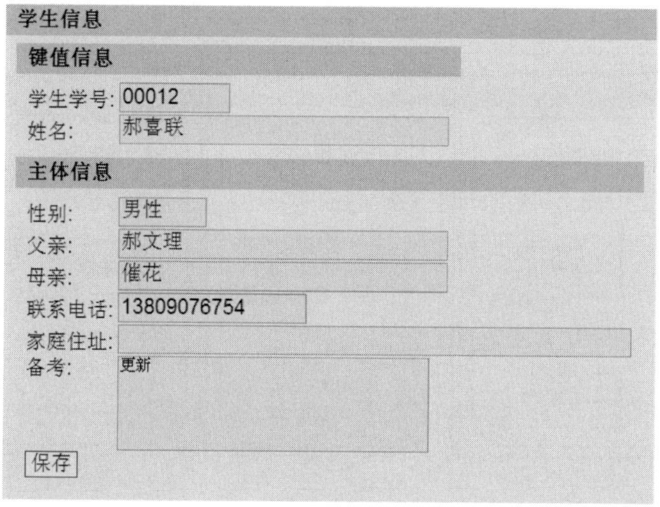

图 4-128

4.4.3 接口实例化的实例

下面的例子通过实际的发展情况演示了接口定义和实施的原则。

注：这里描述的静态案例基本上是为了演示原理而设计的；在实践中，它的用途是有限的，因为它要求在设计时已知使用组件的所有相关组件。

差旅费用管理系统的一个核心 Web Dynpro 组件，使用不同的组件关联相关的详细信息，其中包括机票、酒店和租车的组件。在接口定义 IF_TRAVEL_COSTS 中，一个 Context 节点被定义，它包含两个属性：开放成本（open）和付费成本（payed），如图 4-129 所示。

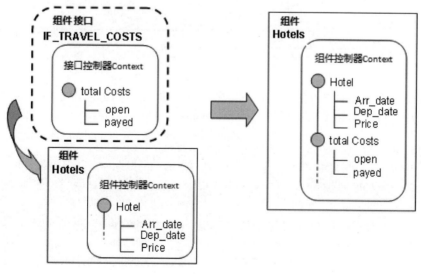

图 4-129

接口 IF_TRAVEL_COSTS 定义后，并在 3 个相关组件中已经实现。在它们的组件控制器中，有一个成本（Costs）的 Context 节点，该节点能独立赋值，如图 4-130 所示。

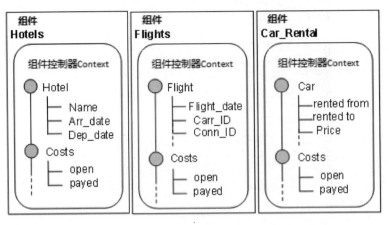

图 4-130

例子中的相关组件都有一个独立的接口，对于这种接口可以声明一个超级的旅行费用组件使用，如图 4-131 所示。

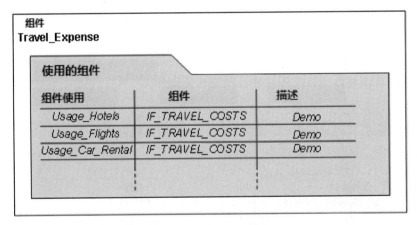

图 4-131

与组件使用所涉及的组件的实例化，一般在此组件的适当方法中进行（例如，钩子方法 WDDOINIT，当然在组件中需声明此组件已被使用）。

```
METHOD WDDOINIT.
  DATA: L_REF_CMP_USAGE TYPE REF TO IF_WD_COMPONENT_USAGE.
  L_REF_CMP_USAGE = WD_THIS->WD_CPUSE_USAGE_HOTELS( ).
  IF L_REF_CMP_USAGE->HAS_ACTIVE_COMPONENT( ) IS INITIAL.
    L_REF_CMP_USAGE->CREATE_COMPONENT( COMPONENT_NAME = 'HOTELS' ).
  ENDIF.
  DATA: L_REF_CMP_USAGE2 TYPE REF TO IF_WD_COMPONENT_USAGE.
  L_REF_CMP_USAGE2 = WD_THIS->WD_CPUSE_USAGE_FLIGHTS( ).
```

```
    IF L_REF_CMP_USAGE->HAS_ACTIVE_COMPONENT( ) IS INITIAL.
        L_REF_CMP_USAGE2->CREATE_COMPONENT( COMPONENT_NAME = 'FLIGHTS' ).
    ENDIF.
    DATA: L_REF_CMP_USAGE3 TYPE REF TO IF_WD_COMPONENT_USAGE.
    L_REF_CMP_USAGE3 = WD_THIS->WD_CPUSE_USAGE_CAR_RENTAL( ).
    IF L_REF_CMP_USAGE->HAS_ACTIVE_COMPONENT( ) IS INITIAL.
        L_REF_CMP_USAGE3->CREATE_COMPONENT( COMPONENT_NAME = 'CAR_RENTAL'
 ).
    ENDIF.
    ENDMETHOD.                          " WDDOINIT
```

对于这 3 个实例中的每一个，现在的接口实现的内容是可使用的组件。

对于组件控制器的 Context 中的一个映射来说，当使用的组件映射外部时，使用的组件的本地输入值取不到，而外部的值能传到使用的组件内。这意味着可以为三个不同的接口实现定义成本（Costs）的 Context 节点。在组件控制器的 Context 中必须为每个映射创建适当节点，如图 4-132 所示。

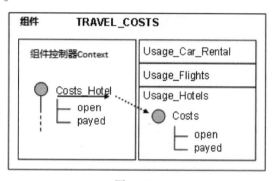

图 4-132

通过以上内容，可以得出以下结论。

（1）组件接口实例化

1）在编辑器的对象列表中，通过双击对象选择要处理的组件，可以切换到 Implemented Interfaces 接口选项卡中。

2）在列表的第一列中，输入所需的接口定义的名称，并将其保存。

3）在列表的第三列表示实施状态，接口实装时，状态指示灯需切换为绿色。

如果更改了实施后的接口定义，实现组件表中的状态指示灯需切换回红色。

（2）组件接口实例化结果

组件接口实例化后，实现组件包含这种接口定义的元素。

1）接口定义的方法在实例化后已经被添加到组件控制器中，并且可以编辑，可以标记为接口，使它们在接口控制器中被访问到。

2）这同样适用于 Context 节点的接口定义。

3）接口视图的接口定义一经实施，就会在组件接口和下面的组件接口节点对象列表中列出。此外，所有相关的 Web Dynpro 窗体一经创建，它们也将显示在对象列表中，并且可以进行编辑。

4.5 无接口视图组件使用

无接口视图组件使用总结如下。

（1）无接口视图组件（Faceless Components）的特点

之所以称之为无接口视图组件是因为它没有图形界面（没有窗体和视图），它只包含一个组件控制器，另外，也可以追加自定义控制器。使用无接口视图组件来分离某个庞大工程框架中的数据，它们是专门设计用于接收和结构化数据的。使用时，要把无接口视图组件嵌入到相应的组件中，随即为当前组件提供所需的数据。创建一个无接口视图组件时要删除其可见元素（如窗体和视图）。

（2）正确使用无接口组件

是否使用无接口视图组件以区分必要的数据依赖于要设计的应用的结构和大小。无接口视图组件只有在几个相同组件访问同一组数据时发挥作用。这意味着并不是为每一个应用都创建无接口视图组件，因为在比较复杂的情况下，把某些必要的数据存储在某个核心组件的组件控制器中的性能要比使用无接口视图组件好得多。使用无接口视图组件及后续的组件与当前组件中 Context 的映射后得到以下结果：不但组件 Context 值的变化会自动传递到被映射的所有 Context 上，就连头选择（Lead Selection）这样的属性也会被复制。

第 5 章 Web Dynpro for ABAP 动态编程

5.1 动态布局处理

Web Dynpro 提供的框架为程序员按照业务应用的要求布置用户界面结构，并尽可能地明确化。然而，比较复杂的应用程序，只有在运行时才能决定程序的结构。

在 Web Dynpro 应用程序中，将接口视图嵌入到一个动态创建的组件使用的窗体中，是 Web Dynpro 动态编程的一个例子。此外，可以在运行时为 Context 结构添加元素，而且还可以更改视图在运行时的布局，这意味着可以动态添加用户界面元素。

5.2 动态布局编程

在某些特定条件下动态编程是必要的，可在运行时改变视图布局。在根目录下，可以添加以及删除 UI 元素，也可以动态改变 UI 元素的属性或映射事件的参数。

程序员可以对视图布局进行动态操纵，就像动态操纵 Context 一样，只有当组件结构不可能明确被声明时，在设计时还不知道组件的组成部分，这种方法使得应用实现成为可能。为了使视图布局结构发生变化，程序员必须使用方法 WDDOMODIFYVIEW（或在方法内调用它）。

（1）容器和 UI 元素

要正确地使用动态布局操作，程序员必须了解的一个视图结构：在视图中，UI 元素的排列与它关联的另一个 UI 元素相关。为了排列 UI 元素，需为每一个容器（一种 UI 元素）选定布局属性：FlowLayout、MatrixLayout、GridLayout 或 RowLayout。每个 UI 元素都有布局属性，该属性依赖于被嵌入的容器。这种布局属性包含的说明会明确，在容器中什么位置嵌入什么样的 UI 元素。

该容器的布局和嵌入 UI 元素的布局的数据必须始终匹配。例如：如果容器类型为 FlowLayout，那么嵌入式 UI 元素的布局数据类型必须为 FlowData。创建视图时，已经包含一个空的容器：ROOTUIELEMENTCONTAINER。在这个容器中，可构筑整个视图的布局结构。

（2）添加 UI 元素到容器

向 UI 元素的布局容器中添加 UI 元素一般要遵循以下步骤。

1）首先指定某一个类型的 UI 元素。
2）然后指定一个容器以备容纳新添加的元素（方法：view->GET_ELEMENT）。
3）最后指定该元素所在容器的位置，即为 UI 元素指定布局数据。

下面的代码片段，展现了添加一个 Button 类型的 UI 元素所需的步骤。

```
METHOD WDDOMODIFYVIEW .
  DATA: LR_CONTAINER TYPE REF TO CL_WD_UIELEMENT_CONTAINER,
  LR_BUTTON TYPE REF TO CL_WD_BUTTON,
  LR_FLOW_DATA TYPE REF TO CL_WD_FLOW_DATA.
  LR_BUTTON = CL_WD_BUTTON=>NEW_BUTTON( ).
  LR_FLOW_DATA = CL_WD_FLOW_DATA=>NEW_FLOW_DATA( ELEMENT = LR_BUTTON ).
  LR_CONTAINER ? = VIEW->GET_ELEMENT( 'ROOTUIELEMENTCONTAINER' ).
  LR_CONTAINER->ADD_CHILD( LR_BUTTON ).

ENDMETHOD.
```

(3) 向 UI 元素添加新的属性

如果在创建 UI 元素时，动态设置 UI 元素的属性，则需传递对应属性值。例如：在一个按钮上添加文字（该文字须在"在线文本库"中创建）。

```
DATA: MY_TEXT TYPE STRING.
MY_TEXT = CL_WD_UTILITIES=>GET_OTR_TEXT_BY_ALIAS( 'MY_TEXT_ALIAS' ).
LR_BUTTON = CL_WD_BUTTON=>NEW_BUTTON( TEXT = MY_TEXT ).
```

按钮的文本属性，也可以以后使用。为此，CL_WD_BUTTON 类和其他 UI 元素的基础类都包含对应的方法：SET_TEXT。以同样的方式，可以设置或更改 UI 元素的其他属性。例如：可以为某按钮指定一个动作（独立创建）或变更动态分配。

```
LR_BUTTON= CL_WD_BUTTON=>NEW_BUTTON( TEXT = MY_TEXT
ON_ACTION = MY_ACTION ).
```

另外，程序员可以绑定 Context 节点到 UI 元素的属性，具体如下所示。

```
LR_BUTTON->BIND_TEXT( 'NODE_NAME. ATTRIBUTE_NAME' ).
```

(4) 从容器中删除 UI 元素

从容器中移除 UI 元素时，可使用 CL_WD_UIELEMENT_CONTAINER 类中的方法 REMOVE_CHILD。

5.3 动态参数映射

参数映射（Parameter Mappings）应用于绑定一个事件参数到动作处理程序的参数。

(1) 后台

很多 UI 元素是可以触发事件的。这些事件里有预定义的参数，每个事件都有参数 ID，不同类型的 UI 元素会有不同的预定义参数。

在事件关联的动作处理方法中，可以使用这些事件参数去创建具有相同参数的方法。参数之间的映射是通过同名来实现的。比如：每个事件都有参数 ID，其用来表示 UI 元素的名称。如果在其动作对应的方法中有参数 ID，那么，事件的名称就会作为参数传递过去。

（2）动态创建事件的参数

可以定义和使用事件预定义以外的任何参数，但是此过程仅适用于动态编程的框架。事件其余的参数必须在 WDOMODIFYVIEW 方法中被实例化。

（3）实例

视图包含多个 LinkToAction 类型的 UI 元素，用户激活该链接用于控制后续显示内容。根据所选链接，一个视图 Context 的节点属性（例如：CLICKED_AT 的属性）必须接收一个特定的值。在此视图中作为动作（例如：ON_CLICK）唯一的处理程序方法是从相应的事件参数中复制此值，该参数已在这些 UI 元素中创建，并动态地添加到相应的事件中。

在此过程中，必须执行以下 3 个步骤。

1）定义所需的参数。

2）将其值绑定到 UI 元素。

3）将参数分配到相应的事件中。

下面编码的例子给出了这 3 个步骤。

```
METHOD WDDOMODIFYVIEW.
  DATA:
  LT_PARAMETERS LIKE IF_WD_EVENT=>PARAMETERS,
  PARAMETER LIKE LINE OF LT_PARAMETERS,
  LR_LINK1 TYPE REF TO CL_WD_LINK_TO_ACTION,
  LR_LINK2 TYPE REF TO CL_WD_LINK_TO_ACTION.
```

首先，在 WDOMODIFYVIEW 方法中声明两个变量：一个是事件参数，另一个是事件参数列表以便管理事件参数。此外，还定义了相应的 UI 元素类型的变量。

```
CHECK FIRST_TIME = ABAP_TRUE.
LR_LINK1 ? = VIEW->GET_ELEMENT( 'LINK1' ).
LR_LINK2 ? = VIEW->GET_ELEMENT( 'LINK2' ).
```

参数 VIEW 在 WDOMODIFYVIEW 方法中被自动识别。第一次被调用时，相应的用户界面 UI 元素的 ID（LINK1/LINK2）分配到两个局部变量相关的接口 IF_WD_VIEW 中。

```
PARAMETER-NAME = 'MYID'.
PARAMETER-VALUE = 1.
PARAMETER-TYPE = 'g'.
INSERT PARAMETER INTO TABLE LT_PARAMETERS.
LR_LINK1->MAP_ON_ACTION( LT_PARAMETERS ).
```

然后将新参数接收的名称、值和类型，添加到本地内表中。如果想添加一些参数到此 UI 元素的事件，需要重复以上的几个步骤。不要忘记使用命令 LR_LINK1 -> MAP_ON_ACTION（LT_PARAMETERS）将本地内表的事件映射到 UI 元素。具体实现如下所示。

```
CLEAR LT_PARAMETERS[ ].
PARAMETER-NAME = 'MYID'.
```

```
              PARAMETER-VALUE = 2.
              PARAMETER-TYPE = 'g'.
              INSERT PARAMETER INTO TABLE LT_PARAMETERS.
              LR_LINK2->MAP_ON_ACTION( LT_PARAMETERS ).
           ENDMETHOD.                          "WDDOMO
```

清空内部表,重复上述步骤。作为此过程的结果,两个 UI 元素 LINK1 和 LINK2 的事件名为 MYID,但是使用不同的值。当相应的事件被触发时,会自动将新的参数传递到相应的动作处理方法中。

一个简单的动作处理方法 ONACTIONON_CLICK 可设计为如图 5-1 所示。

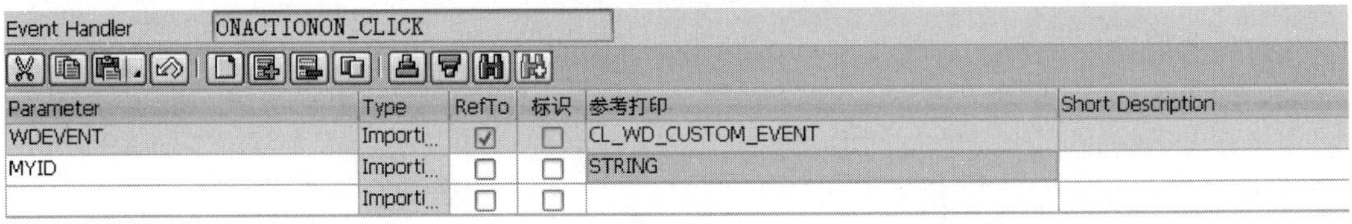

Parameter	Type	RefTo	标识	参考打印	Short Description
WDEVENT	Importi..	✓	□	CL_WD_CUSTOM_EVENT	
MYID	Importi..	□	□	STRING	
	Importi..	□	□		

图 5-1

具体编程如下所示。

```
           METHOD ONACTIONON_CLICK .
              WD_CONTEXT->SET_ATTRIBUTE( NAME = 'CLICKED_AT' VALUE = MYID ).
           ENDMETHOD.
```

事件参数 MYID 的值被传递给 Context 属性 CLICKED_AT,以便用于进一步的逻辑控制。

5.4 动态 Context 编程

可以在运行时以不同的方式操作控制器的 Context 节点及其属性。

注:为了支持动态规划 Context 和视图布局,Web Dynpro 框架在 CL_WD_DYNAMIC_TOOL 服务类中提供了许多方法。这个类包含了经常使用的方法,这些方法可以预定义。然而,也可以在 Web Dynpro 框架内利用该方法实现自定义方法,以实现 Context 的动态操作。但是,请注意,在这个类中并非所有的技术方案都是可行的。在许多情况下,需要通过相关的编程框架接口,来使用各种高级功能。

1. 添加 Context 节点

在实际项目中,由于各种各样的原因,在运行时将节点添加到一个 Context 中是可以实现的。在高度通用的组件编程中,在设计时,所需的节点数目可能无法估计。即使数量是已知的,但该节点的结构,只有在运行时才可能成为已知。在这样的情况下,该节点就需要动态创建并且其类型也需要动态处理。

为了这个目的,可以使用 IF_WD_CONTEXT_NODE_INFO 接口中的 ADD_NEW_CHILD_NODE 方法,该方法有许多参数,如节点的名称或分配的供给方法等。

另外,可以使用 CL_WD_DYNAMIC_TOOL 服务类中的 CREATE_NODEINFO_FROM_

STRUCT 方法，但该方法功能有限。比如要删除某节点的信息，而与其所有的相关节点的实例都会自动删除。

注：与静态创建的 Context 节点相比，动态创建的节点的名称的长度没有特别限定。

（1）节点的结构体属性

CREATE_NODEINFO_FROM_STRUCT 方法需要一个已知的结构体，这意味着，以这样的方式会按照选定的结构自动创建 Context 节点，该节点会参照这一结构自动生成固定的属性集。但是，也可以随时添加这个结构的个别属性。也可以动态地创建一个空的节点，并在之后填写属性。但是，CL_WD_DYNAMIC_TOOL 服务类没有提供这样的预定义方法。

（2）动态绑定 UI 元素到 Context 节点

在创建 UI 元素时，可以动态绑定 UI 元素到 Context 节点。

2. 添加 Context 节点属性

节点可以用来从 Context 节点添加或删除参数，这取决于在运行时计算的参数。如果参照 DDIC 结构创建了一个 Context 节点，在节点设计时，可以创建额外的动态属性。在通用的应用程序中，在设计时会有一个属性的类型尚未公知的情况，在这种情况下程序员可以动态创建该类型属性。

动态创建属性时，一般使用 IF_WD_CONTEXT_NODE_INFO 接口中的 ADD_ATTRIBUTE 方法。

（1）节点属性的固定值

UI 元素可以绑定到一个动态创建的 Context 节点，并可以访问 Context 节点属性的固定值。在这种情况下，动态确定该属性的固定值是必要的。

实例：根据已知输入表的名称，将表结构及其表中的内容显示在对应视图上。

步骤1：创建 Web Dynpro 组件。

选择下拉列表项 Web Dynpro Comp. / Intf. ▼ ，在相应的输入栏中填入程序的名称，如图 5-2 所示。

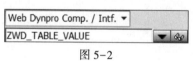

图 5-2

创建组件、窗体及其视图，如图 5-3 所示。

单击图 5-3 中的 ✓ 按钮，编辑结果如图 5-4 所示。

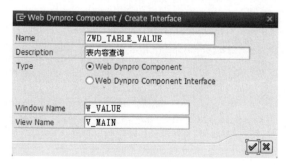

图 5-3 图 5-4

步骤2：创建 Web Dynpro 应用。

在左侧的树形结构菜单上右击，按照对应选项创建 Web Dynpro Application（应用），如图5-5所示。

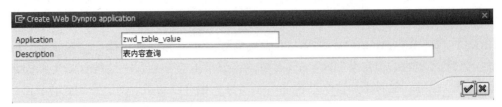

图 5-5

创建参数及其默认值，如图5-6所示。

图 5-6

步骤3：编辑窗体画面。

编辑窗体属性如图5-7所示。

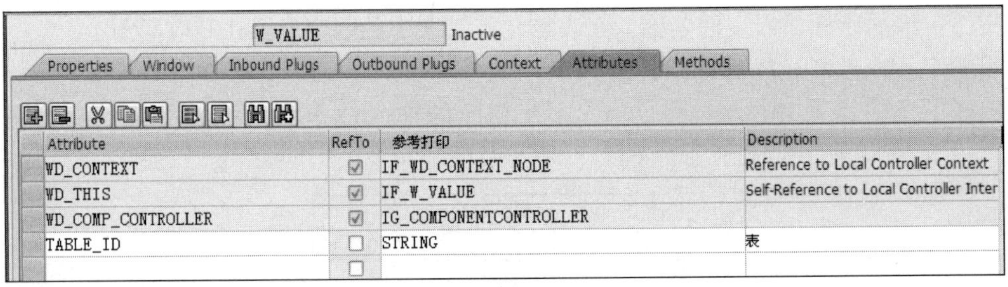

图 5-7

编辑入站插头程序 HANDLEDEFAULT，如图5-8所示。

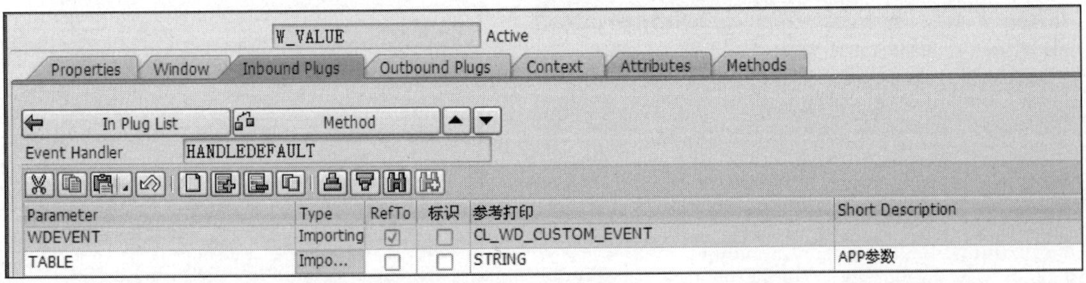

图 5-8

HANDLEDEFAULT 具体编程如下所示。

```
METHOD HANDLEDEFAULT .
   WD_THIS->TABLE_ID = TABLE.
ENDMETHOD.
```

步骤 4：编辑视图画面。

转到 Properties 选项卡，编辑视图属性如图 5-9 所示。

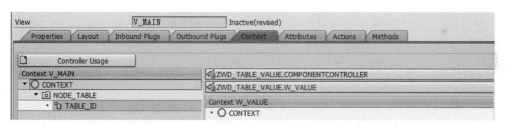

图 5-9

转到 Context 选项卡，编辑视图 Context 如图 5-10 所示。

图 5-10

编辑视图 UI 元素如图 5-11 所示。
布局效果如图 5-12 所示。

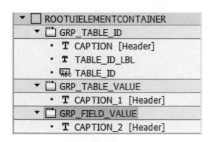

图 5-11    图 5-12

转到 Attributes 选项卡，编辑视图属性如图 5-13 所示。

图 5-13

转到 Methods 选项卡，编辑视图方法如图 5-14 所示。

图 5-14

EDIT_CONTEXT 方法具体编程如下所示。

```
METHOD EDIT_CONTEXT .
* 为画面赋初始值
  DATA LO_ND_NODE_TABLE TYPE REF TO IF_WD_CONTEXT_NODE.
  DATA LO_EL_NODE_TABLE TYPE REF TO IF_WD_CONTEXT_ELEMENT.
  DATA LS_NODE_TABLE TYPE WD_THIS->ELEMENT_NODE_TABLE.
* 取得当前节点
  LO_ND_NODE_TABLE = WD_CONTEXT->GET_CHILD_NODE( NAME = WD_THIS->WDCTX
_NODE_TABLE ).
* 取得当前节点元素
  LO_EL_NODE_TABLE = LO_ND_NODE_TABLE->GET_ELEMENT( ).
* 取得参数值
  DATA LO_W_VALUE TYPE REF TO IG_W_VALUE.
  LO_W_VALUE = WD_THIS->GET_W_VALUE_CTR( ).

  LS_NODE_TABLE-TABLE_ID = LO_W_VALUE->TABLE_ID .
* 为节点元素赋值
  LO_EL_NODE_TABLE->SET_STATIC_ATTRIBUTES(
      STATIC_ATTRIBUTES = LS_NODE_TABLE ).
```

```abap
*  DATA LO_ND_NODE_TABLE TYPE REF TO IF_WD_CONTEXT_NODE.
   DATA: LO_ND_NODE_TABLE_INFO  TYPE REF TO IF_WD_CONTEXT_NODE_INFO.

   TRANSLATE LS_NODE_TABLE-TABLE_ID TO UPPER CASE.

* 创建节点信息
   LO_ND_NODE_TABLE_INFO = LO_ND_NODE_TABLE->GET_NODE_INFO( ).

*
   DATA: LO_ND_SUBNODE_INFO  TYPE REF TO IF_WD_CONTEXT_NODE_INFO.
   DATA: LO_ND_SUBNODE TYPE REF TO IF_WD_CONTEXT_NODE.

   TRY.
       LO_ND_SUBNODE_INFO ? = LO_ND_NODE_TABLE_INFO->GET_CHILD_NODE( NAME
 = LS_NODE_TABLE-TABLE_ID ).
     CATCH CX_WD_CONTEXT.
       CLEAR LO_ND_SUBNODE_INFO.
   ENDTRY.

* 创建子节点信息
   LO_ND_SUBNODE_INFO = LO_ND_NODE_TABLE_INFO->ADD_NEW_CHILD_NODE(
       NAME                   = LS_NODE_TABLE-TABLE_ID
       STATIC_ELEMENT_TYPE    = LS_NODE_TABLE-TABLE_ID
       IS_MANDATORY           = ABAP_FALSE
       IS_MANDATORY_SELECTION = ABAP_FALSE
       IS_MULTIPLE            = ABAP_TRUE ).

* 创建节点并赋值
   DATA: STRU_TAB TYPE REF TO DATA.
   FIELD-SYMBOLS: <TAB> TYPE TABLE.
   DATA: ROOT_ELEMENT TYPE REF TO IF_WD_CONTEXT_ELEMENT.

   CREATE DATA STRU_TAB TYPE TABLE OF (LS_NODE_TABLE-TABLE_ID).
   ASSIGN STRU_TAB->* TO <TAB>.

   ROOT_ELEMENT = LO_ND_NODE_TABLE->GET_ELEMENT( ).

* 取得数据库表内容
   SELECT * FROM (LS_NODE_TABLE-TABLE_ID) INTO CORRESPONDING FIELDS OF
 TABLE <TAB>.
```

```
    TRANSLATE LS_NODE_TABLE-TABLE_ID TO UPPER CASE.

    LO_ND_SUBNODE ? = ROOT_ELEMENT->GET_CHILD_NODE( NAME = LS_NODE_TABLE
-TABLE_ID ).
    IF LO_ND_SUBNODE IS NOT BOUND.
      RETURN.
    ENDIF.

    TRY.
       LO_ND_SUBNODE->BIND_TABLE( NEW_ITEMS = <TAB> ).
      CATCH CX_SY_MOVE_CAST_ERROR.
        LO_ND_SUBNODE->BIND_ELEMENTS( NEW_ITEMS = <TAB> ).
    ENDTRY.
  ENDMETHOD.
```

EDIT_UIELEMENT_FIELD 方法编辑如图 5-15 所示。

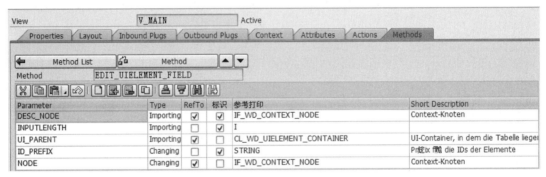

图 5-15

EDIT_UIELEMENT_FIEID 方法具体编程如下所示。

```
    METHOD EDIT_UIELEMENT_FIELD .
      DATA: VIEW TYPE REF TO IF_WD_VIEW,
        NODE_INFO TYPE REF TO IF_WD_CONTEXT_NODE_INFO,
        L_NODE TYPE REF TO IF_WD_CONTEXT_NODE,
        ATTRIBUTES TYPE WDR_CONTEXT_ATTR_INFO_MAP,
        NODE_PATH TYPE STRING,
        ATTRIBUTE_PATH TYPE STRING,
        DESC_PATH TYPE STRING,
        DESC_ATTRIBUTE_PATH TYPE STRING,
        DUMMY TYPE STRING,                       "#EC NEEDED
        LABEL_ID TYPE STRING,
        INPUT_ID TYPE STRING,
        LABEL TYPE REF TO CL_WD_LABEL,
        INPUT TYPE REF TO CL_WD_INPUT_FIELD.
```

```abap
* label_text type string.

  FIELD-SYMBOLS: <ATTR> TYPE WDR_CONTEXT_ATTRIBUTE_INFO.

* basic parameter checks
  ASSERT UI_PARENT IS BOUND AND NODE IS BOUND.

* get the view
  VIEW = UI_PARENT->VIEW.

* check existance of the node
  NODE_INFO = NODE->GET_NODE_INFO( ).

  L_NODE = NODE.
  NODE_PATH = L_NODE->GET_META_PATH( ).
  SPLIT NODE_PATH AT '.' INTO DUMMY NODE_PATH.
  ATTRIBUTES = NODE_INFO->GET_ATTRIBUTES( ).

  IF DESC_NODE IS BOUND.
    L_NODE = DESC_NODE.
    DESC_PATH = L_NODE->GET_META_PATH( ).
    SPLIT DESC_PATH AT '.' INTO DUMMY DESC_PATH.
  ENDIF.

  IF ID_PREFIX IS INITIAL.
    ID_PREFIX = NODE_INFO->GET_NAME( ).
  ENDIF.

  TRANSLATE ID_PREFIX TO UPPER CASE.

  DATA: LAYOUT TYPE REF TO CL_WD_LAYOUT.

  LOOP AT ATTRIBUTES ASSIGNING <ATTR>.
    CONCATENATE ID_PREFIX '_L' <ATTR>-NAME INTO LABEL_ID.
    CONCATENATE ID_PREFIX '_I' <ATTR>-NAME INTO INPUT_ID.

    LABEL =    CL_WD_LABEL=>NEW_LABEL(
       VIEW = VIEW
       ID   = LABEL_ID
       DESIGN = CL_WD_LABEL=>E_DESIGN-STANDARD
       LABEL_FOR = INPUT_ID
*       TEXT = label_text
```

```abap
            WRAPPING = ABAP_FALSE
            ENABLED = 'X'
            "TOOLTIP = ?
            VISIBLE = CL_WD_UIELEMENT=>E_VISIBLE-VISIBLE
         ).
      IF DESC_PATH IS NOT INITIAL.
          CONCATENATE DESC_PATH <ATTR>-NAME INTO DESC_ATTRIBUTE_PATH SEPARATED BY '.'.
          LABEL->BIND_TEXT( DESC_ATTRIBUTE_PATH ).
      ENDIF.
      CL_WD_DYNAMIC_TOOL=>CREATE_LAYOUT_DATA(
          PARENT_OBJECT   = UI_PARENT
          IS_FIRST_ELEMENT = ABAP_TRUE
          UI_ELEMENT      = LABEL
         ).

      UI_PARENT->ADD_CHILD( LABEL ).

      CONCATENATE NODE_PATH <ATTR>-NAME INTO ATTRIBUTE_PATH SEPARATED BY '.'.
      INPUT =
         CL_WD_INPUT_FIELD=>NEW_INPUT_FIELD(
           VIEW = VIEW
           ID   = INPUT_ID
           LENGTH = INPUTLENGTH
           PASSWORD_FIELD = ABAP_FALSE
           READ_ONLY = ABAP_TRUE
           STATE = CL_WD_ABSTRACT_DROPDOWN=>E_STATE-NORMAL
           ENABLED = 'X'
           "TOOLTIP = ?
           VISIBLE = CL_WD_UIELEMENT=>E_VISIBLE-VISIBLE
           BIND_VALUE = ATTRIBUTE_PATH
         ).

      CL_WD_DYNAMIC_TOOL=>CREATE_LAYOUT_DATA(
          PARENT_OBJECT    = UI_PARENT
          IS_FIRST_ELEMENT = ABAP_FALSE
          UI_ELEMENT       = INPUT ).
      UI_PARENT->ADD_CHILD( INPUT ).
    ENDLOOP.
ENDMETHOD.
```

EDIT_UIELEMENT_TABLE 方法编辑如图 5-16 所示。

Parameter	Type	RefTo	标识	参考打印	Short Description
NODE	Importing	✓	☐	IF_WD_CONTEXT_NODE	Referenz auf den Context-Knoten
ON_LEAD_SELECT	Importing	☐	✓	STRING	Eventhandler 飚 Selektion
TABLE_ID	Importing	☐	☐	STRING	Id der Tabelle
UI_PARENT	Importing	✓	☐	CL_WD_UIELEMENT_CONTAINER	UI-Container, in dem die Tabelle liegt
TABLE	Returning	✓	☐	CL_WD_TABLE	Referenz auf die neue Tabelle

图 5-16

EDIT_UIELEMENT_TABLE 方法具体编程如下所示。

```abap
METHOD EDIT_UIELEMENT_TABLE .

  DATA: VIEW TYPE REF TO IF_WD_VIEW,
        NODE_INFO TYPE REF TO IF_WD_CONTEXT_NODE_INFO,
        L_NODE TYPE REF TO CL_WDR_CONTEXT_NODE,
        ATTRIBUTES TYPE WDR_CONTEXT_ATTR_INFO_MAP,
        NODE_PATH TYPE STRING,
        DUMMY TYPE STRING.                           "#EC NEEDED

  FIELD-SYMBOLS: <ATTR> TYPE WDR_CONTEXT_ATTRIBUTE_INFO.

* basic parameter checks
  ASSERT
     UI_PARENT   IS BOUND    AND
     NODE        IS BOUND    AND
     TABLE_ID    IS NOT INITIAL.

* get the view
  VIEW = UI_PARENT->VIEW.

* check whether an object with this name exists
  DATA: UI_ELEMENT TYPE REF TO IF_WD_VIEW_ELEMENT.
  UI_ELEMENT = VIEW->GET_ELEMENT( TABLE_ID ).
  IF UI_ELEMENT IS BOUND.
    CLEAR TABLE.
    RETURN.
  ENDIF.

* check existance of the node and the type ( must be multiple )
  NODE_INFO = NODE->GET_NODE_INFO( ).
  IF NODE_INFO->IS_MULTIPLE( ) = ABAP_FALSE.
```

```abap
    CLEAR TABLE.
    RETURN.
ENDIF.
L_NODE ? = NODE.
NODE_PATH = L_NODE->IF_WD_CONTEXT_NODE~GET_META_PATH( ).
SPLIT NODE_PATH AT '.' INTO DUMMY NODE_PATH.
ATTRIBUTES = NODE_INFO->GET_ATTRIBUTES( ).

* create the table
  DATA TAB_1 TYPE REF TO CL_WD_TABLE.
  TAB_1 =
    CL_WD_TABLE=>NEW_TABLE(
      VIEW                = VIEW
      ID                  = TABLE_ID
      DESIGN              = CL_WD_TABLE=>E_DESIGN-STANDARD
      FIRST_VISIBLE_ROW   = 0
      FOOTER_VISIBLE      = 'X'
      READ_ONLY           = ABAP_FALSE
      SELECTION_MODE      = CL_WD_TABLE=>E_SELECTION_MODE-SINGLE
      VISIBLE_ROW_COUNT   = 5
      ENABLED             = 'X'
      VISIBLE             = CL_WD_UIELEMENT=>E_VISIBLE-VISIBLE
      BIND_DATA_SOURCE    = NODE_PATH
  ).
  IF ON_LEAD_SELECT IS NOT INITIAL.
    TAB_1->SET_ON_LEAD_SELECT( ON_LEAD_SELECT ).
  ENDIF.

* create the table layout
  CL_WD_DYNAMIC_TOOL=>CREATE_LAYOUT_DATA(
    PARENT_OBJECT = UI_PARENT
    IS_FIRST_ELEMENT = ABAP_TRUE
    UI_ELEMENT = TAB_1 ).
* create the columns
  DATA: C_INDEX(3),
        ATTR_ID TYPE STRING,
        COL_ID TYPE STRING,
        HEAD_ID TYPE STRING,
        ATTR_PATH TYPE STRING.
  DATA: COLI TYPE REF TO CL_WD_TABLE_COLUMN,
        TEXTI TYPE REF TO CL_WD_TEXT_VIEW,
        CAPTI TYPE REF TO CL_WD_CAPTION.
```

```abap
      LOOP AT ATTRIBUTES ASSIGNING <ATTR>.
        CHECK <ATTR>-RTTI->KIND = CL_ABAP_TYPEDESCR=>KIND_ELEM OR
              <ATTR>-TYPE_NAME = 'STRING_TABLE'.

*   falsch: attributes ist eine Hash-Tabelle!        c_index = sy-tabix.
        C_INDEX = C_INDEX + 1.
        CONCATENATE TABLE_ID C_INDEX INTO ATTR_ID SEPARATED BY '_A'.
        CONCATENATE TABLE_ID C_INDEX INTO COL_ID SEPARATED BY '_C'.
        CONCATENATE TABLE_ID C_INDEX INTO HEAD_ID SEPARATED BY '_H'.
        CONDENSE ATTR_ID NO-GAPS.
        CONDENSE COL_ID NO-GAPS.
        CONDENSE HEAD_ID NO-GAPS.
        CONCATENATE NODE_PATH <ATTR>-NAME INTO ATTR_PATH SEPARATED BY '.'.
        COLI =
         CL_WD_TABLE_COLUMN=>NEW_TABLE_COLUMN(
           VIEW = VIEW
           ID   = COL_ID
           VISIBLE = CL_WD_UIELEMENT=>E_VISIBLE-VISIBLE
       ).
        TEXTI =
          CL_WD_TEXT_VIEW=>NEW_TEXT_VIEW(
            VIEW = VIEW
            ID   = ATTR_ID
            DESIGN = CL_WD_TEXT_VIEW=>E_DESIGN-STANDARD
            LAYOUT = CL_WD_TEXT_VIEW=>E_LAYOUT-NATIVE
            WRAPPING = ABAP_FALSE
            ENABLED = 'X'
            VISIBLE = CL_WD_UIELEMENT=>E_VISIBLE-VISIBLE
            BIND_TEXT = ATTR_PATH
         ).
       COLI->SET_TABLE_CELL_EDITOR( TEXTI ).
       CAPTI =
         CL_WD_CAPTION=>NEW_CAPTION(
           VIEW = VIEW
           ID   = HEAD_ID
           IMAGE_FIRST = 'X'
           ENABLED = 'X'
           VISIBLE = CL_WD_UIELEMENT=>E_VISIBLE-VISIBLE
*          text = label
        ).
       COLI->SET_HEADER( CAPTI ).
```

```abap
      TAB_1->ADD_COLUMN( COL1 ).
    ENDLOOP.

    UI_PARENT->ADD_CHILD( TAB_1 ).
    TABLE = TAB_1.

  ENDMETHOD.
```

WDDOMODIFYVIEW 钩子方法具体编程如下所示。

```abap
  METHOD WDDOMODIFYVIEW .
  * 编辑 Context
    IF FIRST_TIME = ABAP_TRUE.
      WD_THIS->EDIT_CONTEXT(
        ).
    ENDIF.
  * 取得表名
    DATA LO_ND_SUBNODE_TABLE TYPE REF TO IF_WD_CONTEXT_NODE.
    DATA LO_ND_NODE_TABLE TYPE REF TO IF_WD_CONTEXT_NODE.
    DATA LO_EL_NODE_TABLE TYPE REF TO IF_WD_CONTEXT_ELEMENT.
    DATA LS_NODE_TABLE TYPE WD_THIS->ELEMENT_NODE_TABLE.

  * 取得当前节点
    LO_ND_NODE_TABLE = WD_CONTEXT->GET_CHILD_NODE( NAME = WD_THIS->WDCTX
  _NODE_TABLE ).

  * 取得当前节点元素
    LO_EL_NODE_TABLE = LO_ND_NODE_TABLE->GET_ELEMENT( ).

  * 取得节点元素的属性
    LO_EL_NODE_TABLE->GET_STATIC_ATTRIBUTES(
      IMPORTING
        STATIC_ATTRIBUTES = LS_NODE_TABLE ).
  * 编辑 UIElement
    DATA TAB_ROOT TYPE REF TO CL_WD_UIELEMENT_CONTAINER.
    DATA STRUCTURE_ROOT TYPE REF TO CL_WD_UIELEMENT_CONTAINER.
    DATA NEW_TAB TYPE REF TO CL_WD_TABLE.

    STRUCTURE_ROOT ?= VIEW->GET_ELEMENT( ID = 'GRP_FIELD_VALUE' ).
    TAB_ROOT       ?= VIEW->GET_ELEMENT( ID = 'GRP_TABLE_VALUE' ).

    IF FIRST_TIME = ABAP_FALSE.

      STRUCTURE_ROOT->REMOVE_ALL_CHILDREN( ).
```

```abap
    TAB_ROOT->REMOVE_ALL_CHILDREN( ).

  ENDIF.

  LO_ND_SUBNODE_TABLE = LO_ND_NODE_TABLE->GET_CHILD_NODE( NAME = LS_NODE_TABLE-TABLE_ID ).

  NEW_TAB = WD_THIS->EDIT_UIELEMENT_TABLE(
    UI_PARENT = TAB_ROOT              " ref to cl_wd_uielement_container
    TABLE_ID = 'TABS'                 " string
    NODE = LO_ND_SUBNODE_TABLE        " ref to if_wd_context_node
*   ON_LEAD_SELECT =      'X'        " string
  ).


  WD_THIS->EDIT_UIELEMENT_FIELD(
    EXPORTING
*     desc_node =                     " ref to if_wd_context_node
*     INPUTLENGTH = 9
      UI_PARENT = STRUCTURE_ROOT      " ref to cl_wd_uielement_container
    CHANGING
*     id_prefix =                     " string
      NODE = LO_ND_SUBNODE_TABLE      " ref to if_wd_context_node
  ).

*
ENDMETHOD.
```

步骤5：在ABAP工作台编辑画面。

创建Web Dynpro应用ZWD_TABLE_VALUE，如图5-17所示。

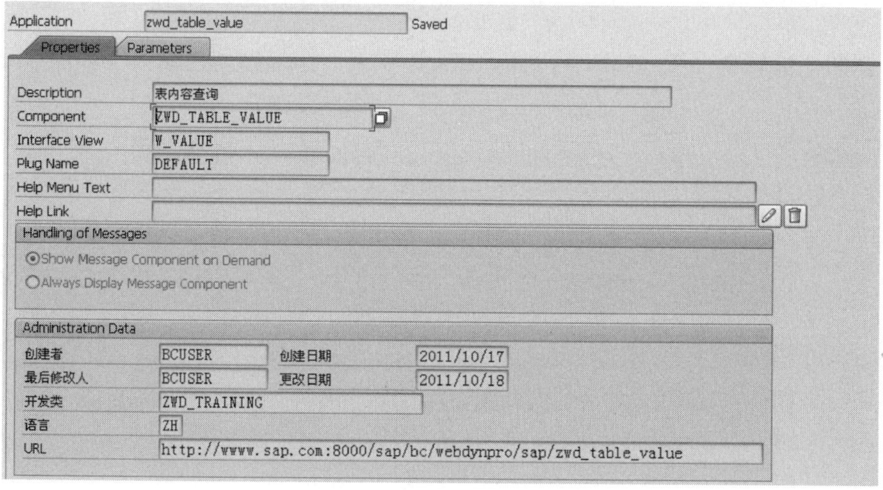

图 5-17

步骤6：继续在 ABAP 工作台编辑画面。

创建外部调用组件 ZWD_TABLE，如图 5-18 所示。

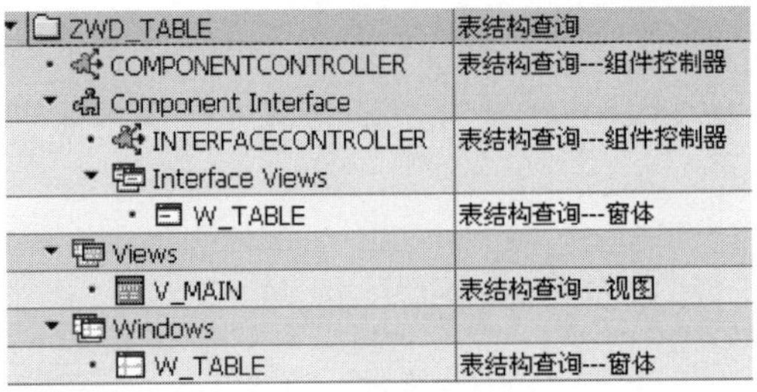

图 5-18

选择窗体，编辑窗体出站插头，如图 5-19 所示。

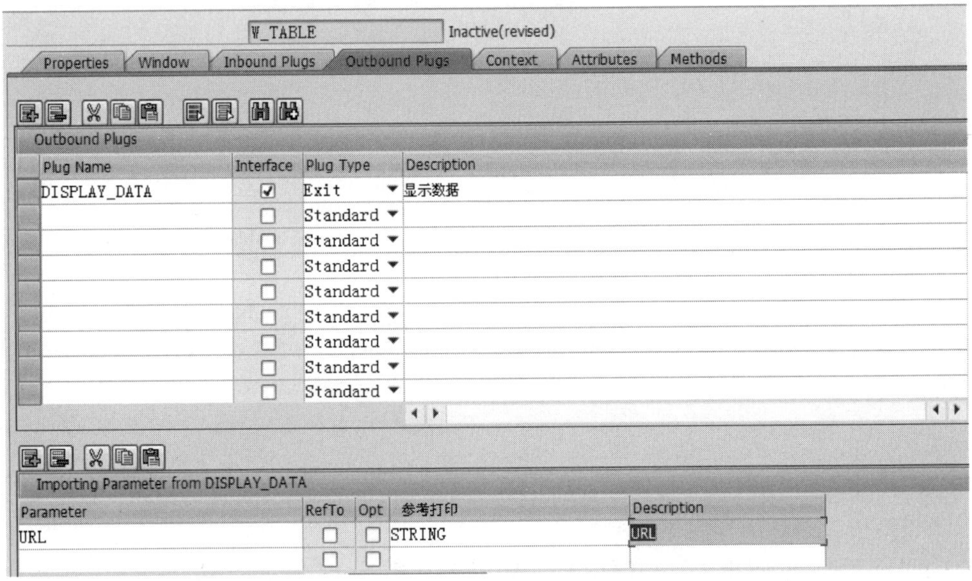

图 5-19

选择视图，编辑视图 V_MAIN 的 Properties 选项卡，添加窗体控制器，如图 5-20 所示。

图 5-20

转到 Context 选项卡，编辑视图 Context，如图 5-21 所示。

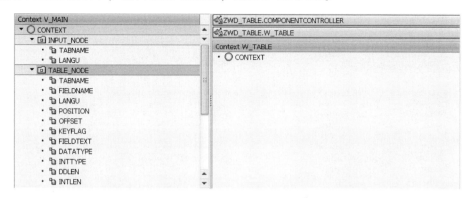

图 5-21

注：TABLE_NODE 参照图 5-22 所示的结构定义。

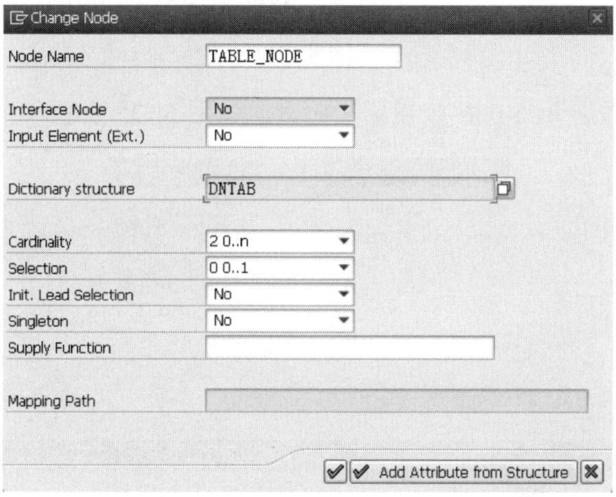

图 5-22

转到 Layout 选项卡，添加容器类 UI 元素如下，并为其创建 Container Form。检索条件部分绑定如图 5-23 所示。

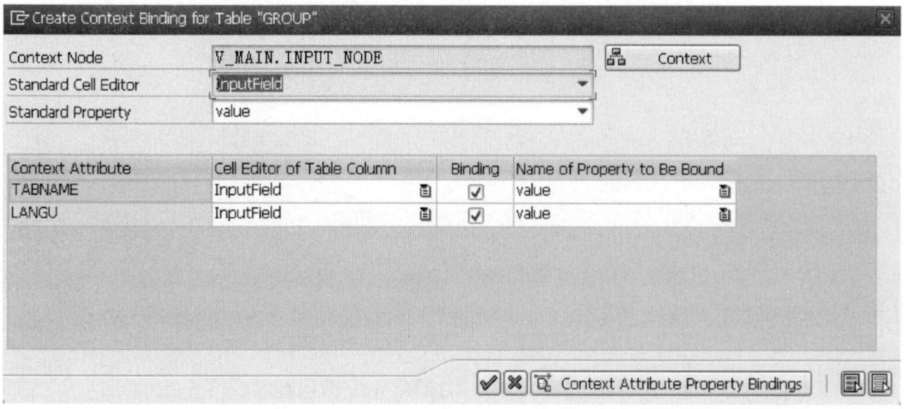

图 5-23

检索结果部分绑定如图 5-24 所示。

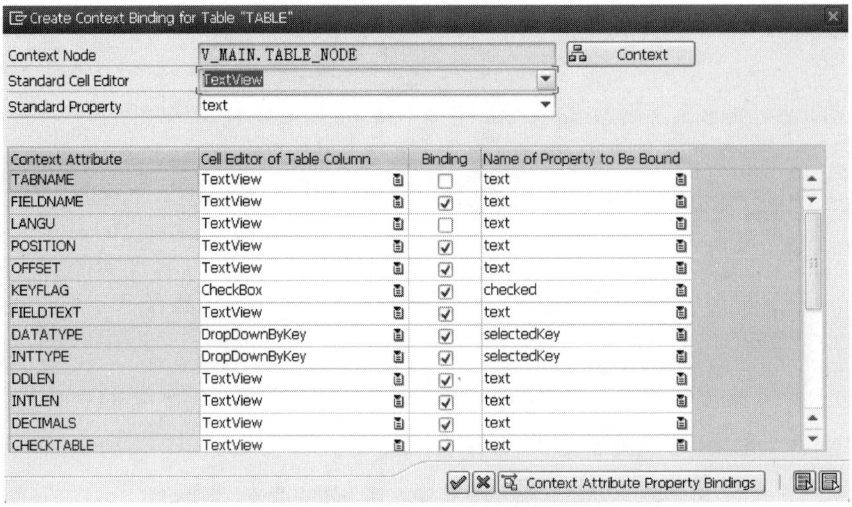

图 5-24

为视图 V_MAIN 添加 BUTTON 按钮用于检索，如图 5-25 所示。

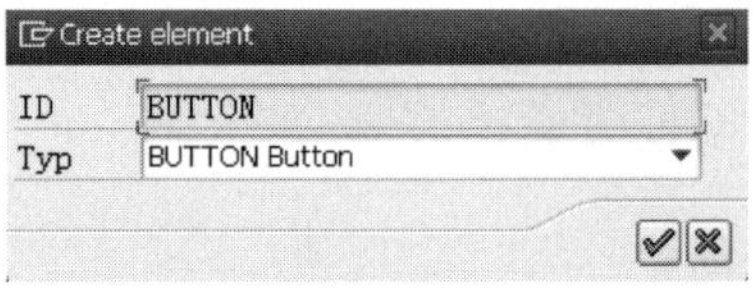

图 5-25

为按钮添加动作 SEARCH 如图 5-26 所示。

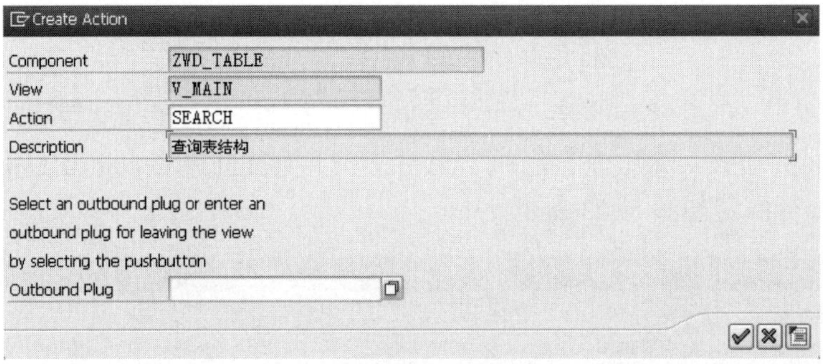

图 5-26

动作处理方法如下所示。

```
METHOD ONACTIONSEARCH.
  DATA LO_ND_INPUT_NODE TYPE REF TO IF_WD_CONTEXT_NODE.
  DATA LO_ND_TABLE_NODE TYPE REF TO IF_WD_CONTEXT_NODE.

  DATA LO_EL_INPUT_NODE TYPE REF TO IF_WD_CONTEXT_ELEMENT.
  DATA LS_INPUT_NODE TYPE WD_THIS->ELEMENT_INPUT_NODE.
```

```abap
    DATA TBL_NAMETAB TYPE TABLE OF DNTAB.
    DATA TBL_RESULT TYPE WD_THIS->ELEMENTS_TABLE_NODE.
*   取得当前节点
    LO_ND_INPUT_NODE = WD_CONTEXT->GET_CHILD_NODE( NAME = WD_THIS->WDCTX_INPUT_NODE ).
*   取得当前节点元素
    LO_EL_INPUT_NODE = LO_ND_INPUT_NODE->GET_ELEMENT( ).
*   判断当前节点是否为空
    IF LO_EL_INPUT_NODE IS INITIAL.
    ENDIF.

*   取得节点元素的属性
    LO_EL_INPUT_NODE->GET_STATIC_ATTRIBUTES(
      IMPORTING
        STATIC_ATTRIBUTES = LS_INPUT_NODE ).

    CALL FUNCTION 'NAMETAB_GET'
      EXPORTING
        LANGU                   = LS_INPUT_NODE-LANGU
        ONLY                    = ' '
        TABNAME                 = LS_INPUT_NODE-TABNAME
*     IMPORTING
*       HEADER                  =
*       RC                      =
      TABLES
        NAMETAB                 = TBL_NAMETAB
      EXCEPTIONS
        INTERNAL_ERROR          = 1
        TABLE_HAS_NO_FIELDS     = 2
        TABLE_NOT_ACTIV         = 3
        NO_TEXTS_FOUND          = 4
        OTHERS                  = 5
              .
    IF SY-SUBRC <> 0.
*     MESSAGE ID SY-MSGID TYPE SY-MSGTY NUMBER SY-MSGNO
*                WITH SY-MSGV1 SY-MSGV2 SY-MSGV3 SY-MSGV4.
    ELSE.
      APPEND LINES OF TBL_NAMETAB TO TBL_RESULT.

      DATA LT_TABLE_NODE TYPE WD_THIS->ELEMENTS_TABLE_NODE.
```

```
*   NAVIGATE FROM <CONTEXT> TO <TABLE_NODE> VIA LEAD SELECTION
    LO_ND_TABLE_NODE = WD_CONTEXT->GET_CHILD_NODE( NAME = WD_THIS->
WDCTX_TABLE_NODE ).
*
    LO_ND_TABLE_NODE->BIND_TABLE( NEW_ITEMS = TBL_RESULT SET_INITIAL_ELE-
MENTS = ABAP_TRUE ).

    ENDIF.

ENDMETHOD.
```

编辑 BTN_VALUE 按钮用于调用 Web Dynpro 应用，如图 5-27 所示。

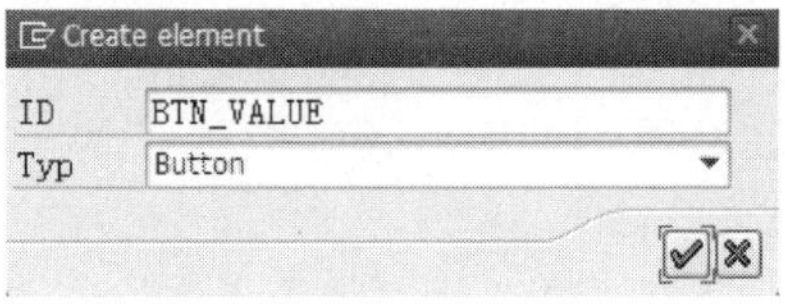

图 5-27

为按钮添加动作 DISP_DATA 如图 5-28 所示。

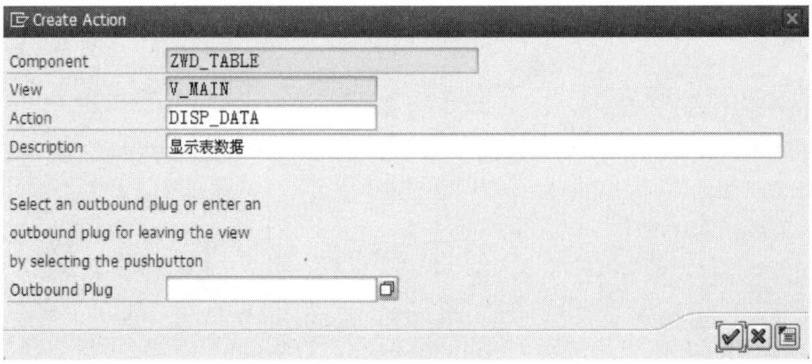

图 5-28

动作处理方法如下所示。

```
    METHOD ONACTIONDISP_DATA .
*   取得参数
    DATA URL TYPE STRING.
    DATA: LT_PARAMETERS TYPE TIHTTPNVP,
        LV_PARAMETER TYPE IHTTPNVP.
    DATA LO_ND_INPUT_NODE TYPE REF TO IF_WD_CONTEXT_NODE.


    DATA LO_EL_INPUT_NODE TYPE REF TO IF_WD_CONTEXT_ELEMENT.
    DATA LS_INPUT_NODE TYPE WD_THIS->ELEMENT_INPUT_NODE.

*   取得当前节点
```

```
  LO_ND_INPUT_NODE = WD_CONTEXT->GET_CHILD_NODE( NAME = WD_THIS->WDCTX
_INPUT_NODE ).
```

* *取得当前节点元素*
```
  LO_EL_INPUT_NODE = LO_ND_INPUT_NODE->GET_ELEMENT( ).
```

* *取得节点元素的属性*
```
  LO_EL_INPUT_NODE->GET_STATIC_ATTRIBUTES(
    IMPORTING
      STATIC_ATTRIBUTES = LS_INPUT_NODE ).

  LV_PARAMETER-NAME = 'TABLE'.
  LV_PARAMETER-VALUE = LS_INPUT_NODE-TABNAME.
  APPEND LV_PARAMETER TO LT_PARAMETERS.
```
* *取得 URL*
```
  CALL METHOD CL_WD_UTILITIES=>CONSTRUCT_WD_URL
    EXPORTING
      APPLICATION_NAME              = 'ZWD_TABLE_VALUE'
*     IN_HOST                       =
*     IN_PORT                       =
*     IN_PROTOCOL                   =
      IN_PARAMETERS                 = LT_PARAMETERS
*     IN_CLIENT                     =
*     IN_FORWARD_ACCESSIBILITY_FLAG =
*     NAMESPACE                     = 'sap'
    IMPORTING
*     OUT_HOST                      =
*     OUT_PORT                      =
*     OUT_PROTOCOL                  =
*     OUT_LOCAL_URL                 =
      OUT_ABSOLUTE_URL              = URL
    .
```
* *显示表内容*
```
  DATA LO_W_TABLE TYPE REF TO IG_W_TABLE .
  LO_W_TABLE =   WD_THIS->GET_W_TABLE_CTR( ).
  LO_W_TABLE->FIRE_DISPLAY_DATA_PLG(
    URL =   URL                              " string
  ).

ENDMETHOD.
```

编辑结果如图 5-29 所示。

视图布局编辑如图 5-30 所示。

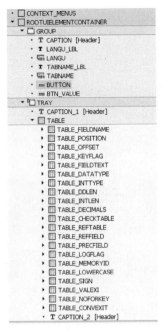

图 5-29

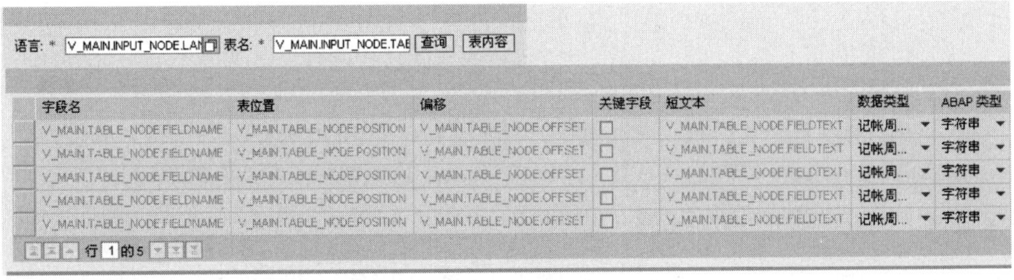

图 5-30

步骤 7：在 ABAP 工作台编辑画面。

创建 Web Dynpro 应用 ZWD_TABLE 如图 5-31 所示。

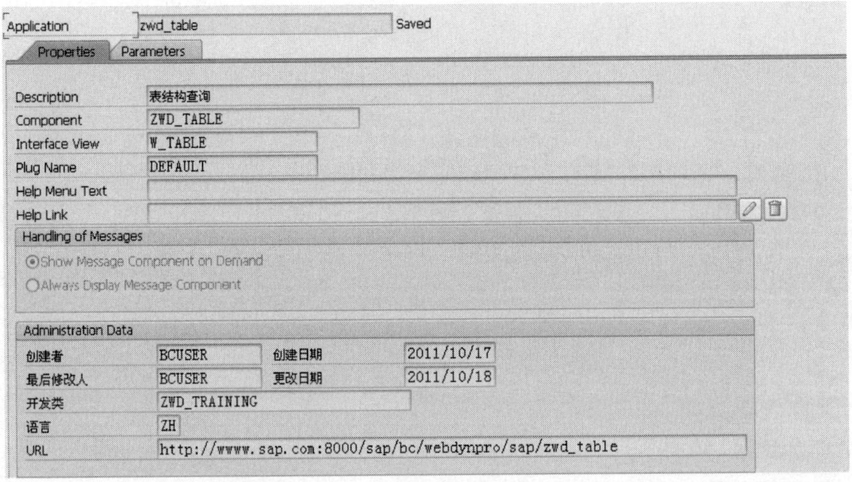

图 5-31

步骤 8：在 ABAP 工作台编辑画面。

运行 Web Dynpro 应用 ZWD_TABLE，效果如图 5-32 所示。

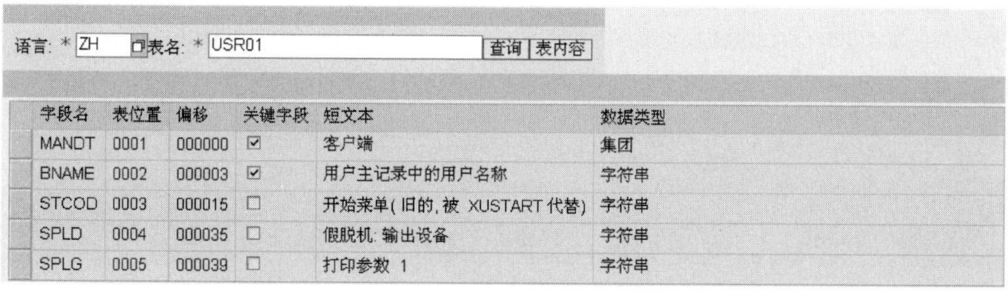

字段名	表位置	偏移	关键字段	短文本	数据类型
MANDT	0001	000000	☑	客户端	集团
BNAME	0002	000003	☑	用户主记录中的用户名称	字符串
STCOD	0003	000015	☐	开始菜单(旧的，被 XUSTART 代替)	字符串
SPLD	0004	000035	☐	假脱机：输出设备	字符串
SPLG	0005	000039	☐	打印参数 1	字符串

图 5-32

单击图 5-32 中的表内容按钮，显示如图 5-33 所示。

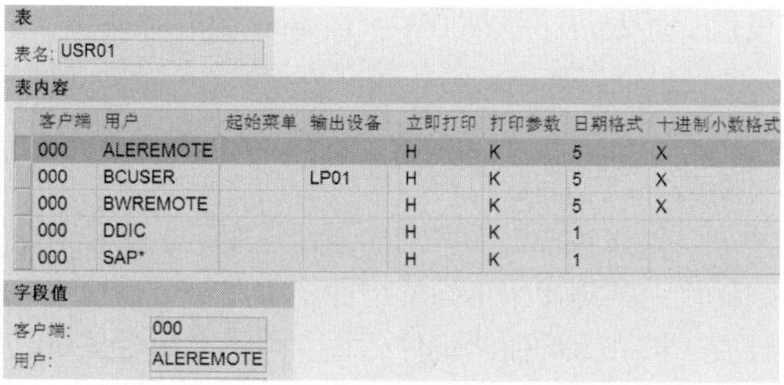

客户端	用户	起始菜单	输出设备	立即打印	打印参数	日期格式	十进制小数格式
000	ALEREMOTE			H	K	5	X
000	BCUSER		LP01	H	K	5	X
000	BWREMOTE			H	K	5	X
000	DDIC			H	K	1	
000	SAP*			H	K	1	

图 5-33

5.5 动态组件使用

跨组件编程的章节介绍了如何使用组件和接口及其原则。在这种情况下，所涉及的组件在设计时是已知的，并且所有导航或方法可以静态确定。然而，在实践中，大多数情况下，这些信息在设计时是不提供的。因此，组件使用必须动态创建，并且可能只在产生所需的组件的名称被传到主程序时才可以创建。所以，所有的后续步骤（如嵌入接口视图或注册事件到应用组件等）必须进行动态编程，相关组件也应动态创建。

5.5.1 动态创建组件使用

组件使用可分为以下几种。

（1）多组件使用

在无控制器访问的组件使用中提到过，根据应用程序的目的，在使用组件中不止一次地显示特定的被使用组件的接口视图有可能非常有用。如果在设计时嵌入数是恒定的并且嵌入组件是已知的，嵌入窗体的结构也可以静态构建。但是，如果使用组件的应用程序开发人员在设计时不知道需要多少组件使用，此时组件使用可以通过动态编程生成。下面的代码片段是组件控制器的某方法的片段，该方法实现了动态组件使用的可能。

```
METHOD MY_CONTROLLER_METHOD .
  DATA: L_COMPONENT_USAGE TYPE REF TO IF_WD_COMPONENT_USAGE,
  L_MY_INITIAL_USAGE TYPE REF TO IF_WD_COMPONENT_USAGE.
  L_MY_INITIAL_USAGE = WD_THIS->WD_CPUSE_MY_INITAL_USAGE( ).
  L_COMPONENT_USAGE = L_MY_INITIAL_USAGE->CREATE_COMP_USAGE_OF_SAME_
TYPE(
    <NAME_OF_THE_SECOND_USAGE> ).
  .
ENDMETHOD.                    "MY_CONTROLLER_METHOD
```

首先，必须在第一次使用之前静态创建，在运行时，其他相同的组件使用（USAGE_OF_SAME_TYPE）可以动态生成。上面的例子展现了参照某一组件创建第二个组件使用的情况。如果该组件使用的数量在设计时还不知道，则必须在适当的循环中编程实现。

可以用一个内部表管理组件使用的创建，这个内部表可以是控制器的一个属性，必须为此目的的显式地创建此属性。要做到这一点，Web Dynpro 运行时提供了 WDAPI_COMPONENT_USAGE 类型，不过程序员也可以创建自己的数据类型。

（2）不同组件使用

在许多应用中，可能需要动态创建不同的组件使用。例如，在国际应用中，只有在用户输入国家代码之后，才可以创建各特定于国家的组件使用。在这种情况下，要使用的组件在运行时是不知道的，取而代之的是使用不同的组件，程序员可以使用一个单独的组件接口声明来完成编程。在设计时，被嵌入的使用组件必须实现所有组件接口。在运行时，可以创建任意数量的组件接口的使用。只有当相应的组件实例化时，才执行组件使用的分配。在程序中被实例化后的组件的名称被作为一个变量，并在运行时传递。

如果要动态地嵌入一个组件的接口视图，相应的也要嵌入动态编程。

（3）组件使用组

如果在组件控制器中不用内部表的方式管理动态组件使用的创建，也可以使用组件使用组。组件使用组的概念将动态创建组件使用的管理集成到 Web Dynpro 运行时中。

一个组件使用组在组件使用中创建，在组件控制器中优选。下面的代码片段显示了如何动态创建组件使用组。

```
  DATA: L_CMP_API TYPE REF TO IF_WD_COMPONENT,
  L_CMP_USAGE_GROUP TYPE REF TO IF_WD_COMPONENT_USAGE_GROUP.
  L_CMP_API = WD_THIS->WD_GET_API( ).
  IF L_CMP_API->HAS_CMP_USAGE_GROUP('TESTGROUP') IS INITIAL.
    WD_THIS->CMP_USAGE_GROUP = L_CMP_API->CREATE_CMP_USAGE_GROUP(
    NAME = 'TESTGROUP'
    USED_COMPONENT = '<NAME USED COMPONENT>').
  ENDIF.
  .
```

向动态创建的组件使用组中添加组件使用，代码如下所示。

```
WD_THIS->CMP_USAGE_GROUP->ADD_COMPONENT_USAGE(
NAME ='USAGE1'
EMBEDDING_POSITION = '<NAME VIEW>/<NAME CONTAINER>'
USED_COMPONENT = '<NAME USED COMPONENT>' ).
WD_THIS->CMP_USAGE_GROUP->ADD_COMPONENT_USAGE(
NAME ='USAGE2'
EMBEDDING_POSITION = '<NAME VIEW>/<NAME CONTAINER>'
USED_COMPONENT = '<NAME USED COMPONENT>' ).
```

对于参数 EMBEDDING_POSITION 有一个规定：如果所选容器本身也包含了一个视图，将进一步规范区分所在位置是外部视图的一个区域还是外部容器的一个区域，代码如下所示。

```
EMBEDDING_POSITION = '<Name View>/<Name Container>.<Name Sub-view>/<Name Container2> * '
```

程序员可以对此循环进行嵌套。

5.5.2 动态绑定接口视图

一个动态的嵌入式组件接口视图必须包含动态的窗体导航，例如在视图控制器的某方法中进行导航，但首先要实装该组件，代码如下所示。

```
DATA:L_VIEW_CONTROLLER_API TYPE REF TO IF_WD_VIEW_CONTROLLER,
L_COMPONENT_USAGE TYPE REF TO IF_WD_COMPONENT_USAGE,
COMPONENT_NAME TYPE STRING.
IF L_COMPONENT_USAGE->HAS_ACTIVE_COMPONENT( ) IS INITIAL.
  L_COMPONENT_USAGE->CREATE_COMPONENT( COMPONENT_NAME ).
ENDIF.
```

然后调用视图控制器的 API 方法 PREPARE_DYNAMIC_NAVIGATION。在设计时所用组件的所有属性是未知，并作为变量重新组合，代码如下所示。

```
L_VIEW_CONTROLLER_API= WD_THIS->WD_GET_API( ).
L_VIEW_CONTROLLER_API->PREPARE_DYNAMIC_NAVIGATION(
SOURCE_WINDOW_NAME = 'W0'
SOURCE_VUSAGE_NAME = 'MAIN_USAGE_1'
SOURCE_PLUG_NAME = 'TO_V1'
TARGET_COMPONENT_NAME = <COMPONENT_NAME>
TARGET_COMPONENT_USAGE = <COMPONENT_USAGE_NAME>
TARGET_VIEW_NAME = <INTERFACE_VIEW_NAME>
TARGET_PLUG_NAME = <INBOUND_PLUG_NAME>
TARGET_EMBEDDING_POSITION = <EMBEDDING_POSITION> ).
```

该视图控制器的 API 方法 PREPARE_DYNAMIC_NAVIGATION 嵌入接口组件<COMPO-NENT_NAME>的接口视图<INTERFACE_VIEW_NAME>中，嵌入位置为<EMBEDDING_POSI-

TION>。另外，导航链接创建视图 MAIN 的出站口为 TO_V1。入站插头<INBOUND_PLUG_NAME>是接口视图<INTERFACE_VIEW_NAME>的插头。组件在<COMPONENT_NAME>指定的组件必须实例化该接口组件使用<COMPONENT_USAGE_NAME>。

在这个步骤的最后一步，出站插头被调用，代码如下所示。

```
WD_THIS->FIRE_TO_V1_PLG( ).
```

注：方法 PREPARE_DYNAMIC_NAVIGATION 的调用必须在阶段模型 DO_BEFORE_NAVIGATION（包括 DO_BEFORE_NAVIGATION）之前的操作处理程序中，因为在此之后没有导航系统发生。

当嵌入接口视图时，可能有以下不同的情况。

直接嵌入使用组件的接口视图到一个窗体中，通过指定属性<EMBEDDING_POSITION>的值，在选定的窗体中，接口视图的显示自动被触发，如图 5-34 所示。

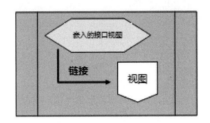

图 5-34

但是，如果在一个窗体内显示使用组件的接口视图，只有接口视图定位在一个嵌入视图中的视图容器元素内才能被显示，如图 5-35 所示。

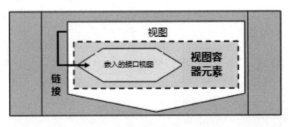

图 5-35

这种视图的容器元素如果已被静态声明可以存在于嵌入视图中。在这种情况下，嵌入的接口视图连同嵌入的容器类 UI 元素的视图也会自动显示在指定视图中。该容器元素及嵌入视图可作为方法 PREPARE_DYNAMIC_NAVIGATION 的参数（嵌入位置值）。

然而，有时视图容器及嵌入的接口视图必须在运行时动态地创建。下面的代码片段显示了一个例子：创建一个额外的容器，它必须始终在当前视图下的钩子方法 WDDOMODIFYVIEW 中实现。

```
DATA:L_ROOT_CNT TYPE REF TO CL_WD_UIELEMENT_CONTAINER,
     L_VIEW_CNT TYPE REF TO CL_WD_VIEW_CONTAINER_UIELEMENT,
```

```
    L_MATRIX_HEAD_DATA TYPE REF TO CL_WD_MATRIX_HEAD_DATA.
    IF FIRST_TIME = ABAP_TRUE.
      L_ROOT_CNT ?= VIEW->GET_ELEMENT( 'ROOTUIELEMENTCONTAINER' ).
      L_VIEW_CNT =
      CL_WD_VIEW_CONTAINER_UIELEMENT=>NEW_VIEW_CONTAINER_UIELEMENT(
      ID = 'CNT1' ).
      L_ROOT_CNT->ADD_CHILD( L_VIEW_CNT ).
      L_MATRIX_HEAD_DATA = CL_WD_MATRIX_HEAD_DATA=>NEW_MATRIX_HEAD_DATA(
      ELEMENT = L_VIEW_CNT ).
    ENDIF.
```

注：即使这个视图容器元素将在阶段模型中稍后的时间点上动态创建，视图容器元素的名称也会被传递到方法 PREPARE_DYNAMIC_NAVIGATION 中。

5.5.3 动态组件中的方法调用

如果想在组件中调用被使用组件的方法，此方法必须在被使用组件中定义为接口类。实际上，要调用的方法通常在接口定义的接口控制器中声明，并在实现的组件控制器中编程。代码如下所示。

```
METHOD MY_CONTROLLER_METHOD .
  DATA: L_INTF_CONTROLLER TYPE REF TO IWCI_<NAME_INTERFACE_DEFINITION>,
  L_COMPONENT_USAGE TYPE REF TO IF_WD_COMPONENT_USAGE.
  L_INTF_CONTROLLER ?= L_COMPONENT_USAGE->GET_INTERFACE_CONTROLLER( ).
  L_INTF_CONTROLLER-><NAME_METHOD>( ).
  .
ENDMETHOD.                    "MY_CONTROLLER_METHOD
```

L_COMPONENT_USAGE 是一个动态创建的组件使用。
L_INTF_CONTROLLER 是一个被使用的组件/组件接口的接口控制器。

5.5.4 动态注册事件的处理程序

在其他组件中被使用的组件也可以有事件，一个接口的事件定义在使用它的组件接口实例化时被触发。一个事件的处理程序可以注册到这样的事件中。如果一个组件的使用被动态创建，事件的注册或者接口实例化也必须动态实现，代码如下所示。

```
    DATA: L_COMPONENT_API TYPE REF TO IF_WD_COMPONENT,
    L_COMPONENT_USAGE TYPE REF TO IF_WD_COMPONENT_USAGE.
    L_COMPONENT_API = WD_COMP_CONTROLLER->WD_GET_API( ).
    L_COMPONENT_USAGE->ADD_EVENT_HANDLER(
    LISTENER = L_COMPONENT_API
    HANDLER_NAME = <EVENT_HANDLER_NAME>
```

```
CONTROLLER_NAME = 'INTERFACECONTROLLER'
EVENT_NAME = <EVENT_NAME> ).
```

方法 ADD_EVENT_HANDLER 在组件使用 L_COMPONENT_USAGE 对象中被调用。其中属性 CONTROLLER_NAME 描述事件被定义的控制器：如果该事件在使用的组件中被定义，那么它只能在此组件的接口控制器中定义。

注：在 Web Dynpro 阶段模型中，触发事件的方法在调用前的某个时间点必须调用相关方法实现事件的注册。

附　　录

附录 A　Web Dynpro for ABAP 编程规范

1. 简介

（1）目的

本规范的目的是定义一组通用的标准和流程，用于 Web Dynpro 应用的开发，最大限度地确保每个自定义解决方案的质量、价值和可维护性。

下面的规范，必须在每一个 Web Dynpro 项目中应用。这里介绍的不是某个特定项目的指导方针，而是一般的行为规范。进行编程活动的每个人都要了解它，并坚持这些规范。

（2）开发规范的重要性

开发规范是很重要的，因为无论是个人开发的代码还是团队开发的代码，编码规范会使项目最大限度地保持一致。Web Dynpro 项目的一致性可以使代码更容易理解，使项目更容易开发和维护，并减少项目的总成本。

（3）命名规则

这里将根据 SAP 的建议和要求，并借鉴以往项目的经验，确定 Web Dynpro 的命名规则。这些规则不仅可以确保 SAP 原代码和定制开发的代码进行区分，而且也将使所有 Web Dynpro 应用的开发能够保持整体一致。

2. Web Dynpro 编程向导

在整个应用程序的开发中，Web Dynpro 开发应遵循以下命名规则以确保整体的一致性。

（1）Web Dynpro 命名规则

由于 Web Dynpro 服务类的名字以 WD 开始，所以需要注意以下事项。

1）不要使用 wd 小写字母的前缀。

2）不要使用 WD 或 IWD 大写字母的前缀。

具体命名规则见表 A-1。

表 A-1

图标	类　　型	命　名　规　则
	Package Name	Vendor evaluation：ZVEN_EVAL Vendor management：ZVEN_MNG Project Management：ZPRO_MNG Bid Management：ZBID_MNG Requirement Management：ZREQ_MNG Misc.：ZDEV1
	Web Dynpro Applications	ZApp <Web Dynpro Application Name>

(续)

图 标	类 型	命 名 规 则
	Web Dynpro Components	ZComp <Web Dynpro Component Name>
	Used Web Dynpro Components	Inst <Web Dynpro Component Name>[purpose]
	Web Dynpro Component Interfaces	CompI <Web Dynpro Component Interface Name>
	Component Interface Views	InterfaceView <Web Dynpro Component Interface View Name>
	Web Dynpro Custom Controllers	ZCust <Web Dynpro Custom Controller Name>
	Model	ZModel <Web Dynpro Model Name>
	Web Dynpro Views	View <Web Dynpro View Name>
	Web Dynpro Windows	Win <Web Dynpro Window Name>
	Inbound Plugs	In <Plug Name>
	Outbound Plugs	Out <Plug Name>

(2) UI 元素命名规则

所有的 Web Dynpro UI 元素的命名规则是 prefix<UI-element name>，具体命名规则见表 A-2。

表 A-2

UI 元素类型	命 名 规 则
Button	Btn<ElementName>
Caption	Cap<ElementName>
CheckBox	Ckb<ElementName>
CheckBoxGroup	Ckg<ElementName>
DropdownByIndex	Ddi<ElementName>
DropDownByKey	Ddk<ElementName>
Group	Grp<ElementName>
Image	Img<ElementName>
Inputfield	txt<ElementName>
InvisibleElement	Inv<ElementName>
ItemListBox	Ilb<ElementName>
Label	Lbl<ElementName>
MenuBar	Meb<ElementName>
MessageArea	Msa<ElementName>

(续)

UI 元素类型	命 名 规 则
RadioButton	Rdb<ElementName>
RadioButtonGroupByIndex	Rdi<ElementName>
RadioButtonGroupByKey	Rdk<ElementName>
ScrollContainer	Slc<ElementName>
Table	Tab<ElementName >
TabString	Tas<ElementName>
TabStrip	Tbs<ElementName>
TextView	Txv<ElementName >
TransparentContainer	Trc<ElementName>
Tray	Try<ElementName>
Tree	Tre<ElementName>

3. Web Dynpro 开发规范

（1）强制性规则

1）包应正确命名。

2）所有 BAPI 的执行（如，BAPI 更新调用和更新获取数据）应该在组件控制器中。

3）字段验证和屏幕操作应是视图的一部分。

4）使用 Message 类保存不同类型的消息。

5）在抛出信息进行验证时使用 OTR，不要在程序中使用硬编码。

6）所有字符串和常量的声明在 ZCXPGMCONS 中进行，不要使用任何硬编码的常数。

（2）布局管理和 UI 元素设计的应用原则

1）不要滥用 Web Dynpro UI 元素。

2）避免复杂的布局及多层次的嵌套。如果没有必要，不要设计嵌套 UI 元素。用"列"排列时使用 Matrix 布局。

3）如果没有必要垂直对齐时，选择 Row 布局而不用 Matrix 布局。

4）如果垂直对齐时，应使用 Row 布局。

5）只有当真正需要使用 Transparent 容器时才使用它。不要在容器类 UI 元素内添加多余的 TransparentContainer UI 元素，如 Group。这些 UI 元素已经包含一个 TransparentContainer 的 UI 元素了。

6）在视图控制器中请勿保存 UI 元素的静态引用。

（3）编码标准

1）UI 元素的属性应通过 Context 绑定来控制。这个原则适用于在设计时或运行时创建的 UI 元素。

2）操作 UI 元素属性的数据（visibility、enable 等）应保证 Context 节点的基数为 1:1。

3）将对象存储在变量中，反复使用该变量，而不是一次又一次地检索对象。

4）只有在双方都需要访问的时候才做视图控制器与组件控制器间的映射。

5）超过一个以上的组件所使用的数据应该放置在一个全局性的组件中，并定义必要的组件使用。

6）不要在接口控制器中的 Context 节点映射源节点。

7）在组件接口控制器内的公共方法中不实现应用程序逻辑，而是使用相应的组件控制器或自定义控制器的方法。

8）已经确定了具体复用的情况下使用自定义控制器，当自定义控制器充当一个独特的功能单元时，该功能可以被组件控制器识别和分离。

9）方法和变量的声明不应该是静态的。

10）应保持适当的异常处理。

11）不应存在任何未使用的变量和代码，须删除所有的冗余代码。

12）注释。在所有组件控制器或视图控制器的方法中保持适当的注释。如在方法的顶部用注释块//@@begin doc：……………………. //对方法做简单介绍。

具体示例如下所示。

```
*  @@BEGIN : EXECUTE_GLB_HGT_CHANGE_RECORD_INPUT( )
*  UPDATING PERSONAL DATA RECORD */
*  @@END
   METHOD EXECUTE_GLB_HGT_CHANGE_RECORD_INPUT( )
   {
** @@BEGIN EXECUTE_GLB_HGT_CHANGE_RECORD_INPUT( )
…………
…………
** @@END
   }
```

13）定期维护不同的组件，保持开发的一致性。

(4) 动态视图布局构建原则

1）在设计时，尽可能多地构建布局。

2）在 WDDOMODIFYVIEW 方法中，尽可能少写代码。

3）只有当参数的 FIRSTTIME 的值为真时，才执行 WDDOMODIFYVIEW 方法来构建视图布局。如果 FIRSTTIME 为假时，应避免 UI 元素操作。

4）在执行 WDDOMODIFYVIEW 方法时不要创建或修改 Context 节点或属性。相关构建或修改视图布局中 UI 元素的代码应该在 WDDOMODIFYVIEW 方法中进行。

5）SAP 建议在视图控制器的 WDDOMODIFYVIEW 方法中，不要调用信息管理类中的方法。

6）在 WDDOMODIFYVIEW 方法中不要调用出站插头。

7）不允许从 WDDOMODIFYVIEW 方法中调用 BAPI。

8）不要在 WDDOMODIFYVIEW 方法中创建或更改可修改的简单类型。

9）为了最大限度地提高 Web Dynpro 应用程序的运行性能，在 Context 层次上实现所有用户操作，而不是在 UI 元素的层次上，即在 WDDOMODIFYVIEW 方法内不直接调用 SETTER-METHOD 方法，而是在此方法内绑定所需 UI 元素的属性到 Context 节点上，并在 WDDOMODIFYVIEW 方法外调用相应的 SETTER 操作视图 Context。

附录 B　Web Dynpro for ABAP 程序编程指南

步骤 1：创建 Web Dynpro 组件。

选择下拉列表项 Web Dynpro Comp. / Intf. ▼，在相应的输入栏中填入程序的名称，如图 B-1 所示。

单击图 B-1 中的 按钮，弹出对话框如图 B-2 所示。

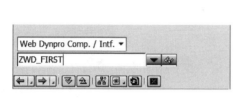

图 B-1

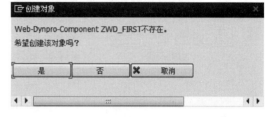

图 B-2

单击图 B-2 中的 是 按钮，弹出对话框，编辑信息如图 B-3 所示。

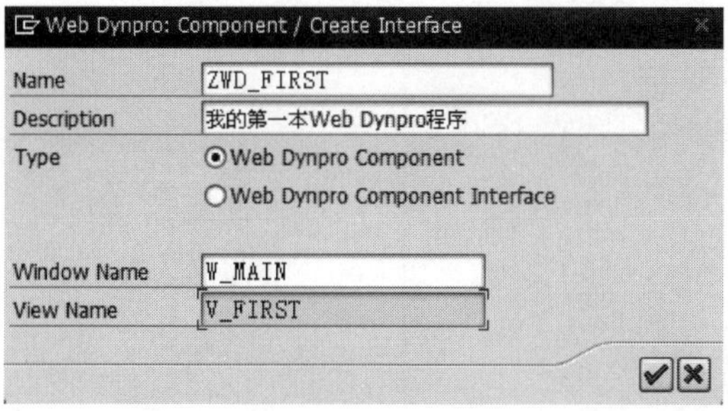

图 B-3

单击图 B-3 中的 ✓ 按钮，弹出对话框，输入保存的开发类信息，如图 B-4 所示。

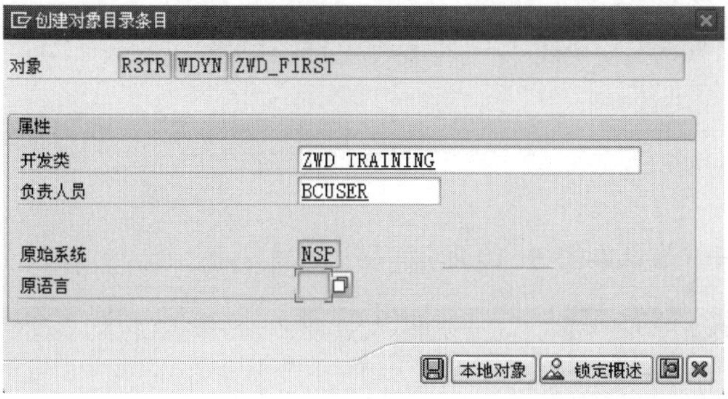

图 B-4

单击图 B-4 中的 按钮，弹出对话框，输入组件传输请求信息，如图 B-5 所示。
单击图 B-5 中的 ✓ 按钮，弹出对话框，输入组件接口传输请求信息，如图 B-6 所示。

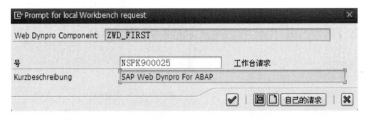

图 B-5

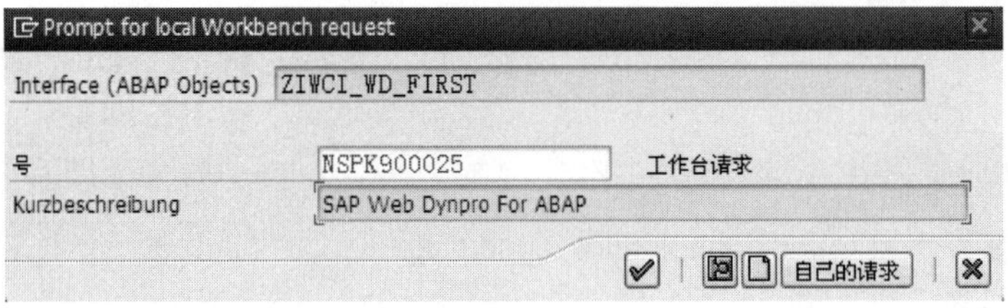

图 B-6

单击图 B-6 中的 ✓ 按钮，生成组件如图 B-7 所示。

双击各组件，在各组件的 Properties 选项卡中编写适当的 Description（描述），具体编辑如图 B-8 所示。

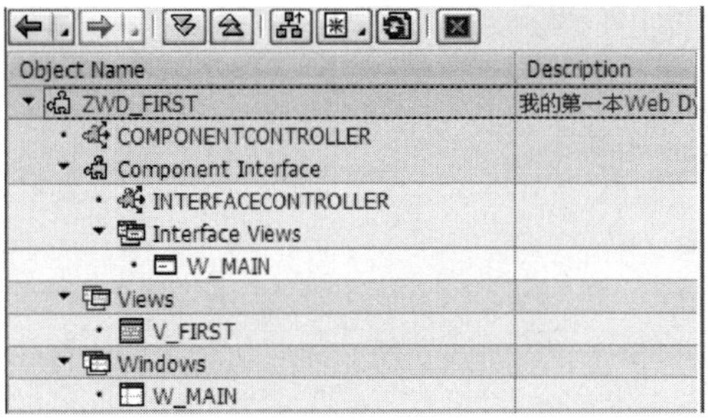

图 B-7 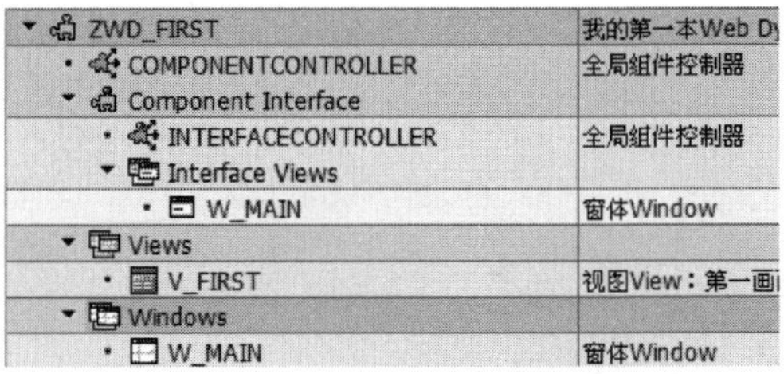　　　　　　　　　　　　图 B-8

步骤2：创建新的视图。

在 Views 图标上右击，按图 B-9 所示菜单选项创建视图。

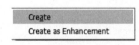

图 B-9

弹出对话框，编辑信息如图 B-10 所示。

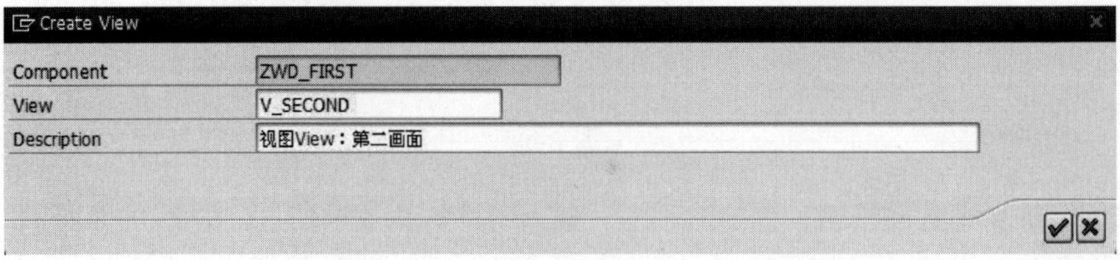

图 B-10

单击图 B-10 中的☑按钮，生成视图如图 B-11 所示。

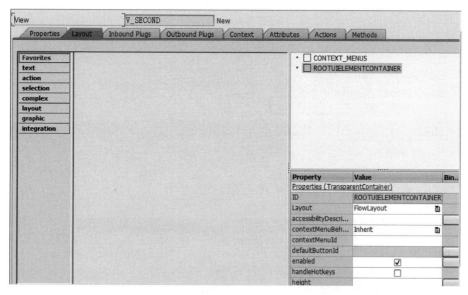

图 B-11

单击标准工具栏中的🖫按钮，信息栏提示信息如图 B-12 所示。

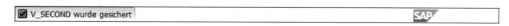

图 B-12

步骤 3：在 ABAP 工作台编辑画面。

编辑视图，在左侧的树形结构菜单上双击 🖫V_FIRST 视图，编辑信息如图 B-13 所示，首先编辑属性选项卡。

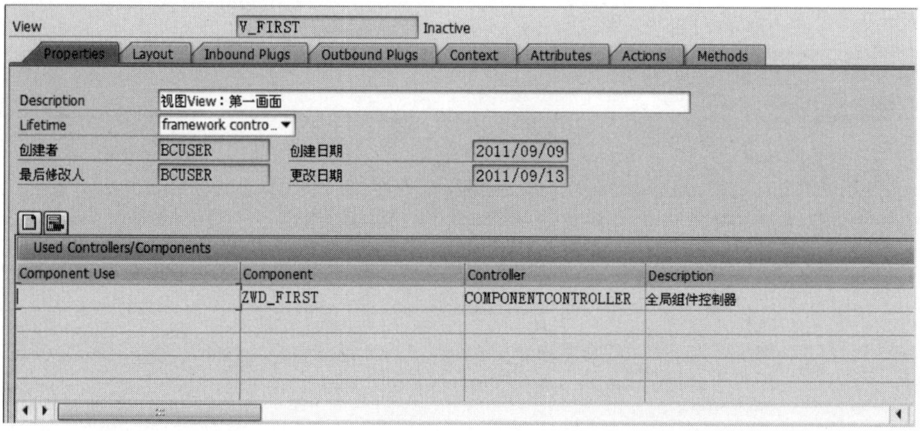

图 B-13

注：属性 Lifetime 处选项有：framework controlled、when visible。

当选择 framework controlled 时，视图在 Web 页面关闭之前都是有效的；当选择 when visible 时，视图只有显示到 Web 页面时才被加载，Web 页面不显示时无效。

其次编辑 Context 属性。

按照图 B-14 所示选项创建节点。

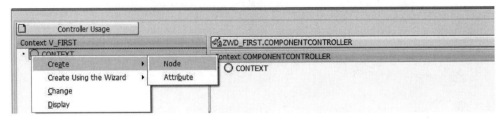

图 B-14

填写节点名称等相关属性，如图 B-15 所示。

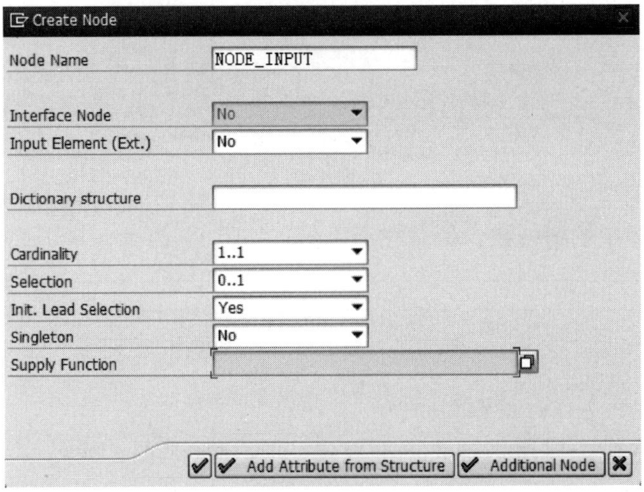

图 B-15

单击图 B-15 中的☑按钮，生成节点，并按图 B-16 所示选项创建节点的属性。

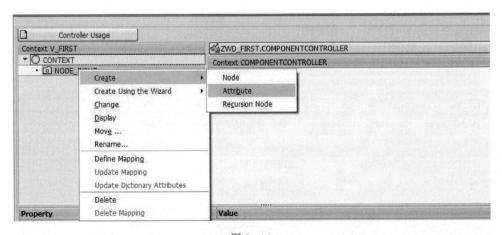

图 B-16

填写属性名称等相关属性，如图 B-17 所示。

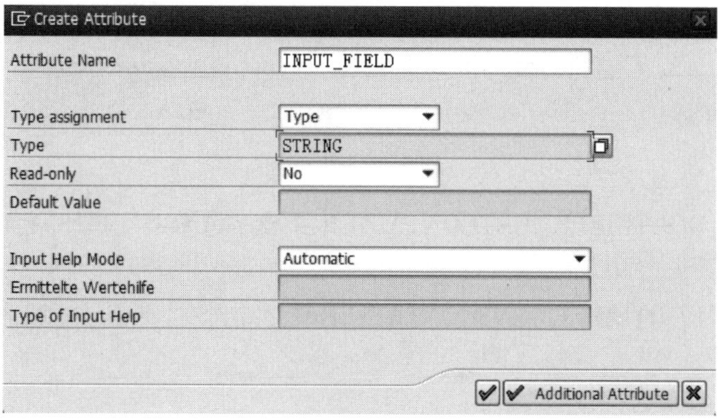

图 B-17

单击图 B-17 中的☑按钮，生成 Context 结构，如图 B-18 所示。

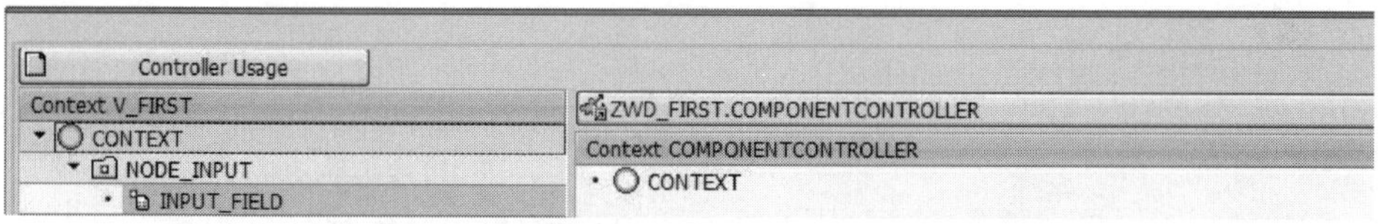

图 B-18

再次编辑布局属性。
按照图 B-19 所示选项为布局添加 Form。

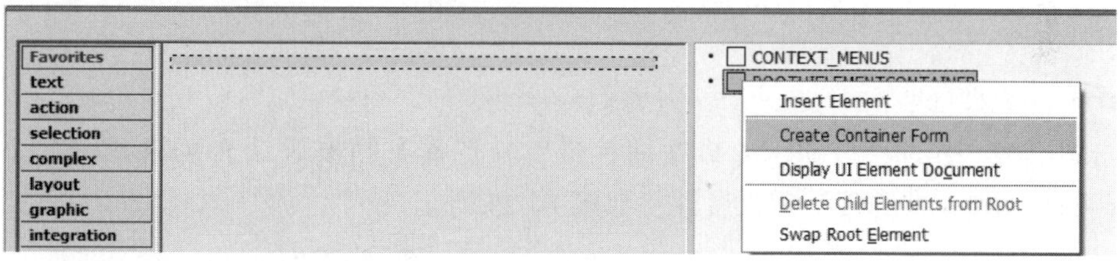

图 B-19

单击 Context 按钮，选择所需节点，并选定节点中相关属性，如图 B-20 所示。

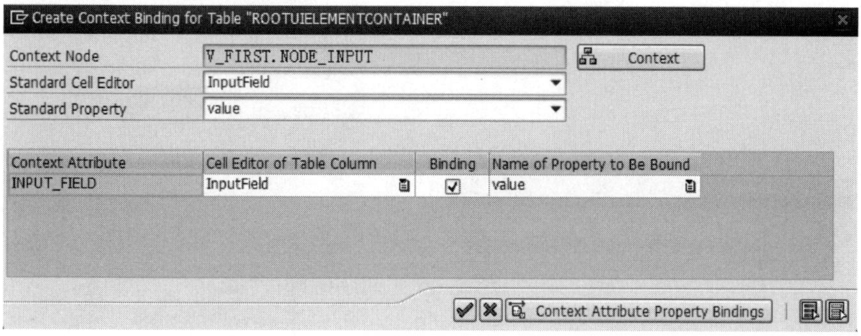

图 B-20

单击图 B-20 中的☑按钮，生成 Context 结构，如图 B-21 所示。

图 B-21

在右侧根目录 ROOTUIELEMENTCONTAINER 下选择 INPUT_FIELD_LBL 标签，编辑属性，如图 B-22 所示。

在右侧根目录 ROOTUIELEMENTCONTAINER 上右击，按照图 B-23 所示的选项添加单个控件。

图 B-22

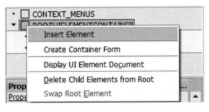

图 B-23

选择控件类型（Typ），如图 B-24 所示。

单击图 B-24 中的☑按钮，生成按钮控件，并选择右侧根目录 ROOTUIELEMENTCONTAINER 下的 BUTTON 控件，编辑属性，如图 B-25 所示。

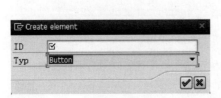

图 B-24

图 B-25

244

单击图 B-25 中事件属性栏下 onAction 属性右端的 按钮，为按钮创建事件动作，在图 B-26 中填写动作的名称和相关描述，如图 B-26 所示。

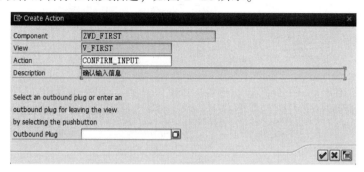

图 B-26

单击图 B-26 中的 按钮，完成属性编辑。

编辑 Inbound plugs 选项卡。选择 Inbound plugs 选项卡，在列表中填入插头名称（Plug Name）及相关描述（Description），并按〈Enter〉键确认，如图 B-27 所示。

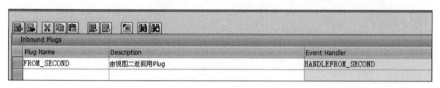

图 B-27

编辑 Outbound plugs 选项卡。选择 Outbound plugs 选项卡，在列表中填入插头名称（Plug Name）及相关描述（Description），按〈Enter〉键确认并编辑相关参数，如图 B-28 所示。

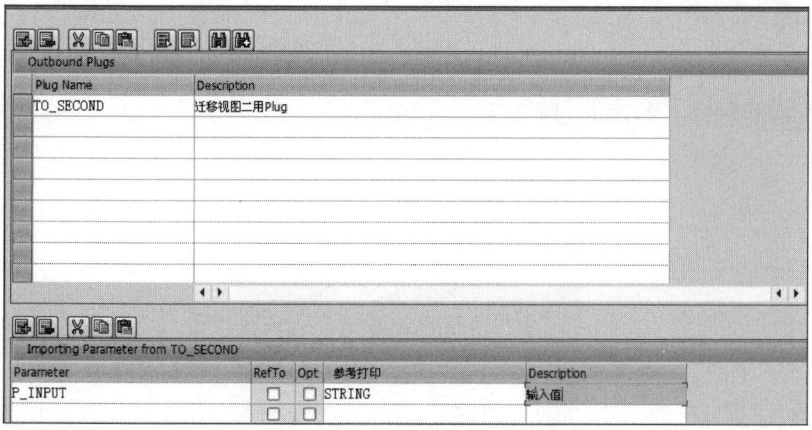

图 B-28

单击标准工具栏中的 按钮，提示信息如图 B-29 所示。

图 B-29

以同样步骤编辑视图二。编辑 Properties 选项卡，如图 B-30 所示。

图 B-30

编辑 Context 选项卡，如图 B-31 所示。

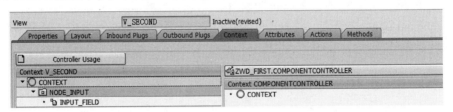

图 B-31

编辑 Layout 选项卡，如图 B-32 所示。

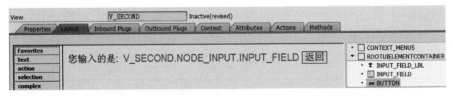

图 B-32

设置 返回 按钮属性，如图 B-33 所示。

图 B-33

注：INPUT_FIELD 绑定控件为 TextView。

编辑 Inbound Plugs 选项卡，如图 B-34 所示。

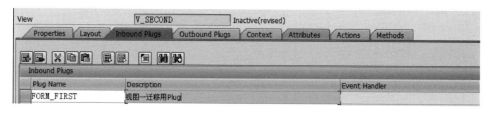

图 B-34

编辑 Outbound Plugs 选项卡，如图 B-35 所示。

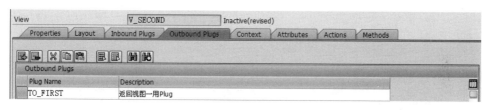

图 B-35

步骤 4：编辑窗体。

在左侧的树形结构菜单上双击· W_MAIN 窗体，编辑如下所示。

编辑 Properties 选项卡，如图 B-36 所示。

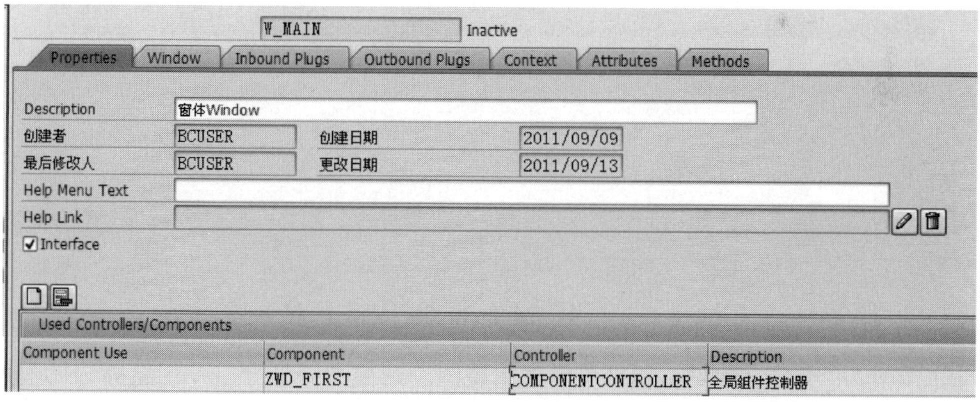

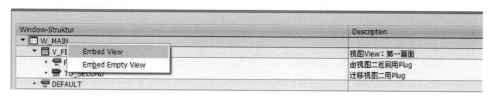

图 B-36

选择 Window 选项卡，如图 B-37 所示，右击，按照图 B-37 所示选项为窗体添加视图二。

图 B-37

247

在图 B-38 所示的对话框中选择要嵌入的视图 V_SECOND。

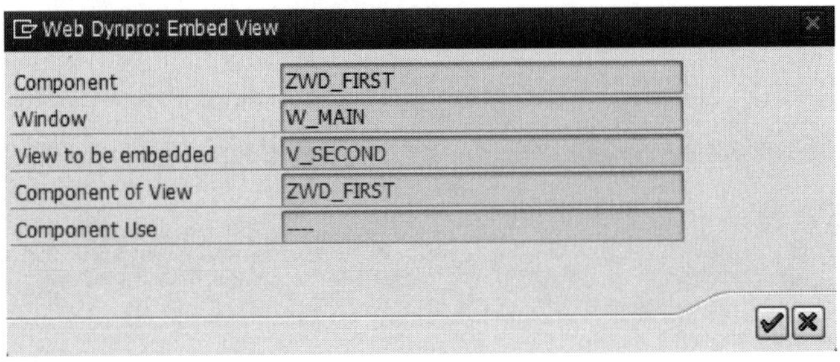

图 B-38

单击图 B-38 中的✓按钮，结果如图 B-39 所示。

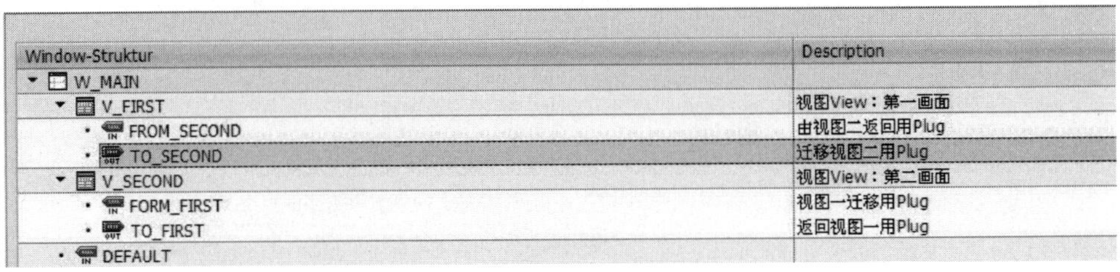

图 B-39

用鼠标选择图 B-39 中的出站插头 TO_SECOND，拖至入站插头 FROM_FIRST，建立由视图一到视图二的导航，如图 B-40 所示。

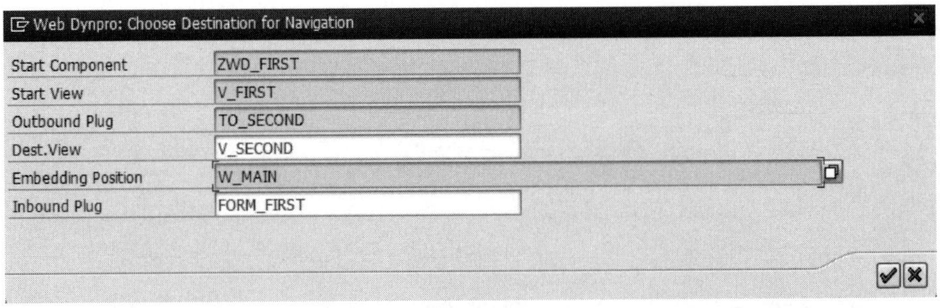

图 B-40

单击图 B-40 中的✓按钮，同理可创建由视图二到视图一的导航，用鼠标选择图 B-39 中的出站插头 TO_FIRST，拖至入站插头 FROM_SECOND，结果如图 B-41 所示。

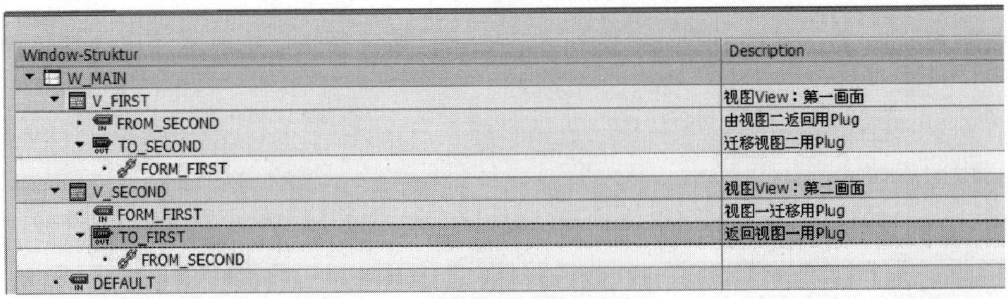

图 B-41

单击标准工具栏中的■按钮，提示信息如图 B-42 所示。

图 B-42

步骤 5：完善功能。

在左侧的树形结构菜单上双击·■V_FIRST 视图，选择 Actions 选项卡，如图 B-43 所示。

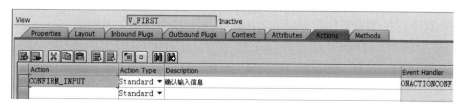

图 B-43

在列表栏中双击动作 CONFIRM_INPUT，如图 B-44 所示，完善此功能。

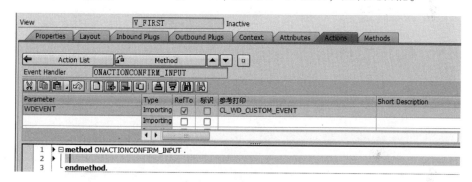

图 B-44

将鼠标光标放置在方法中，在应用工具栏中单击■按钮，选择要读取的节点，如图 B-45 所示。

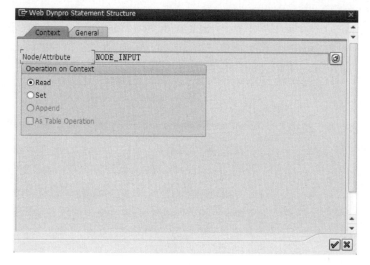

图 B-45

单击图 B-45 中的☑按钮，用同样的操作，选择 General 选项卡，在调用方法处（Method Name）选择要调用的方法，如图 B-46 所示。

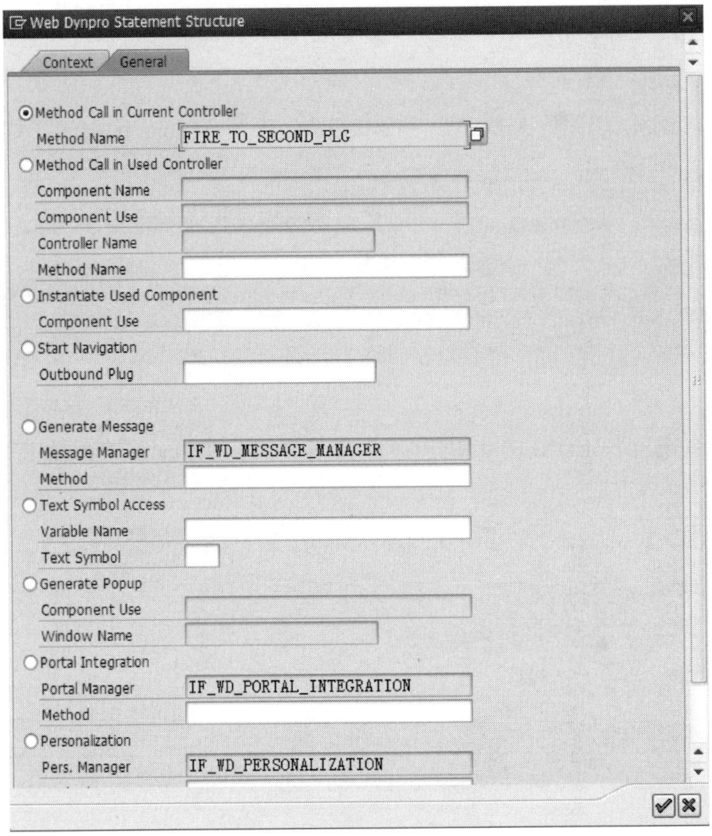

图 B-46

单击图 B-46 中的☑按钮，编辑整个方法，如下所示。

```
METHOD ONACTIONCONFIRM_INPUT .
    DATA LO_ND_NODE_INPUT TYPE REF TO IF_WD_CONTEXT_NODE.
    DATA LO_EL_NODE_INPUT TYPE REF TO IF_WD_CONTEXT_ELEMENT.
    DATA LS_NODE_INPUT TYPE WD_THIS->ELEMENT_NODE_INPUT.

*  取得当前节点
    LO_ND_NODE_INPUT = WD_CONTEXT->GET_CHILD_NODE( NAME = WD_THIS->WDCTX_NODE_INPUT ).

*  判断当前节点是否为空
*    IF lo_nd_node_input IS INITIAL.
*    ENDIF.

*  取得当前节点元素
```

```
        LO_EL_NODE_INPUT = LO_ND_NODE_INPUT->GET_ELEMENT( ).
*  判断当前节点是否为空
     IF LO_EL_NODE_INPUT IS INITIAL.
     ENDIF.

*  取得节点元素的属性
     LO_EL_NODE_INPUT->GET_STATIC_ATTRIBUTES(
        IMPORTING
           STATIC_ATTRIBUTES = LS_NODE_INPUT ).
*  转到视图二
     WD_THIS->FIRE_TO_SECOND_PLG(
       P_INPUT = LS_NODE_INPUT-INPUT_FIELD         " string
     ).

     ENDMETHOD.
```

单击标准工具栏中的 按钮,提示信息如图 B-47 所示。

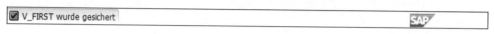

图 B-47

在左侧的树形结构菜单上双击 V_SECOND 视图,选择 Inbound Plugs 选项卡,编辑入站插头,如图 B-48 所示。

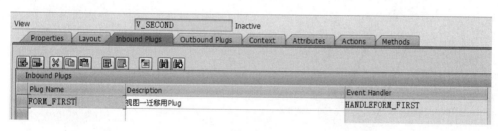

图 B-48

在图 B-48 所示的列表中双击入站插头 FORM_FIRST,编辑参数,如图 B-49 所示。

图 B-49

代码编辑如下所示。

```
     METHOD HANDLEFORM_FIRST .
        DATA LO_ND_NODE_INPUT TYPE REF TO IF_WD_CONTEXT_NODE.
```

```abap
    DATA LO_EL_NODE_INPUT TYPE REF TO IF_WD_CONTEXT_ELEMENT.
    DATA LS_NODE_INPUT TYPE WD_THIS->ELEMENT_NODE_INPUT.

* 取得当前节点
    LO_ND_NODE_INPUT = WD_CONTEXT->GET_CHILD_NODE( NAME = WD_THIS->WDCTX_NODE_INPUT ).

* 判断当前节点是否为空
*  IF lo_nd_node_input IS INITIAL.
*  ENDIF.

* 取得当前节点元素
    LO_EL_NODE_INPUT = LO_ND_NODE_INPUT->GET_ELEMENT( ).

* @TODO handle not set lead selection
    IF LO_EL_NODE_INPUT IS INITIAL.
    ENDIF.

* @TODO fill static attributes
*  ls_node_input = xxx->get_yyy( ).
    LS_NODE_INPUT-INPUT_FIELD = P_INPUT.
* set all declared attributes
    LO_EL_NODE_INPUT->SET_STATIC_ATTRIBUTES(
        STATIC_ATTRIBUTES = LS_NODE_INPUT ).

ENDMETHOD.
```

选择 Actions 选项卡，编辑动作，如图 B-50 所示。

图 B-50

代码编辑如下所示。

```abap
METHOD ONACTIONBACK.
    WD_THIS->FIRE_TO_FIRST_PLG( ).
endmethod.
```

步骤6：创建 Web Dynpro 应用程序。

在左侧的树形结构菜单的 Web Dynpro 程序上右击，按照图 B-51 所示选项创建 Web Dynpro 应用程序。

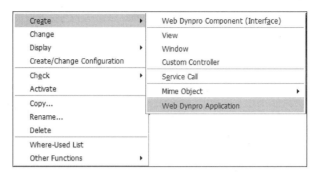

图 B-51

在输入栏中输入应用程序的名称和描述，如图 B-52 所示。

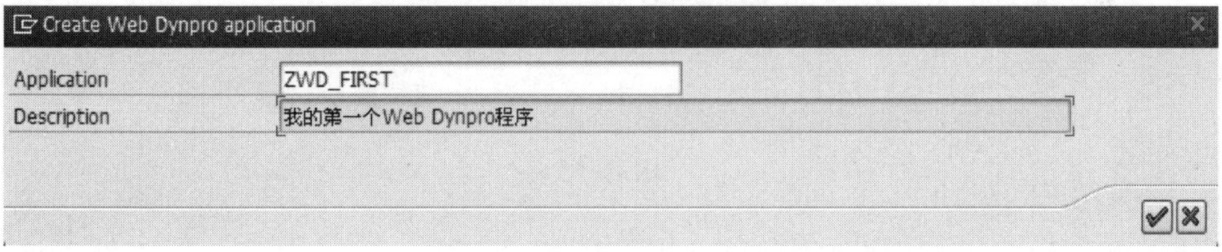

图 B-52

单击图 B-52 中的☑按钮，编辑 Web Dynpro 应用程序的相关信息，如图 B-53 所示。

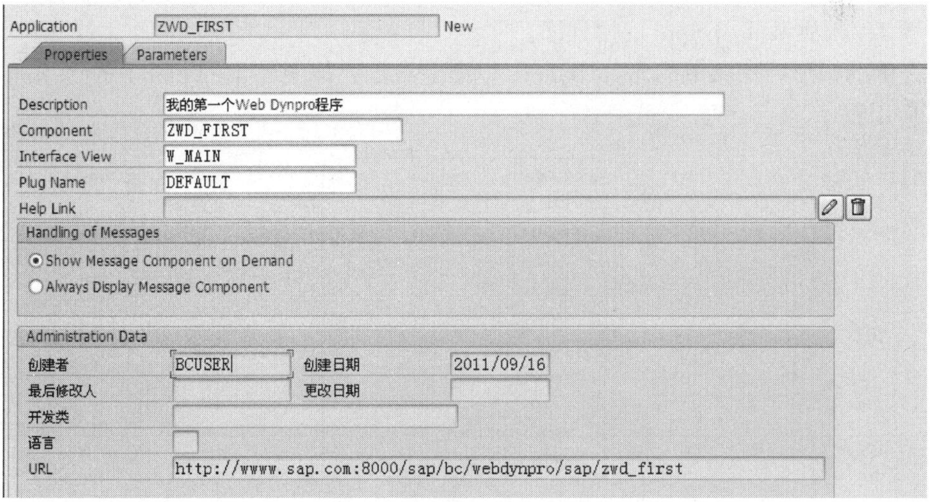

图 B-53

单击标准工具栏中的📄按钮，弹出对话框，编辑保存所在开发类信息，如图 B-54 所示。

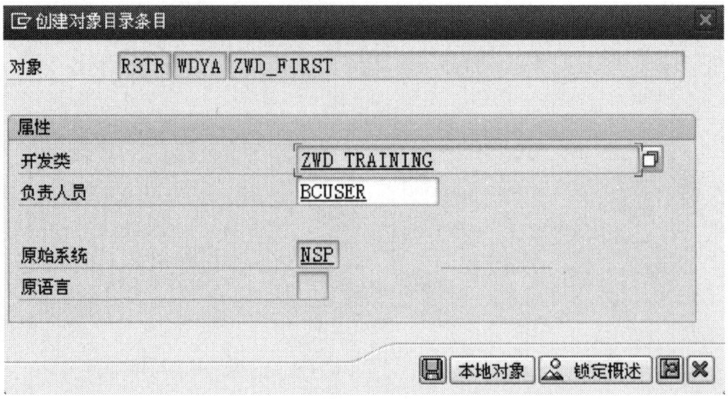

图 B-54

单击图 B-54 中的■按钮，弹出对话框，编辑传输号，如图 B-55 所示。

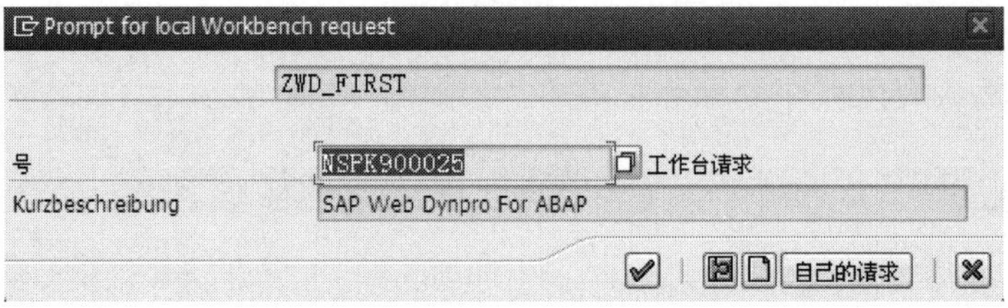

图 B-55

单击图 B-55 中的✓按钮，提示信息如图 B-56 所示。

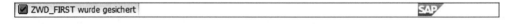

图 B-56

步骤 7：激活 Web Dynpro 应用程序。

在左侧的树形结构菜单的 Web Dynpro 程序上右击，按照图 B-57 所示的选项激活 Web Dynpro 应用程序。

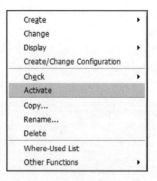

图 B-57

弹出图 B-58 所示对话框，选择已创建的组件对象。

单击图 B-58 中的✓按钮，提示信息如图 B-59 所示。

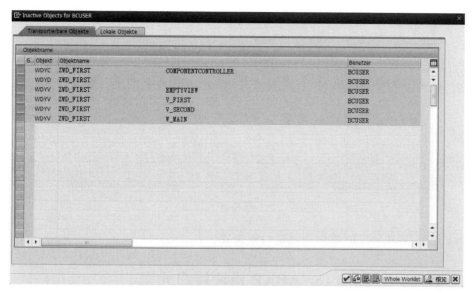

图 B-58

图 B-59

步骤 8：测试运行 Web Dynpro 应用程序。

在左侧的树形结构菜单的 Web Dynpro Application 上右击，按照图 B-60 所示的选项测试运行 Web Dynpro 应用程序。

图 B-60

在输入框输入字符并单击 确定 按钮，如图 B-61 所示。

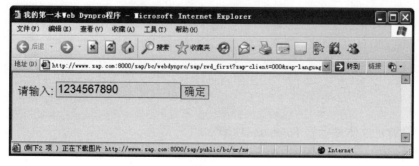

图 B-61

画面跳转到图 B-62 所示页面。单击 返回 按钮，返回到上一画面。

图 B-62

Web Dynpro 应用程序的简单测试运行便完成了。

附录 C　Web Dynpro for ABAP 用户接口元素

1. 文本类用户接口（UI）元素

（1）标题框 Caption

运行时类：CL_WD_CAPTION。

作用：为 Group、Tab 页、Table、TableColumn 和 Tray 等 UI 元素提供标题。

（2）解释框 Explanation

运行时类：CL_WD_EXPLANATION。

作用：用于显示单行或多行的 UI 元素以及 Web Dynpro 应用程序的帮助文本。

示例：如图 C-1 所示。

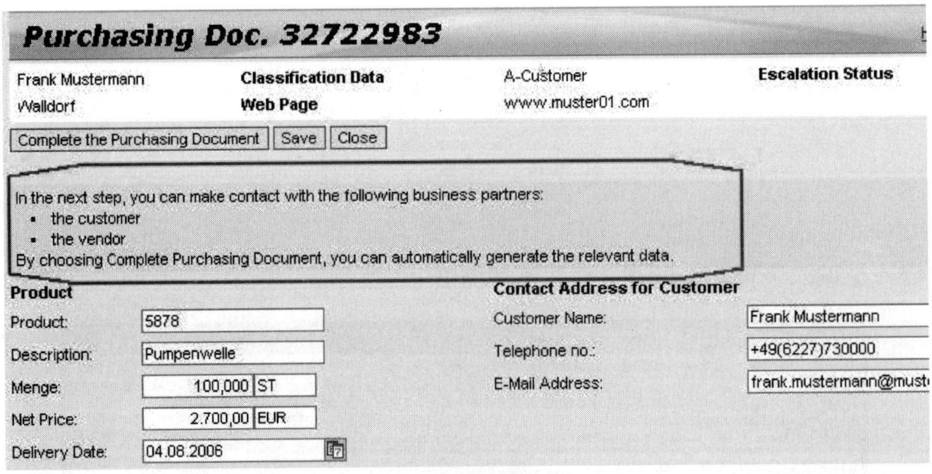

图 C-1

（3）格式化的文本显示框 FormattedTextView

运行时类：CL_WD_FORMATTED_TEXT_VIEW。

作用：用来显示一种简单的、XML 兼容的语法格式化文本。使用它可以快速格式化较大的文本，文本可以包含链接、图片或结构清单。

示例：如图 C-2 所示。

```
<strVersion>Version:</strVersion>

<strLastVersion>Your program is already the latest
version.</strLastVersion>
<strStillRuning>The program %s is running. Please
exit first.</strStillRuning>
<strConnecting>Connecting to the network……
</strConnecting>
```

图 C-2

（4）输入框 InputField

运行时类：CL_WD_INPUT_FIELD。

作用：用于用户编辑或显示单行文本。它可以是任何数据类型，显示格式会根据数据类型自动转换，如果格式转换时发生错误，输入框底色会显示红色并有一个错误信息显示。

示例：如图 C-3 所示。

One Label: [InputField]

图 C-3

（5）标签 Label

运行时类：CL_WD_LABEL。

作用：用于其他 UI 元素的标签。因此，它始终与另一个 UI 元素相关。如果被分配的 UI 元素的状态要求为必须输入项目，在标签的右侧会有一个红色的星（＊）表示。如果被分配的 UI 元素的状态是无效的（enable 属性被设为 False），标签也会作为无效表示。

示例：如图 C-4 所示。

One Label: [InputField]

图 C-4

（6）文本编辑框 TextEdit

运行时类：CL_WD_TEXT_EDIT。

作用：用于文字编辑并显示多行文本。在这种 UI 元素中，文本使用统一的字体、字体大小和字体风格。其边界和大小由 col 和 row 属性指定。如果行数超过了 row 属性所设的值，会有一个垂直滚动条显示。如果 wrapping 属性值是 off，滚动条在文本 row 的长度超过了 col 属性值时才显示。

示例：如图 C-5 所示。

图 C-5

（7）文本显示框 TextView

运行时类：CL_WD_TEXT_VIEW。

作用：用于显示多行文本。

示例：如图 C-6 所示。

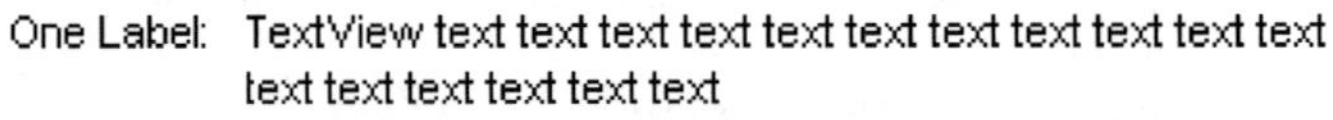

One Label: TextView text text text text text text text text text text text text text text text

图 C-6

（8）格式化的文本编辑框 FormattedTextEdit

运行时类：CL_WD_FORMATTED_TEXT_EDIT。

作用：用途与 FormattedTextView 类似，只是多了一个编辑的功能。

示例：如图 C-7 所示。

图 C-7

（9）段标题 SectionHeader

运行时类：CL_WD_SECTION_HEADER。

作用：用于一组关联信息的标题，一般与 TransparentContainerUI 元素连用。

示例：如图 C-8 所示。

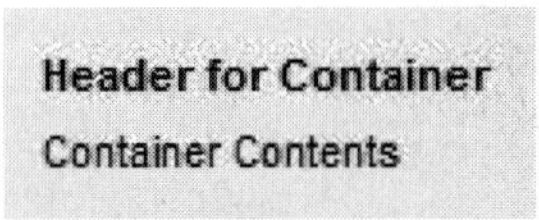

Header for Container
Container Contents

图 C-8

2. 按钮类 UI 元素

（1）按钮 Button

运行时类：CL_WD_BUTTON。

作用：用于屏幕上的按钮。用户可以通过单击按钮执行相应的逻辑和动作。

示例：如图 C-9 所示。

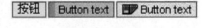

图 C-9

（2）按钮组 ButtonChoice

运行时类：CL_WD_BUTTON_CHOICE。

作用：ButtonChoice 是一个按钮，带有一个三角形符号，可提供各种选择方案。

如果用户单击三角形符号，可以打开一个菜单并从中选择操作。具体的动作是在用户选择有关菜单项时执行的。

示例：如图 C-10 所示。

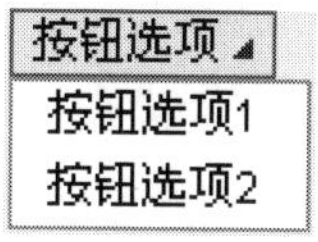

图 C-10

（3）动作链接 LinkToAction

运行时类：CL_WD_LINK_TO_ACTION。

作用：用于页面上的超文本链接。单击这个链接导航可触发一个 Web Dynpro 的动作。

示例：如图 C-11 所示。

图 C-11

（4）地址链接 LinkToURL

运行时类：CL_WD_LINK_TO_URL。

作用：用于页面上的超文本链接。当选择了这个链接，将被定向到一个用户定义的 Web 资源（URL 网址）。

示例：如图 C-12 所示。

图 C-12

（5）时间触发器 TimedTrigger

运行时类：CL_WD_TIMED_TRIGGER。

作用：用于定时触发一个事件。TimedTrigger 不会显示在用户界面，然而，在具体布局（如矩阵布局）中，它是占用空间的。要触发一个动作，必须为 onAction 属性绑定一个动作。使用延迟属性可以指定延迟的时间（秒）。

注：为防止事件被 UI 元素 TimedTrigger 触发，步骤如下。

1）设置为 0 秒的延迟值。

2）禁用 TimedTrigger UI 元素。

3）设置 visibility 属性的值不可见。

在 onAction 事件触发时用户交互将被中断

（6）链接选项 LinkChoice

运行时类：CL_WD_LINK_CHOICE。

作用：链接选项 LinkChoice 是一个按钮，通过一个小三角的符号提供了不同方案的选项。当用户单击小三角符号时，可以打开一个菜单并从中选择操作。

链接选项 LinkChoice 功能和工具栏链接选项 ToolBarLinkChoice 一样，但工具栏链接选项

ToolBarLinkChoice 只能用在工具栏上。

示例：如图 C-13 所示。

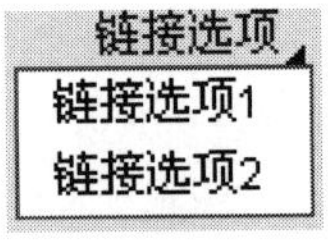

图 C-13

3. 选择类 UI 元素

（1）复选框 CheckBox

运行时类：CL_WD_CHECKBOX。

作用：用一个复选框 CheckBox 就可以实现单一开关选择。使用复选框可以使用户选择一个布尔值（True/False）。该 UI 元素包括一个文字和 图形，在框中选中标记表明该选项被选中，该值设置为 True。

示例：如图 C-14 所示。

图 C-14

（2）复选框组 CheckBoxGroup

运行时类：CL_WD_CHECKBOX_GROUP。

作用：复选框组 CheckBoxGroup 允许用户选择一个预定义的选项，设置使用复选框元素。该 UI 元素可排列为单列或复数列。

要在 CheckBoxGroup 中显示选定的 CheckBox，请使用接口 IF_WD_CONTEXT_ELEMENT 中的 SET_SELECTED 方法。

注：复选框中判断 CheckBoxGroup 是否选择，不是通过是否绑定 Context 属性来辨识的。

示例：如图 C-15 所示。

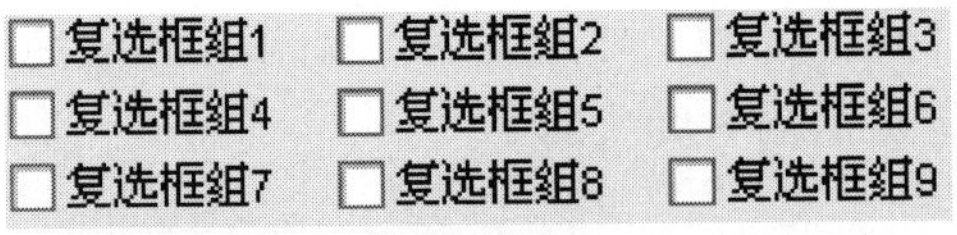

图 C-15

（3）索引下拉列表框 DropDownByIndex

运行时类：CL_WD_DROPDOWN_BY_IDX。

作用：索引下拉列表框 DropDownByIndex 为用户提供了一个下拉列表框。用户只能选择其中的一个列表项。该 UI 元素包括一个文本字段、一个按钮和一个选择列表。任何被选中的列表项在文本字段中显示。当单击下拉列表框，所有可能的选项将被显示出来。

注：创建一个下拉列表框，如果下拉列表的每行有不同的值，建议使用索引下拉列表框 DropDownByIndex 类型。索引下拉列表框 DropDownByIndex 和关键字下拉列表框 DropDownByKey 没有什么区别。然而，数据绑定的模型与关键字下拉列表框 DropDownByKey 有着完全

不同的概念，显示的文本取自基数为0.n、1.n节点的文字属性。

示例：如图C-16所示。

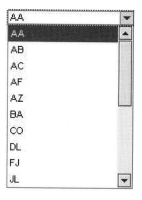

图 C-16

（4）关键字下拉列表框 DropDownByKey

运行时类：CL_WD_DROPDOWN_BY_KEY。

作用：关键字下拉列表框 DropDownByIndex 为用户提供了一个下拉列表框。用户只能选择其中的一个列表项。该 UI 元素包括一个文本字段、一个按钮和一个选择列表。任何被选中的列表项在文本字段中显示。当单击下拉列表框，所有可能选项将显示出来。

注：创建一个下拉列表框，如果下拉列表的每行的值是 ABAP 数据字典中的 Domain 值，建议使用 DropDownByKey。

示例：如图C-17所示。

图 C-17

（5）多重选择列表框 ItemListBox

运行时类：CL_WD_ITEM_LIST_BOX。

作用：这个 UI 元素类似于经典的 GUI 概念，即带有单一和多个选择的选择列表。文本项列表显示在一个固定大小的框里，如果需要可以有滚动条。用户可以从 DRAG_SOURCE_INFO 中选择条目，拖到 DROP_TARGET_INFO 中来完成对数据的选择。

示例：如图C-18所示。

图 C-18

（6）单选按钮 RadioButton

运行时类：CL_WD_RADIOBUTTON。

作用：使用单选按钮 RadioButton 选择开/关选项。单选按钮被选中时，如果属性 selectedKey 绑定到相应的 Context 上，单选按钮的值将被 keyToSelect 所绑定的 Context 获得。

示例：如图 C-19 所示。

图 C-19

（7）索引单选按钮组 RadioButtonGroupByIndex

运行时类：CL_WD_RADIOBUTTON_GROUP_BY_IDX。

作用：索引单选按钮组 RadioButtonGroupByIndex 代表一组单选按钮组中的行和列。不同于 UI 元素 CheckBoxGroup，此 UI 元素允许用户选择一个元素。

示例：如图 C-20 所示。

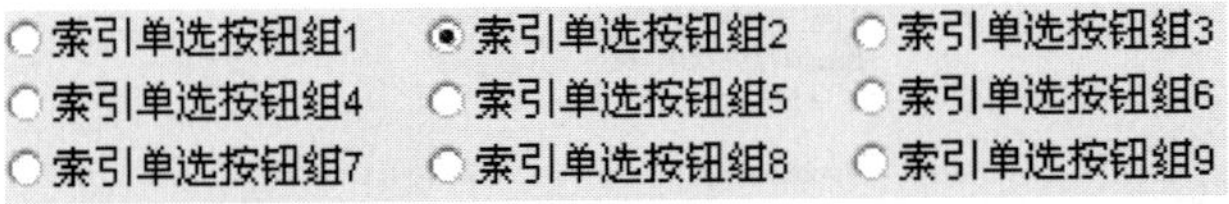

图 C-20

（8）关键字单选按钮组 RadioButtonGroupByKey

运行时类：CL_WD_RADIOBUTTON_GROUP_BY_KEY。

作用：RadioButtonGroupByKey UI 元素将表中的多个 RadioButton 在一起分组。与 UI 元素 CheckBoxGroup 不同，此 UI 元素只允许用户选择一个元素。

示例：如图 C-21 所示。

图 C-21

（9）拴按钮 Toggle Button

运行时类：CL_WD_TOGGLE_BUTTON。

作用：代表 UI 元素在屏幕上的切换按钮。用户可以通过单击切换按钮执行声明和行动。

示例：如图 C-22 所示。

拴按钮

图 C-22

（10）拴链接 ToggleLink

运行时类：CL_WD_TOGGLE_LINK。

作用：拴链接 ToggleLink 是用来显示为扩展搜索超文本链接。

示例：如图 C-23 所示。

▶ 钮链接

图 C-23

（11）三态复选框 TriStateCheckBox

运行时类：CL_WD_TRI_STATE_CHECKBOX。

作用：此 UI 元素类似于复选框，不同之处在于单击的状态是可变的。

1）选项可以被激活（选择）。

2）选项不能被激活（不选中）。

3）状态不详。

示例：如图 C-24 所示。

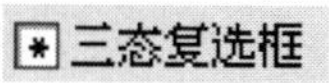

☒ 三态复选框

图 C-24

4. 综合类 UI 元素

（1）面包屑导航控件 BreadCrumb

运行时类：CL_WD_BREAD_CRUMB。

作用：一个面包屑显示当前页的一个导航路径。例如，显示一个网页的历史记录或提供相应的信息结构。用户可以根据需要设置单个环节的面包屑导航控件 BreadCrumb，也可以将两个不同类型的面包屑步骤插入到一个面包屑中。

1）单步面包屑导航 BreadCrumbStep

2）多步面包屑导航 MultipleBreadCrumbStep

单步面包屑导航 BreadCrumbSteps 绑定在单独的 Context 属性上，显示的步骤在运行时受到限制。相比之下，多步面包屑导航 MultipleBreadcrumbStep 绑定在 Context 节点上，允许显示若干步骤，在运行时可以进行动态调整。

示例：如图 C-25 所示。

面包屑步骤 ➡ 面包屑多步导航1 ➡ 面包屑多步导航2

图 C-25

（2）日期导航控件 DateNavigator

运行时类：CL_WD_DATE_NAVIGATOR。

作用：使用日期导航控件 DateNavigator 使用户能够显示和输入日期。

用户可以使用 DateNavigatorLegend 和 DateNavigatorMarking 元素为日期导航控件 DateNavigator 增加图例以为选定的数据加以说明。这能够给用户提供有关日期的具体数据信息。例如，在日历中被选中的日期可以表现为某种颜色，代表不同的议程、时间和地点。

示例：如图 C-26 所示。

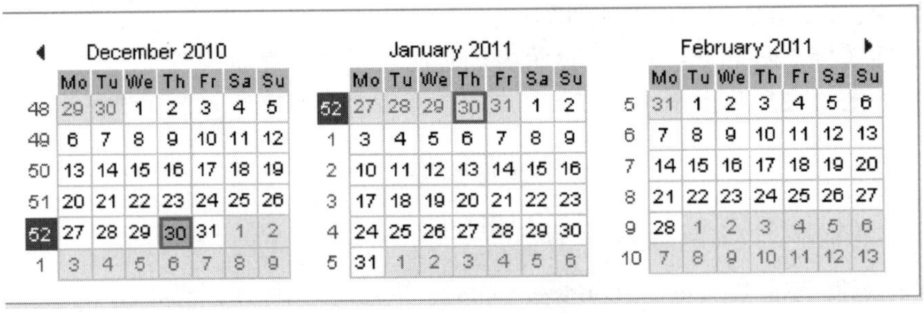

图 C-26

（3）图例导航控件 Legend

运行时类：CL_WD_LEGEND。

作用：图例导航控件 Legend 在界面元素里用不同的颜色或图，并附以说明性文字为用户提供相应信息。该 UI 元素可以在视图中的任何位置，并可分配到表控件 Table 或日期导航控件 DateNavigator 上。

可分配的 UI 元素。

1）分配到日期导航控件 DateNavigator。在视图中，一般在日期导航控件 DateNavigator 下插入一个图例 Legend，并通过设置 legendID 属性作为 DateNavigator 的属性将其分配给 DateNavigator。

2）分配到表 Table。在视图中，可以在表 Table 下插入图例 Legend，并使用 legendID 属性分配给表 Table。一般定位在表 Table 的底部，可以将 LegendPopin 插入到表并将内容填写到 LegendPopin 中，然后可以插入一个 Legend 元素到内容中。

示例：如图 C-27 所示。

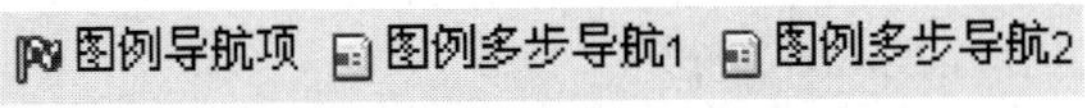

图 C-27

（4）阶段指示器控件 PhaseIndicator

运行时类：CL_WD_PHASE_INDICATOR。

作用：类似路线图的 UI 元素，PhaseIndicator 显示向导的步骤。每一步都是由一个单独的阶段目标组成。相对于使用 RoadMap，使用 PhaseIndicator 可以显示更大的应用程序开发步骤。

示例：如图 C-28 所示。

图 C-28

（5）路线图控件 RoadMap

运行时类：CL_WD_ROAD_MAP。

作用：路线图控件 RoadMap 显示了某向导所遵循的步骤。每一步都是由一个单独的 RoadMapStep 对象或 MultipleRoadMapStep 组成。可以使用各种符号来标记这个 UI 元素的启动点和结束点。如果为属性 startPointDesign 或 endPointDesign 分配值，表明有明显的开始步骤和结束步骤。

RoadMap 是用来显示一步一步的工作流程，便于应用程序开发团队显示一个明确定义的工作流程的小步骤。

示例：如图 C-29 所示。

图 C-29

（6）表格控件 Table

运行时类：CL_WD_TABLE。

作用：在一个 Web Dynpro 表中，数据以行和列显示在二维表单元格中。

Web Dynpro 表由更高级别的 UI 元素表和几个视图元素的表列 TableColumn 组成。该表包含的属性适用于整个表，例如，只读属性可以决定表中的条目是否只读（readOnly = true）。相比较而言，TableColumn 中包含控制列标题、整列的属性，还有其他属性也可以控制单元格，其值可以改变每一行绑定的属性。

列标题使用类型为 Caption 的 UI 元素来集成实现。TableColumn 中的 TableCellEditor 包含一个 UI 元素，用来显示列中的单元格。如果相关的 UI 元素是只读属性，数据不能在其中输入。

表 Table 中单元格的数据可以绑定到数据源上的 Context 节点。所有 TableCellEditor 的属性都可以绑定 DataSource 属性所在 Context 节点内的属性，无论 Context 节点的 lead selection 是否被使用，它们的值始终是选定行的值。

表格有多个水平区域。

1）表头（Table header）。

2）工具栏（ToolBar）。

3）列标题/栏标题的层次结构（TableColumn header）。如果列标题被设置为 Caption，为所有列（包括隐藏的）设置属性 visibility = None，所在行的列标题是隐藏的。

4）数据 TableCellEditors 行。数据行由以下内容决定。

① TableColumns。

② Table. visibleRowCount。

③ Table. dataSource。

④ TableCellEditors。

5）滚动条。

6）页脚（Footer）。

7）选择和选择列。

8）选择键。

9）主列层次结构。

10）Popins。

11）Header group。

12）行分组（Row group）。

13）列滚动。

14）变式。

15）合计。

示例：如图 C-30 所示。

字段名	表位置	偏移	关键字段	短文本	数据类型
MANDT	0001	000000	☑	客户端	集团
BNAME	0002	000003	☑	用户主记录中的用户名称	字符串
BCODE	0003	000015	☐	口令散列键值	不解释的字节排序
GLTGV	0004	000023	☐	用户有效来自	日期字段(YYYYMMDD)用8个字符存入
GLTGB	0005	000031	☐	有效至	日期字段(YYYYMMDD)用8个字符存入

图 C-30

（7）树形控件 Tree

运行时类：CL_WD_TREE。

作用：Context 中定义的层次结构可以使用可视化树形控件 Tree 显示出来，要显示的层次首先在 Context 中定义。程序员可以从以下两个方面描述这方面的结构。

1）使用递归节点：在设计时还不知道级别数。

2）使用非递归的节点：在设计时可以指定一定数量的级别。

因此，一个树形控件 Tree 用于导航。通过单击一个条目，相关的数据显示在另一个地方。如果想显示一个树形结构中的数据并且可以输入，需使用分级列表，而不是树形控件 Tree。

相关信息可参照 TreeByKeyTableColumn 和 TreeByNestingTableColumn。树形控件 Tree 不能选择条目，它只能与 LeadSelection 互动。

注：树形控件 Tree 条目的访问虽然看起来像一个列表的展开，但是它会影响性能，程序员需要注意。

示例：如图 C-31 所示。

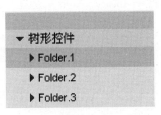

图 C-31

5. 布局类 UI 元素

（1）语境面板导航控件 ContextualPanel

运行时类：CL_WD_CONTEXTUAL_PANEL。

作用：这个 UI 元素提供了视图切换的导航功能。导航列表可以包括 3 个以下的级别。

1) 级别 1：在导航列表中元素表示为一个组。
2) 级别 2：在导航列表中元素表示为一个组中的一项。
3) 级别 3：在导航列表中元素表示为一个菜单。

视图切换不会自动触发。有一个 INDEX 参数包含所选视图开关的索引（从 1 向上计数）。导航列表请求 Context 节点，该节点包含自身的一个递归。这使程序员可以映射一个包含任意数量的节点链接的树形结构。只要单击一下树形节点的末尾节点，再单击一个列表的链接的导航，ON_SELECT 事件就被触发。也可以找到单击的链接所在的事件参数 CONTEXT_ELEMENT，根据参数进行导航。

示例：如图 C-32 所示。

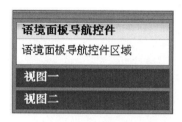

图 C-32

（2）平行语境面板控件 HorizontalContextualPanel

运行时类：CL_WD_HORIZONTAL_CTX_PANEL。

作用：这个 UI 元素提供一个类似 ContextualPanel 的两级导航层级结构。

示例：如图 C-33 所示。

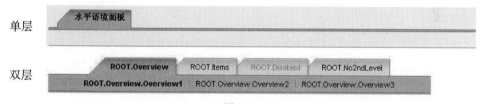

图 C-33

（3）消息域 MessageArea

运行时类：CL_WDR_MESSAGE_AREA。

作用：该 MessageArea UI 元素代表一个预留位置，在视图中用于指定存放消息的地方，如警告或错误信息。在某些情况下如果其他目标的优先级较高，Web Dynpro 框架会改变指定消息域 UI 元素的位置，例如，门户网站显示错误消息的机制。

示例：如图 C-34 所示。

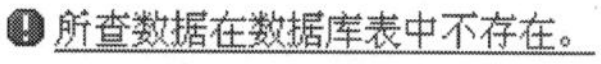

所查数据在数据库表中不存在。

图 C-34

（4）导航列表 NavigationList

运行时类：CL_WD_NAVIGATION_LIST。

作用：NavigationList 提供一个导航区，可用在语境面板 Contextual Panel 中。

注：NavigationList 至少需要一个递归 Context 节点。

示例：如图 C-35 所示。

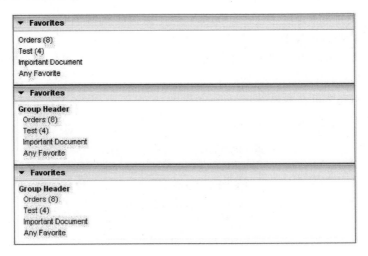

图 C-35

（5）页头 PageHeader

运行时类：CL_WD_PAGE_HEADER。

作用：使用 PageHeader 可以创建一个页面的标题。在页面标题下的 PageHeaderArea 中可以显示任意数量的 UI 元素。

示例：如图 C-36 所示。

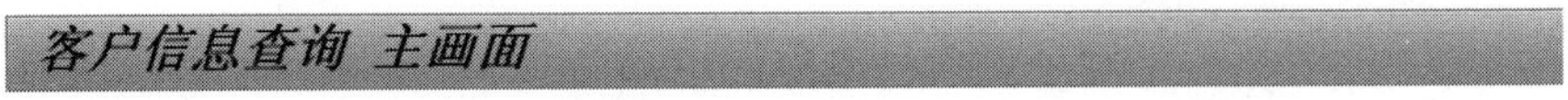

图 C-36

（6）按钮组 ButtonRow

运行时类：CL_WD_BUTTON_ROW。

作用：ButtonRow 用来安排几个按钮的正常顺序。可以插入按钮和 ToggleButtons。ButtonRow 本身不包含任何额外的属性，但相关的方法可用于创建和维护插入的按钮。

示例：如图 C-37 所示。

图 C-37

（7）水平分割线 HorizontalGutter

运行时类：CL_WD_HORIZONTAL_GUTTER。

作用：HorizontalGutter 用于构建 Web Dynpro 屏幕上文本部分的布局和结构，类似 HTML 的标签<HR>。在 UI 元素和文本之间插入额外的垂直空间时用它来分组，根据定义，相关 UI 元素和文本组合到一起形成一个整体。HorizontalGutter 提供了不同的高度，显示时可以指定带或不带分隔符。

示例：如图 C-38 所示。

图 C-38

（8）不可见元素 InvisibleElement

运行时类：CL_WD_INVISIBLE_ELEMENT。

作用：InvisibleElement 是屏幕上的一种无形元素。在 GridLayout 或 MatrixLayout 的布局中，它可以用来填充空单元格。在动态创建 UI 元素时，它也可以被用作占位符。虽然该 UI 元素继承了超类 UI 元素和 ViewElement 的属性，但 enabled 属性、tooltip 属性和 visible 属性被忽略，并且不会影响浏览。

（9）多面板 MultiPane

运行时类：CL_WD_MULTI_PANE。

作用：多面板 MultiPane 用于排序表格 Form 中的内容，类似 MatrixLayout 布局，不同的是数据源要绑定到 Context 节点上。

示例：如图 C-39 所示。

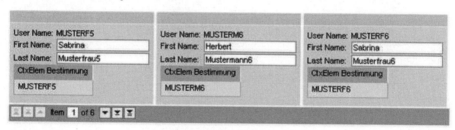

图 C-39

（10）Tab 选项卡 TabStrip

运行时类：CL_WD_TABSTRIP。

作用：Tab 选项卡 TabStrip 可以显示选项卡。用户可以通过选择特定的选项卡来切换几个选项卡。所有选项卡共享同一个窗口，用于显示内容。用户可以通过选择选项卡的标题来显示选项卡中的内容。

如果表中没有指定 selectedTab 或在 selectedTab 中指定的标签是不可见的，那么取而代之的显示内容是第一个可见的选项卡。这不会触发 onSelect 事件，也不会改变 SelectedTab 属性。

示例：如图 C-40 所示。

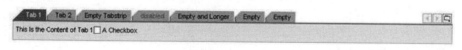

图 C-40

（11）视图容器 UI 元素 ViewContainerUIElement

运行时类：CL_WD_VIEW_CONTAINER_UIELEMENT。

作用：ViewContainerUIElement 定义在视图的一定范围内，包含另一个视图。

该 UI 元素并没有定义自己的属性，而是从抽象基类 UIElement 里面继承了所有属性。像所有的 UI 元素一样，ViewContainerUIElement 具有可见的属性，在视图布局中可控制其可见性。visible 属性可以有以下三个值：None、空和 Visible。

注：在同一时间内只有一个 ViewContainerUIElement 可以显示，因此，它不能用在 MultiPane 或重复的 TablePopin 中。

ViewContainerUIElement 的 enabled 和 tooltip 属性被忽略，并且不会影响到浏览。

（12）组 Group

运行时类：CL_WD_GROUP。

作用：Group 是 UI 元素的容器，可用于在一个共同标题下包含多个 UI 元素。这个 UI 元素的外观看起来像带有彩色背景的显示面板。

Group 的 enabled 属性对插入其中的 UI 元素没有任何影响。例如，如果将 Group 的 enabled 属性设置为 False，插入其中的 Inputfield 元素不会自动停用。如果在 Group 内的 UI 元素也将被停用，必须分别为每个 UI 元素设置相应的属性。

示例：如图 C-41 所示。

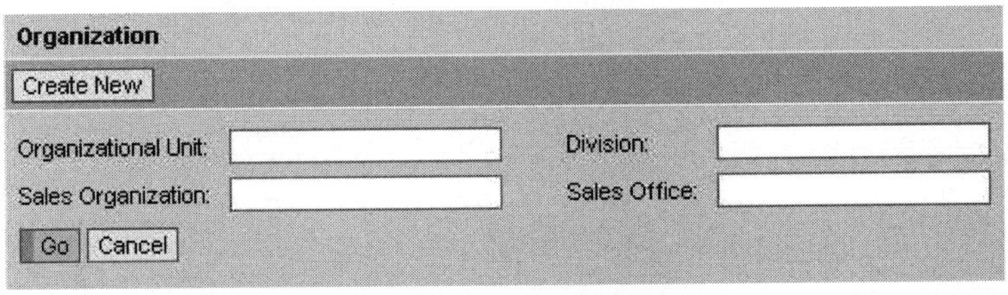

图 C-41

（13）滚动条容器 ScrollContainer

运行时类：CL_WD_SCROLL_CONTAINER。

作用：滚动条容器 ScrollContainer 能使用户在可见的 Group 和 Tray 中使用垂直和水平滚动条。

注：这个 UI 元素已经过时了，请改用透明容器 TransparentContainer。

（14）透明容器 TransparentContainer

运行时类：CL_WD_TRANSPARENT_CONTAINER。

作用：TransparentContainer 是一个 UI 的容器，它可以不显示。TransparentContainer UI 元素是透明的，可填充任何数量的 UI 元素。此外，透明容器 UI 元素内可以通过指定的布局排列插入的 UI 元素。

（15）托盘 Tray

运行时类：CL_WD_TRAY。

作用：托盘 Tray 是一个 UI 元素的容器，和 Group 一样，可用于在一个共同的标题下建立一组 UI 元素。与 Group 不同的是，它提供了额外的功能。例如，可以将托盘的 UI 元素显示或隐藏。

示例：如图 C-42 所示。

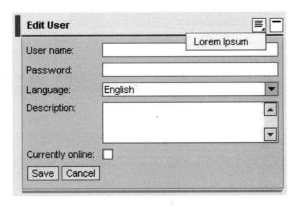

图 C-42

6. 图表类 UI 元素

（1）甘特 Gantt

运行时类：CL_WD_GANTT。

作用：可以使用此 UI 元素来创建甘特图。可以利用此图显示项目和项目阶段的时间表，特别是用户可以利用它在一个项目中显示顺序和并行工作的进展步骤。通过指定 CL_WD_WEB_ICON=>GET_WEB_ICON_URL 还可以使用甘特图中的网络图形。

注：不支持集成的活动控制，如在甘特图中弹出 Web Dynpro for ABAP 的窗口。

示例：如图 C-43 所示。

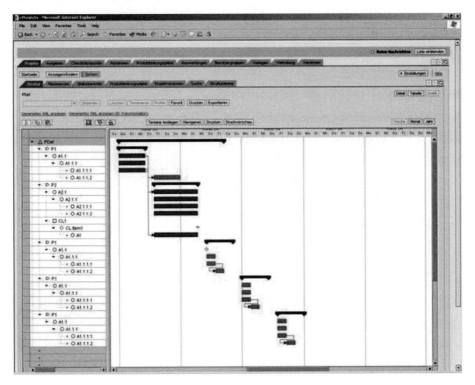

图 C-43

(2) 网络 Network

运行时类：CL_WD_NETWORK。

作用：网络 UI 元素是一个通用的网络图形编辑器。可以使用它来显示所有可以可视化为节点及节点之间的连接的对象。与甘特一样，不支持集成的活动控制。

示例：如图 C-44 所示。

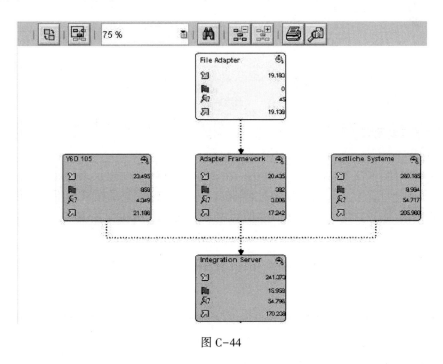

图 C-44

(3) 商业图形 BusinessGraphics

运行时类：CL_WD_BUSINESS_GRAPHICS。

作用：商业图形 BusinessGraphics 提供了多个图表类型，如垂直条形图或饼图，可以用于数据和数据关系的图形说明。也可以提供其他更复杂的图表类型，如和甘特图组合。这些信息可以帮助使用 Web Dynpro 应用程序的用户为企业计划做出决策。

程序员可以使用图表设计器修改的 UI 元素的属性及其附加属性，该属性可以是图表元素，并根据要求调整以适应用户的需求。

示例：如图 C-45 所示。

(4) 地理图 GeoMap

运行时类：CL_WD_GEO_MAP。

作用：可以使用地理图 GeoMap 来显示地图，可以使用顶部（top）、左侧（left）、底部（bottom）和右侧（right）的属性的值，以指定地理坐标和定义要显示的地图部分。指定地理坐标的经度和纬度值必须是 WGS84（World Geodetic System-1984）格式。

注：地理图 GeoMap 只能用于提供地图的一个特殊的软件组件，该组件的地理图服务需要从第三方软件供应商购买。

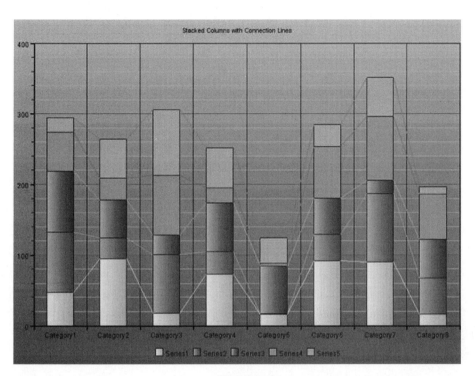

图 C-45

示例：如图 C-46 所示。

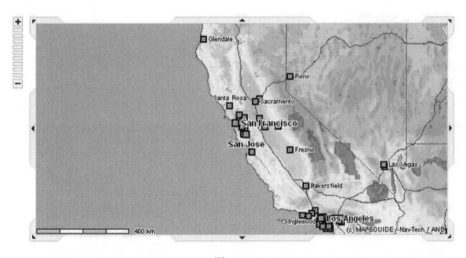

图 C-46

（5）值比较 ValueComparison

运行时类：CL_WD_GRAPHICAL_VALUE_CMP。

作用：此 UI 元素一般用来显示以 100% 为标记的水平条内的各种值，也可以显示超过 100% 的值。

示例：如图 C-47 所示。

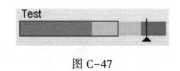

图 C-47

(6) 图像 Image

运行时类：CL_WD_IMAGE。

作用：图像 Image 能够在 Web 服务器上处理各种图像格式。例如，将 GIF、JPG、PNG 格式的图形集成到 Web Dynpro 应用程序。可以指定使用图形的高度和宽度。

(7) 进度指示器 ProgressIndicator

运行时类：CL_WD_PROGRESS_INDICATOR。

作用：进度指示器 ProgressIndicator 用于以一个水平条的形式显示一个活动的进度，程序中以分配的 percentValue 属性的值标注进度。可以使用 ProgressIndicator 左侧的 displayValue 属性显示一个文本，提供具有特定的百分比值的描述。可以隐藏 displayValue 值使用 showValue 属性。使用 barColor 属性可以用不同的颜色显示 ProgessIndicator 元素。可以指定一个弹出菜单到 ProgressIndicator。

可以使用 ProgressIndicator 元素来显示项目进度状态。

示例：如图 C-48 所示。

图 C-48

7. 集成类 UI 元素

(1) 交互式表单 InteractiveForm

运行时类：CL_WD_INTERACTIVE_FORM。

作用：可以使用交互式表单 InteractiveForm 插入一个交互式或非交互式的 PDF 表单视图。这使程序员可以从无到有创建和设计相关表单。PDF 格式表单与布局可由 Adobe Form 的编辑器进行设计。所需的特定的 Adobe 标准对象由资源库提供。这些标准对象被细分为领域对象和文本模块对象。布局元素如文本字段、字段、按钮或复选框，它们可以被插入到 PDF 表单模板中。Field 对象，如按钮、单选按钮、复选框和下拉列表框使用户能够与应用程序交互。另一方面，类似圆形、矩形和静态文本的文本模块对象有一个静态的特点，只能用于静态内容的显示。领域对象有一个类似 Web Dynpro UI 元素的功能。在设计器中它们必须绑定表单中的 Context。在标准的系统中，Context 以 XML 形式预定义，是在设计时在 Web Dynpro 的 Context 基础上通过编辑由 XML 模式产生的。当编辑 InteractiveForm 的 UI 元素插入到视图中时，表单编辑器会自动调用，也可以通过双击视图设计器上的 UI 元素来编辑 InteractiveForm。

注：使用 InteractiveForm 时，不可以在浏览器窗口中同时显示两个 InteractiveForm。其不支持集成的活动控制，如在 Web Dynpro for ABAP 窗口中弹出 InteractiveForm。

示例：如图 C-49 所示。

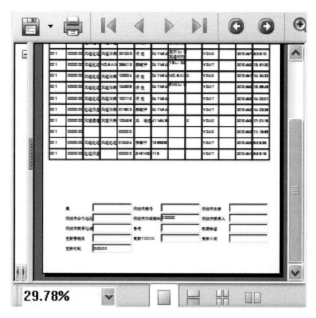

图 C-49

（2）BIApplicationFrame

运行时类：CL_WD_BIAPPLICATION_FRAME。

作用：在 BIApplicationFrame 中，在 BEx Web 应用程序的基础上，Web 模板可以使用 URL 访问 BI 应用。程序员可以为 Web 模板设置各种属性，并使用 URL 作为参数传递。当使用 BIApplicationFrame 时，将 BI 应用的 url 等参数设置成 UI 元素的属性，BI 应用的相关数据就能显示到 Web Dynpro 中。

示例：如图 C-50 所示。

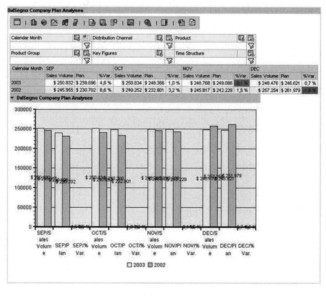

图 C-50

（3）OfficeControl

运行时类：CL_WD_OFFICE_CONTROL。

作用：可以使用 OfficeControl 向视图中添加 Office 文档。这意味着用户可以在 Web Dynpro 应用程序中显示。Microsoft Word 和 Excel 文档。

OfficeControl 可以作为一个 ActiveX 控件，以便使 UI 元素显示在支持 ActiveX 控件的浏览器中。

当浏览器不支持 ActiveX 控件时，在运行时会抛出 Office Integration through Applet is not supported 的异常。

注：可以通过设置 OfficeControl 的 visible 属性 Visible 或 None 来打开和关闭文档。其不支持集成的活动控制。

示例：如图 C-51 所示。

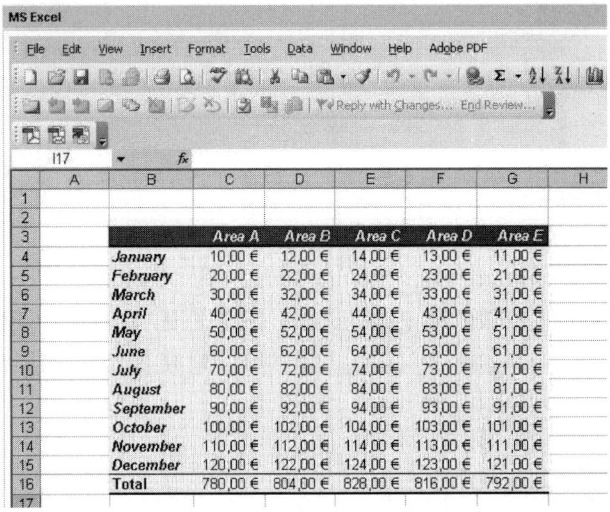

图 C-51

（4）文件下载 FileDownload

运行时类：CL_WD_FILE_DOWNLOAD。

作用：文件下载 FileDownload 是用来从服务器到客户端加载文件。data 属性决定了在视图中 Context 的数据源，target 属性决定目标在浏览器窗口的 ID。

当用户单击一个链接对一个特定的文件发起请求时，FileDownload 被访问，对于这个访问过程，FileDownload.data 属性关联的 Context 节点必须符合以下标准。

1）具有供给函数。

2）只有一个属性的数据类型为 XSTRING。

（5）具有上传文件 FileUpload

运行时类：CL_WD_FILE_UPLOAD。

作用：可以使用 FileUpload 从客户端上传文件到服务器。该 UI 元素会显示一个输入框，用于存放文件路径和文件名，并附上一个按钮对文件进行搜索。

示例：如图 C-52 所示。

图 C-52

（6）IFrame

运行时类：CL_WD_IFRAME。

作用：IFrame 在视图的区域中表示一个框架，它包含一个单独的浏览器页面，该框架可以用来显示用户界面特定区域内的外部来源，如 HTML 网页。在一般情况下，垂直和水平滚动条会被激活，以便查看这个 UI 元素的内容。

示例：如图 C-53 所示。

图 C-53